U0512870

福州大学哲学社会科学学术著作出版资助计划项目

清代名儒梁章鉅述评

蔡莹涓 著

人民出版社

目　录

绪 论

第一节 研究出发点与目的

梁章钜（1775—1849），字闳中，又字苣林、苣邻、芷林、芷邻，号古瓦研斋，晚年又号退庵居士、退庵老人等。祖籍福建省长乐县（今福州市长乐区），祖上于清初徙居福州。梁章钜是清代道光朝经世名臣，也是嘉庆、道光年间著名的学者、诗人、文学家、收藏家、艺术家、批评家，一生著述多达80余种，博涉经史子集各部，有《文选旁证》《三国志旁证》《论语集注旁证》《仓颉篇校证》《退庵诗存》《退庵随笔》《归田琐记》《浪迹丛谈》《枢垣纪略》《楹联丛话》《巧对录》《称谓录》《退庵金石书画跋》《农候杂占》等50余种刊行于世。在上述诸作中，更有17部被收入了《续修四库全书》，如此数量，足可证明梁章钜文学学术成果之丰硕。

本书之所以选定福建籍文人作为具体研究对象，首先是基于对地域文学的关注与热爱。地域文学是整个中华民族文学总流中的分支，其研究又对中华民族文学的传播起着推动作用。近年来，地域文学以其独特的地域历史文化积淀性而倍受各地学人的重视，其研究日渐成为学术界的一个热点，研究成果也日益引起人们的瞩目。对地域文学的研究越深入，就越能深刻、全面地了解认识中华民族文学的总体全貌。福建地域文学的传统源远流长，有着鲜明的个性特征和品格，尤其明清时期，福建人才辈出，而以往学术界虽然也做过一些研究，但还有很大的拓展空间。再者，福建人研究福建籍文人学者，无论在资料的收集上还是在实地考查等方面，都得天独厚，有着天然的便利条件。这是我选择梁章钜作为研究对象的初心。

梁章钜是清嘉庆、道光年间全国影响较大的人物，虽非当时全国范围内一流的学者或文学家，但就福建省而言，综合其独特的身份（封疆大吏）——40余年间，由礼部主事洊至江苏巡抚兼署两江总督，这使得他对中国社会的实际情况了解颇深；广泛的交游（师友交往）——既与清中叶乾嘉学派的代表人物纪昀、翁方纲、阮元等往来密切，又与清后期林则徐、龚自珍、魏源等具有新思想的近代代表人物关系亲厚，这使得他的思想处于传统与开放之间；丰硕的成就（文学、学术与艺术）——梁章钜多才多艺，对文学、文化、学术、艺术等诸多领域都抱有浓厚的兴趣，其著述内容文、史、哲无所不包，还涉及了艺术领域，甚至自然科学领域等。

梁章钜处在古代和近代、传统与变革之间，是个经历丰富、思想丰富、著述丰富的特殊人物，其人其作有许多内容可探析。笔者拟通过本书，力求对梁章钜做一个比较系统而全面的研究，以期较为准确地勾勒作为文人学者的梁章钜的文学和学术成就，及其在文坛上的影响。

第二节　研究思路、方法及价值

一、研究思路

本书除"绪论"及"结语"两部分之外，依次从家世与生平、著述考辨、诗歌创作、诗话撰作、笔记著述等方面对梁章钜其人、其作、其学进行较为细致的探讨。

其一，梳理梁章钜的家世与生平，重点整理其书香世业之家世，追溯其生平及宦迹，探究其家国情怀。梁氏家族，在梁章钜父亲之前，整整15代相继为诸生，虽如此坎坷，但却始终在科举之路上孜孜以求，从未放弃，这在当时的闽省相当有名，故乾隆二十九年（1764），纪昀督学闽省时即称赞说："闽中巾卷世家，以长乐梁氏为第一。"并手制"书香世业"之匾予以表彰，是为梁门之光耀。直至梁章钜父辈，兄弟中出了一位进士两位举人，梁家终于在科举之路上顺利起来了；至梁章钜这一辈，堂兄弟中有两位进士一位举人；梁章钜儿辈，一子进士二子举人一子附贡生；若干年后，其孙辈，一孙进士一孙举人。

梁章钜为官近 40 年，外宦 20 余年，从未有过大失误；与同僚及下属共事相处，亦几未有过矛盾，确实是才识精明，办事老练之人。在抗灾救灾、兴修水利、整顿财政、治理漕运、整治吏治、肃清文闱、培养人才等方面，均有所作为。尤其在鸦片战争之际，更表现出了伟大的爱国精神。梳理梁氏生平及宦迹，是为下文的深入研究打下基础。

其二，考辨梁章钜的著述，探究梁氏著述究竟有多少，并进而分门别类，考证版本，明辨著作权。

首先，经详细排比，笔者认为梁章钜著述有迹可寻者多达 85 部，内容广博，故虽不以一家名，却值得更为深广意义上的探索和整理。其次，依据笔者所经目之版本，从经、史、子、集等部将其著作予以分类，并描述版本情况（未刊本及佚失本则归入每一部分之末）。其中，经部 5 部、史部 13 部、子部 20 部、集部 47 部。另外，笔者于探研过程中，陆陆续续收集到梁章钜的一些撰作，如《退庵日记》《退庵居士自订年谱》（己酉版）、《道光十九年己亥科广西武乡试录》《藤花吟馆试帖》《闽川诗话》残本、《乾嘉全闽诗传》清手抄本、《退庵诗续存》等，弥足珍贵。最后，辨析梁章钜学术著作权之争议。梁氏文学成就，从未有人质疑过，然对其学术成就，从清末迄今，学界一直有所争议，主要是围绕梁氏最重要的学术著作《文选旁证》而发的。笔者的结论是，梁章钜著作的总体构想均源于己出、诸作之材料取舍均出于己之裁定、著述之风格亦符合其自身的文学风范，并进而肯定梁章钜对其学术著述拥有无可置疑之著作权。

其三，研究梁章钜的诗歌创作，分析梁氏诗歌研究现状，解析其诗友交游与影响，回顾其风雅诗事，探究其诗集版本及佚诗，划分其诗歌创作时期，界定其诗作内容及体裁等。

梁章钜一共有四部诗集，另外还有散见于他作之中的不少诗作，现今仍能读到的超过 2600 首，然而梁章钜诗歌研究现状却几近空白。因此，本章是全文的一个重点，笔者拟从多方面去观察与考述，力求明了梁氏诗歌创作的状况。

诗友交游对梁章钜诗歌创作有着良好的影响，与传统诗人翁方纲、阮元、郭麟、朱珔、陈寿祺等人的唱和，使梁氏诗作有了扎实的古典文学根基；而与近代诗人龚自珍、魏源、林则徐、陶澍、吴廷琛等人的唱和，又使梁氏诗作带上了时代先进的色彩。仅将上述诗友联系起来，几乎就是嘉道年间的半部诗史。

对梁章钜诗集版本及佚诗的探究，以及对其诗歌创作进行分期，为本章之重点，尤其是找到《退庵诗续存》，该集是梁氏晚年家国情怀的重要载体，故在议论梁氏诗歌内容之家国情怀时，笔者引用了较多本诗集中的诗歌。

梁章钜诗歌的基本特征，不同时期各有不同的侧重和体现。出仕之前是其诗歌创作的起步期，风格在屡变中发展；居京之际是其大量创作学问诗的时期；外宦时期是其以诗写政、诗以致用的时期；初次归田三年是其诗歌由实用性向审美诉求回归的时期；复出七年是其诗风、诗境发生根本变化的时期；末次归田则是其诗歌纪实性与抒情性特征结合得较为完美的时期。

其四，研究梁章钜的诗话撰作，描述其诗话诸作，考订其第一部诗话是《补萝山馆诗话》，解析其诗话特色，归纳其诗话理论。章钜诗话之多，嘉、道朝无出其右，今存以"诗话"命名的就有 7 部之多。

梁章钜诗话主要特色一是显著的区域特征，尤显福建区域性，闽人论闽诗，成为其作之重要特色；二是摭拾丰富，出处详明；三是较早关注家族诗歌创作的兴替，对研究家族诗学或文学都有着史料参考价值；四是较早关注女性诗学，对研究福建地方女性诗学或文学有一定的史料参考价值；五是体现了梁氏诗歌批评风格，如重雅轻俗、反对刻意模仿、推崇情辞兼至等，其评点之名章秀句，往往画龙点睛。

其五，研究梁章钜的笔记之作，评述梁章钜撰辑的诸多笔记，分析其笔记的性质与内容，并归纳其价值意义及其局限性。

梁章钜一生赓续不断创作的多种笔记使他更为后世所瞩目，并在清代笔记作家中占有重要之地，堪称清代史料笔记大家。其中，《退庵随笔》《枢垣记略》《归田琐记》《浪迹丛谈》《浪迹续谈》《浪迹三谈》等，都是清代笔记中较好之作，其所记录之翔实史料，对其他史料可以起到补充、互参的作用，是一个值得学人挖掘的史源；《退庵金石书画跋》《称谓录》《巧对录》《楹联丛话》等，亦是极具特征的笔记，尤其《退庵金石书画跋》是梁氏对自己毕生藏品的整理、鉴赏和总结，实属珍贵。

梁章钜笔记的价值主要包括史料价值、文学价值、艺术价值，以及一定的医学价值。但梁氏的笔记也存在缺点和不足，主要是内容过于庞杂，有些篇目价值意义不大，还有的转抄自他人之作，缺少个人主观创见等。然瑕不掩瑜，笔记是其撰著中有很高价值的部分。

其六，探析梁章钜学术精神之渊源与发展轨迹，并进而探究其诗学思想。梁章钜对乾嘉时期学术界中汉学与宋学无休止之争斗能加以关注与反思，其学术思想的核心是以宋学为本、汉学为用、经世致用的思想。青少年时期，闽省学术氛围、家传与师承，打下了梁章钜扎实的宋学基础；中青年时期，对全国学术思潮的接触与认同，以及学友交游与自我实践，是梁章钜汉宋调和观初步形成的阶段；中年时期，受其师翁方纲的影响，是梁章钜汉宋调和观成熟的阶段；中老年外宦执政时期，则是其将经世致用说付诸实践的阶段。

在学术精神的影响下，梁氏诗学思想主要体现为"以学入诗""诗以言教""回归传统诗教"三方面。

继承宋诗传统，以学入诗，是梁章钜的诗学思想之一，同时这一思想亦外化为梁氏诗歌典型的艺术特征，一为"事"，即重用典，取材奥衍、质实不佻；二为"议"，即直接以议论入诗；三为"考"，即讲究功力，以考据入诗。"诗以言教"思想，源自梁氏早期的家风、家学与青年时期所接受的理学熏陶，虽然后来的社会环境可以允许他弱化这种价值观，但是，梁章钜最终还是没有这样做，他不像他的好友林则徐、龚自珍、魏源那样，借鉴西方之学来反思中华传统文化，而是选择继续维系传统价值观。而梁氏后来在其诗论中之所以热衷回归传统诗教，宋学为体的思想是起了很大作用的。

二、研究方法

以中国古代文学传统研究方法为主，注意文献的整理、考证、辑佚，版本的选择与研究等。同时，在论文的具体写作中，尽量结合广泛旁证、合理推理、挖掘资料等科学方法。

三、价值意义

精通经史大义、著述等身的梁章钜是福建学术史和文学发展史上的一位重要人物，亦是清嘉庆道光朝在全国范围内有一定影响的文人学者，天资聪颖更兼勤奋不懈，令他成为精英文化的代表。本研究或可作为进一步研究梁章钜的资料与理论依据。

第三节　文献综述

作为清嘉庆、道光朝较为重要的文人学者，梁章钜的文学与学术成就自清末迄今，一直受到人们的关注。首先是同时期师友对梁氏文学与学术成就的肯定；其次是清人对梁氏学术成就的质疑；再次是今人对梁氏文学与学术成就的研究。

一、清朝文人学者对梁章钜文学与学术成就的肯定

对梁章钜的研究，最早的当属其师友们为其著作所作之序跋及题词，这些序跋及题词的撰写，虽非出于研究的角度，然却实实在在是我们今天研究梁章钜所必须依据的资料。它们主要包括：

《南省公余录》谢振定（芝泉）序，庐荫溥（南石，谥文肃）、戴敦元（金溪）、颜惺甫（检）、孔昭虔（荃溪）、萨迎阿（湘林）、达玉圃

（麟）题词；

《武夷游记》祖之望（舫斋）、陈寿祺（恭甫）序；

《东南峤外诗文钞》陈寿祺序；

《夏小正经传通释》《南浦诗话》祖之望序；

《枢垣纪略》朱士彦（咏斋）序；

《沧浪亭题咏》张师诚（兰渚）、林则徐（少穆）、杨文荪（芸士）序；

《古格言》刘凤诰（金门）、汤金钊（敦甫）、刘鸿翱（次白）序；

《东南棠荫图咏》《梁祠纪略》朱珔（兰坡）序；

《退庵随笔》阮元（云台）、汤金钊、贺藕庚（长龄）序；

《北行酬唱集》陈銮（芝楣）序；

《楹联丛话》陈继昌（莲史）序；

《吴中唱和集》王青莲（香湖）跋；

《文选旁证》阮元、朱珔序；

《制义丛话》朱珔、杨文荪序；

《试律丛话》吴廷琛（棣华）序；

《归田锁记》许芍友（惇书）序；

《雁荡诗话》赵光（蓉舫）、魏源（默深）序；

《退庵诗存》翁方纲（覃溪）、叶绍本（筠潭）、郭麟（频伽）、董士锡（晋卿）、沈涛（西雍）、陈若霖（望波）、吴慈鹤（巢松）、陈寿祺、杨文荪、蒋攸铦（蛎堂）、刘金门、曾燠（宾谷）、吴棣华序；

《江汉赠言》黎世序（湛溪）序、王槐午（锡蒲）跋；

《退庵文存》高澍然（雨农）序；

《三国志旁证》杨文荪序；

《仓颉篇校证》俞樾序。

这些序跋、题词的作者，或以官显，或以文名，或直接就是官宦文人，更有十数人《清史稿》有传。阮元，两广总督、云贵总督，体仁阁大学士，加太子太保、太傅，谥"文达"，且标领文坛数十年，海内尊之为学界泰斗；翁方纲，官至内阁大学士，著名学者、诗人、书法家，清代"肌理说"诗论的倡始人；林则徐，杰出政治家、近代启蒙思想家和诗人；魏源，近代启蒙思想家，著名学者、诗人；谢振定，历官御史；庐荫溥，军机大臣，谥文肃；戴敦元，续修《大清会典》副总纂，任刑部尚书，谥简恪；赵光，官至刑部尚书，诗人、书法家，谥文恪；颜惺甫，官至福建巡抚；孔昭虔，官至贵州布政使，有《古韵》《词韵》等；萨迎阿官至西安将军；祖之望，官至刑部尚书，有《皆山草堂诗钞》；朱士彦，历官工、吏、兵诸部尚书；张师诚，官至闽浙总督；陈寿祺，著名汉学家、诗人；杨文荪，著作家、藏书家；刘凤诰，提督广西学政、吏部右侍郎，工古文，有《存悔斋集》传世；汤金钊，历任国史馆总纂、内阁学士，官至吏部尚书；刘鸿翱，福建巡抚、署理闽浙总督，古文家；朱珔，著名学者、诗人；陈銮，官至江苏巡抚，署两江总督，书法家、诗人；陈继昌，科举史上最后一个"三元"，号称"古今第十三人"，官至山东布政使，工诗文，著有《金粟斋诗文集》；吴廷琛，"壬戌科"状元，云南布政使，名诗人，有《归田集》《池上草堂诗集》等；叶绍本，福建提督学政、山西布政使，著名诗人，有《白鹤山房诗钞》。

只要将这些作者之名贯穿起来，几乎就是清嘉庆、道光朝的半部官宦文人史了。他们先后分别为梁章钜的著述作序跋题词，足见与章钜的友情交往；且这些作者都是饱学之士，他们对章钜著述的评价、肯定，虽因朋友、同僚的关系，或多或少会有些溢美之词，然总体而论，应当还是比较贴切中肯的。如阮元、朱珔、杨文荪对章钜学术著述的高度评价，翁方纲、叶绍本、郭麟、陈寿祺等对章钜诗歌创作的高度赞赏，高澍然等对梁氏纪事之文的充分肯定，刘凤诰、汤金钊、刘鸿翱、陈继昌等对梁氏笔记的推崇，魏源对梁氏游记小品的欣赏，以及林则徐对梁氏的全面肯定等等。这些序跋或题词，大都篇幅短小，虽非出于对梁章钜文学与学术成果的有意识之专门研究，然却因作者均为梁氏同时代之人，且与梁氏相交甚深，故所论真实可信，是后人研究梁章钜的重要参考资料。因此，笔者将之列为梁章钜研究的最初成果。

　　梁氏之文学成就，一向是受到人们肯定的，如翁方纲、郭麟等对其诗歌成就的高度评价；高澍然对其纪事之文的充分肯定等等。如翁方纲即言：

　　　　余与海内才士以诗相切劘者垂五十年，其就吾斋学诗称著录弟子者，亦不下百十辈，茞林最后至，而手腕境界迥异时流，又最笃信余说。与刘芙初、吴兰雪、陈石士、李兰卿诸子分题角胜，每一稿出，必就余点定之。既又以旧稿相质，虚衷雅怀，往复商榷，愈唱而愈高，盖不名一家而能奄有诸家之美者也。忆昔年并几论诗，如谢蕴山之圆隽，冯鱼山之纵横，皆不若茞林之得路。不过沉着按切而已，无他巧也，而一时才隽竟莫能近，惟兰卿可为茞林畏友耳。兰卿之失在手腕轻松，然实众妙之门无不可以锐入。茞林之失在贪写正面，欲求其松而不可得，然究其极致，则成就正果，直造古人。余谓茞林已考选枢庭，行将簪毫禁近，不复能从容谈艺，亟宜乘此未膺繁剧，印涉问津，倘更精进不已，余能测茞林之所至哉！

　　　　　　　　　　　　——嘉庆丁丑中秋八十寿翁方纲题①

郭麟序曰：

　　　　诗至今日而其体无不备，其变亦屡穷，然云霞日月亘古如斯而光景常新。豪杰之士出于其间，卓然有以自见，夫固有神明于其体而回斡于其变者矣。《藤花吟馆诗》十卷，茞林梁先生之作也。其取法也，自三谢而下以至苏黄，罔不有其为言也。驰骋阖辟，磈卓排奡，舂容和雅，刻饰靓庄，亦罔不极其致。原本人纪，推究物化，稽诹经史，商榷篆籀，傅而不杂，深而不窒，大篇短章，文字识职，合古风格而不为状貌，与时弛张而不为弟靡，岂非所谓神明回斡于

――――――――――

①　（清）梁章钜：《退庵诗存》序，道光十七年桂林刻本，第 1 页。

体与变之中，而卓然自见者乎？先生门传道素，早岁通籍，入参密勿之地，出持绣衣之节，将出其所学与古之名臣贤士争烈，凡所以会古之通而应时之宜者，岂仅在区区文章之事，而鳅生之见，猥欲以此卜之也。蒙属弁简盖有取乎？农马智专之意辄不揣鄙陋为妄论之如此。

　　　　　　——道光四年岁在阏逢涒滩相月立秋后三日吴江郭麟序①

高澍然序曰：

　　韩子论文曰慎其实，夫其谓实者，岂专于文求之哉？不于文求之而充其实，岂不足于文哉？譬置两人集于此，一无实而求工于文，一有实而不以文自名。如以文论，宜求工者胜，不以自名者绌矣。然彼无实之文，于古文冥追而默契之，肖其体格焉，又肖其声情焉，可谓尽其心于文字之间者。要之体格之肖，土偶之面目而已，声情之肖，优孟之衣冠而已。羊质而虎皮，但见其可狎，不见其可畏，君形者亡焉耳。而有实者，亦既昭晰无疑，优游有余矣，即不以文自名，其为文者故在也。因综论之，自韩子复古后，同时之柳、李，宋之欧阳、曾、王、三苏，元之虞，明之归、王，故斯文大宗矣。其外有实而可贵者，区其体有三焉。清明和吉，德人之文也。总览横贯，学人之文也。坐而言者，可起而行，通人之文也。三者不必求似古人，欧阳子以为取其自然者是也。其精气充溢，方烜照不泯，其不可自成一家哉！长乐梁方伯茝林先生，起家词臣至今职，勋劳内外，为国屏翰。其着《紫藤吟馆诗钞》（按：即《藤花吟馆诗钞》），久风行海内。既成政归，裒其文若干卷，为《退庵文存》，属澍然论之曰："某生平精力，半耗于仕宦，亦半耗于诗，其文但率胸臆言之，未能求工也。"澍然谨对曰："文何必求乃工哉。求工之工，是谓有人

────────────

① （清）梁章钜：《退庵诗存》序，道光十七年桂林刻本，第2页。

之见存，未见其能工也。已受而卒业，见有清明和吉者，有总揽横贯者，有坐而言起而行者，叹曰：兹岂非实遂而光煜者邪？三者得一已足以自名，况兼而有之乎！先生之不求工，乃先生之深于文也。"谨述所见，请质亦报，敢云序先生集哉！①

翁方纲（1733—1818），字正三，一字忠叔，号覃溪，晚年又号苏斋，顺天大兴（今北京大兴区）人，清代著名学者、书法家、金石学家。翁方纲精通金石、谱录、书画、辞章之学，尤擅长诗歌，论诗创"肌理说"，是乾嘉时期的著名诗人，著有《复初斋诗文集》《石洲诗话》等。

郭麟（1767—1831），字祥伯，号频伽，又号白眉生、郭白眉，一号邃庵居士、苧萝长者，江苏吴江人。工辞章，善篆刻，亦是当时著名诗人，与袁枚最为知己，明治初年，曾被日本诗界誉为清朝诗坛"近世巨匠"，著作主要有《灵芬馆诗集》等。

高澍然（1774—1841），字时垫，号甘谷，晚号雨农，福建光泽人，官内阁中书。生平好治古文辞，深于《春秋》，与桐城派代表人物姚莹友善，是闽省著名的古文学家，所著有《抑快轩文集》《论语私记》《春秋释经》等。

他人姑且不论，仅就此三位而言，都是被收入《清史稿·文苑传》的著名诗人学者，他们都分别为梁章钜的诗文集做序，就足以证明梁章钜文学成就的突出。

梁章钜同时期的师友对其学术成就亦持肯定态度。梁章钜的学术成就主要体现在《文选旁证》《三国志旁证》《论语集注旁证》《仓颉篇校证》等学术著作上，尤其是《文选旁证》，该书是梁章钜学术上最为得意之作，给他带来了不少赞誉。如阮元序之曰：

《文选》一书，总周、秦、汉、魏、晋、宋、齐、梁八代之文而

① （清）梁章钜：《归田琐记》卷六，道光十七年桂林刻本，第118页。

存之。世间除诸经、《史记》《汉书》之外，即以此书为重。读此书者，必明乎《仓》《雅》《凡将》《训纂》、许、郑之学，而后能及其门奥。渊乎！浩乎！何其盛也。夫岂唐宋所谓潮海者所能窥乎？萧《选》之文，汉即有注。昭明之时，注者更多。至于隋代，乃有江都曹、李之学。书探万卷，寿及百年。且有公孙罗、许淹诸说，是以沉博美富，学守师传也。唐开元后，有六臣之注。五臣自欲掩乎李注，然实事求是处少，且多窃误杂糅之讥。《文选》刻板最早，初刻必是六臣注本，而李注单本几乎失传。宋人刻单李注本，似从六臣本提掇而出。是以五臣之名尚有删除未尽之处。今世通行单李注版本，最初则有宋淳熙尤延之本。尤本今有两本：一本余所藏以镇隋文选楼者也。一本即嘉庆间鄱阳胡果泉中丞据以重刻者也。我朝诸儒学术淹雅，难者弗避，易者弗从，为此学者已十余家，而遗义尚多，可谓难矣。闽中梁茝林中丞乃博采唐宋元明以来各家之说，计书一千三百余种，旁收繁引，考证折衷，若有独见，复下己意，精心锐力，舍易为难，着《文选旁证》一书四十六卷，沉博美富，又为此书之渊海矣。余昔得宋本，即欲重刻之，且欲荟萃诸本为校勘记，以证晋府汲古之误……今又读梁中丞此书刻本，得酬夙愿，使元为校勘记，亦必不能如此精博也。欣然为序，与海内共之。道光十八年春三月望节性斋老人阮元序。①

朱琦亦序之曰：

同年梁茝林方伯扬历中外，勤职之暇，撰《文选旁证》，盖取唐李善之注而加参核焉。余观李氏书，体制最善，纤文轶事，翻覆曲畅，遇字差互，必曰某与某通，深得六书同音假借之旨，虽裴骃等

---

① （清）梁章钜撰，穆克宏点校：《文选旁证》序，福建人民出版社 2000 年版，第 9— 10 页。

弗逮。至其征引经语，不尽齐一，由唐初写本流传，各据所见。即孔颖达《正义》与陆德明《释文》，已难免傆傦，而《释文》更多出别本，此如郑司农注《礼》，每云"故书作某"。《尚书》今文古文乖异者累累，后儒两备其说，正足资研覃而明诂训也。其余典籍，或今世亡佚，搜采者尤称渊薮。惜当时单行原帙，业就湮废。汲古阁毛氏仅辑自六臣注内，非本来面目，惟宋晋陵尤氏本较胜。鄱阳胡果泉中丞得之，影板以行，兼著《考异》，嘉惠艺林，顾第辨彼此之歧淆，他未遑及。君独博综审谛，梳栉凝滞，并校勘诸家，意义胪列。且李氏偶存不知盖阙至义，阅代绵邈，措手倍艰。然郭璞注《尔雅》，殚精数十年，动有未详。近人邵二云、郝兰皋间为补遗，用相翊助，君亦沿厥例，斯真于是书能集大成者矣。当谓注书之失有三：仍讹袭谬，罕识订正，其失也陋；求新窜旧，半系臆造，其失也妄；拘绳守墨，罔复兼赅，其失也隘。若君书网罗富有，悉平心称量而出，以视前明陈与郊之《章句》、张凤翼之《纂注》、林兆珂之《约注》、闵斋华之《沦注》，岂可同日而论哉！昔李善胸藏万卷，而不工属词。君则具魁伟之才，诗若文皆援笔立就，而兹编又宏览如是，方之曩哲，奚必多让。矧虚怀善下，屡易稿，歉然不自信，尚乞良朋重与讨究，最后猥及余，余寡昧人也。涓流增海，末议思效，苦尘迹牵缠，久始竣役。承命序简端，聊阐君意，窃欲告世之读此书者。道光癸巳泾年愚弟朱琦谨撰。①

阮元与朱琦二位的评价是最具权威性的。阮元（1764—1849），字伯元，号芸台、雷塘庵主，晚号怡性老人，江苏仪征人，乾隆五十四年进士，先后任漕运总督、湖广总督、两广总督、云贵总督等职。历乾隆、嘉庆、道光三朝，体仁阁大学士，太傅，谥号文达，被尊为三朝阁老、九省

---

① （清）梁章钜撰，穆克宏点校：《文选旁证》序，福建人民出版社 2000 年版，第 11—12 页。

疆臣、一代文宗。阮元本自学识渊博，为一代学术宗师，且毕生倡言学术研究，在选学方面是有相当造诣的，甚至为了弘扬选学，将自己的藏书处命名为"文选楼"。阮元之序，作于道光十八年（1838），正值其告老还乡之年，其时阮元已经 74 岁，以其此时的学问功力和判断眼力而论，实为深厚而敏锐，故阮氏之肯定，确为的评。

朱珔（1769—1850），字玉存，一字兰坡，安徽泾县人。清著名学者及藏书家。嘉庆进士，授翰林院编修，升侍读、右春坊右赞善，参与修撰《明鉴》。道光元年，直上书房，屡蒙嘉奖，有"品学兼优"之褒。辞官后长期主持钟山、正谊、紫阳诸书院，共近 30 年。爱书如命，学有本原，与桐城姚鼐、阳湖李兆洛称鼎足三儒。著有《说文假借义证》《经文广异》《文选集释》《小万卷斋诗文集》等。朱珔则更是执着于选学之学者，在清末张之洞的《书目答问》附录《国朝著述诸家姓名略》所列之文选学家 15 人中，朱珔即是其中一位，著有《文选集释》14 卷；且又是梁章钜同榜进士，又多年同在京城为官，同为宣南诗社之友，可以说是非常了解梁章钜学养根基的人。朱氏此序作于道光十三年（1833），时朱珔年已 64 岁，亦是其学问积累深厚之际，故其所序也是极有说服力的。

二、清代文人对梁章钜学术成就的质疑

清代小部分文人对梁章钜学术成就的质疑主要是围绕梁氏《文选旁证》之著作权。其中较为重要的评价来自林昌彝、李慈铭、谢章铤、陈衍、李审言诸人，他们都在不同程度上对梁氏的《文选旁证》著作权提出了质疑。有些甚至措辞激烈，或将梁章钜方之为郭象、何法盛之流，或怀疑此书为章钜重金从他人手中购得，或嘲讽其剽窃师说，或直指其窃取友人之稿。

最早对"著作权"问题提出疑问的，是侯官人林昌彝，他在《射鹰楼诗话》中宣称：

余尝见其（林茂春）手稿，旁行斜上，近其书已被人所窃，郭象、何法盛之流可深浩叹。①

此处林昌彝虽然没有点名，但显然是指梁章钜。

长乐人谢章铤《课余续录》中亦言梁氏著作有剽窃之嫌，如《文选旁证》乃强取其师林茂春之作：

予尝于旧书肆见先生（林畅园）所为《文选李氏注补》残稿数本，校之梁氏《旁证》，大略相同。梁氏《闽川诗话》亦云其师"喜读《萧选》，荟萃旧闻，辨析疑义，用蝇头小楷分注于书之上下方，几无容隙，某曾借读一过，近辑《文选李注旁证》，所述师说为多"。又云其师所著有《左传补注》《汉书补注》诸稿，"惜身后为人所匿，不可复问"。吾不知匿者何人乎？②

浙江会稽人李慈铭，其《同治己巳日记》云：

阅梁氏章钜《文选旁证》，考核精博，多存古义，诚选学之渊薮也。闽人言此书出自其乡一老儒，而梁氏购得之；或云是陈恭甫氏稿本，梁氏集众手稍为增益者。其详虽不能知，要以中丞他着观之，恐不能办此。③

江苏省兴化人李详则曰：

梁章钜《文选旁证》，为程春庐同文稿本，沈子培提学亲为余说。④

---

① 据福建通志局纂《福建通纪·福建艺文志》集部二。
② 转自王军伟《传统与近代之间》，齐鲁书社2004年版，第139页。
③ （清）李慈铭：《越缦堂读书记》，中华书局1963年版，第593页。
④ 李详：《李审言文集　愧生丛录》，江苏古籍出版社1994年版，第517页。

关于梁章钜学术著作权的问题，笔者将于下文第三章详细探讨，故此处仅列他人之质疑。

三、当代对梁章钜文学与学术成就的研究

当代文人学者对梁章钜的研究日渐增多，重要论述有：

蒋凡《关于编纂梁章钜诗话著作全编之设想》（《中国文学研究》第六辑，江西教育出版社 2002 年版）、《〈三管诗话〉校注·前言》（《〈三管诗话〉校注》本，广西人民出版社 1996 年版）《林则徐与梁章钜诗文交游小考》（《广州日报》副刊《艺苑》，1992 年 5 月 14 日），从多方面对梁氏之文学与学术成就予以肯定。

穆克宏《梁章钜与〈文选旁证〉》（《昭明文选研究》附录二，人民文学出版社 1995 年版）、《〈文选旁证〉点校说明》（《文选旁证》，福建人民出版社 2000 年版），穆先生认为《文选旁证》是研究《文选》的重要著作，梁章钜的著作权无可争议。

袁行云《梁章钜著述多非自撰》（《文史》第十九辑，中华书局 1983 年版，第 227—232 页），该文对梁氏重要学术著作如《文选旁证》《三国志旁证》《论语旁证》等都提出了质疑，认为这些学术著作均非出自梁章钜之手。

刘叶秋《由〈退庵随笔〉论学书法》《由〈退庵随笔〉说写作》《〈浪迹丛谈〉及其续书》（《古典小说笔记论丛》，南开大学出版社 1985 年版，第 198—210 页），主要谈论梁氏笔记之价值。

来新夏《清代笔记作家梁章钜》（《福建论坛》2004 年第 9 期），着重评价梁章钜《南省公余录》《退庵随笔》《归田琐记》等 7 部笔记著作，充分肯定了梁氏笔记著述的成就，认为应给予文化史上相应的地位。

李永贤《〈文选旁证〉著者考辨》（《中州学刊》2006 年第 4 期），认为梁章钜《文选旁证》一书虽大量采用了他人的著述或观点，但都予以注明，不能视为剽窃；撰写过程的后期虽有他人参与，但最大贡献者仍是梁章钜，因此梁氏应是此书的编纂者。

王书才《梁章钜对〈文选旁证〉的著作权难以否定》(《甘肃社会科学》2005 年第 3 期),文章首先依据程同文、陈寿祺二人传记资料及其学术取向,论述二人不可能撰写此书;然后又依据该书梁氏《自序》言其幼承家传选学之语和文中多处引录其父、其叔父关于《文选》校勘训诂的条目内容等,论证该书撰者非梁章钜莫属,他人假称不得。

黄保万《林则徐与梁章钜早年关系及其学术文化述略》(《福建论坛》1986 年第 6 期),主要论述林、梁二人早年之关系。

欧阳少鸣《私喜肺腑交,依如齿与唇——林则徐与梁章钜的诗联情谊》(《福建乡土》2006 年第 3 期),从诗联谈林、梁二人之友情;《梁章钜评传》(南京大学出版社 2012 年版),对梁氏不同时期主要创作、著述和思想演变进行评述。

颜莉莉《论梁章钜"浪迹三谈"中的山水笔记》(《集美大学学报》2005 年第 4 期),谈梁氏晚年创作的"浪迹三谈"中的山水笔记,认为其内容注重实证考据,风格古朴平实,既有美学风貌,亦有史料价值。

周兴陆《〈读渔洋诗随笔〉考释》(《古籍整理研究学刊》2006 年第 3 期),考证该书的撰著时间,并阐释其理论价值。

谢明仁等《〈三管英灵集〉文献价值略论》(《广西地方志》2005 年第 6 期),论《三管英灵集》的文献价值。

陈忠纯《学风新变与地方志的编撰——道光〈福建通志〉体例纠纷新探》(《福建论坛》2007 年第 2 期),从陈寿祺、梁章钜两人的学术观念区别之角度,探讨道光《福建通志》纠纷公案,进而得出结论:《道光志》纠纷实际上根源于嘉道期间闽省汉宋兼蓄新学风的形成过程中复杂交错的学术门户之争。

王木南《梁章钜大搅福建志局》(《紫禁城》2007 年第 1 期),认为梁章钜仕途显贵,学问精深,属于嘉道时期的典型成功人士,但梁氏亦难脱"文人相轻"的诟病,在与陈寿祺争夺宅基地失和后,竟因人废事,将陈氏主编的《福建通志》打入冷宫。

王军伟《传统与近代之间——梁章钜学术与文学思想研究》(齐鲁书

社 2004 年版），对梁氏学术与文学思想予以较为全面的阐述。

欧阳少鸣《梁章钜评传》（南京大学出版社 2012 年版），主要对梁章钜的身世、学术与文学成就进行研究。

鲁晓川《雅切——梁章钜对联批评的核心范畴》（中国优秀硕士学位论文全文数据库 2006 年版），集中研究梁氏的楹联系列诸作，肯定梁氏楹联学鼻祖的地位。

李阳洪《梁章钜书法题跋与翁方纲的关系》（中国知网）。

涂新林《梁章钜〈文选旁证〉研究》（中国知网）。

胡毅雄、蔡钰章《梁章钜年谱》（《星光》，福建晋江市文化体育局主办，2006 年 5 月，此年谱在资料方面有欠缺，笔者于下文第四章第六节将论及这一点）。

上述诸文中，需要强调的是袁先生的《梁章钜著述多非自撰》一文，文中对梁章钜重要的学术著作如《文选旁证》《三国志旁证》《论语旁证》等都提出了质疑，其观点有三：

首先，梁氏著述多非自撰，"（梁氏）政事无暇，学力日衰，刊书虽多，主要由他人助笔。"依据一是梁氏其他著作学术价值都不高，而《文选旁证》却繁简得当，条理清晰，价值很高；二是梁氏自言"凡八易稿，而舛互漏略之处，愈勘愈多"（《文选旁证·凡例》，第 9 条）的表述，正是梁氏学识浅陋的自供状，是"治丝而棼，手愈勤而丝愈乱。梁章钜既不明限断，所以，此书即使真是经他改过八遍，也不能认为出于自著"。

其次，梁章钜有意隐瞒他人的贡献。依据是，虽然《文选旁证·凡例》中已列出顾千里等襄助者名单，但"细审全书各条下所列都是已有成说的历代'选学家'，并没有顾千里等人的姓名，也看不出他们对本书到底起多少的作用"。

再次，姜皋对此书贡献最大，应是此书的最后完成者，而梁氏只应算作著者中的一员。

综上，今人对梁章钜的研究，于其文学成就方面亦是持肯定态度的，而于其学术成就方面，则有所争议，然肯定者占主导地位。

四、存在的主要问题以及亟待解决和完善的问题

纵观上述各论，前人的研究成果主要体现在梁氏学术著作、笔记之作及诗话撰作三方面，而梁氏最为重要的诗歌创作及诗学思想却几乎无人问津，显为研究的一大空白。

笔者认为对梁章钜的研究，目前存在的主要问题是缺乏系统性、全面性。作为福建文学史上一位有着相当分量的文人学者，梁氏著述中有待挖掘的内容很多，而迄今为止所有之研究论述，均不够系统全面，故应尽可能对梁氏撰著进行较为系统全面的研究。

当前亟待解决与完善的问题：考辨梁章钜的著述情况；研究梁章钜诗歌创作诸方面的状况；研究梁章钜诗话系列及其诗话理论；梳理梁章钜学术思想的发展轨迹；探究梁章钜的诗学思想及其渊源和体现等。梁章钜一向珍视自己文人学者的身份，因此抓住了上述五个方面的研究，就能基本上做到系统性和全面性。

第一章　书香世业　吾闽望族

第一节　诗书传家

一、名门望族　蒸蒸继起

福建省福州市长乐（别称吴航）县（今长乐区）江田村曾有一名门望族，在民国时期的《长乐县志·选举志》中，录该家族子弟多达二三十人，这就是"江田梁氏"。该家族系出安定梁氏，梁章钜曾编辑《安定遗

人杰地灵的福州三坊七巷历史文化街区（摄影：林长生）

编》以记录其家族祖上名士，并写有《述祖德诗》30首，每一首均先诗后文，叙写一位德高望重之先祖。该组诗序言：

> 昔人言文以述祖德，为贵贵不忘也。章钜因辑《安定遗编》，窃见吾宗伟人代出，嘉言懿行，美不胜收。而群从子姓鲜有能举其事者，良用愧惧，爰谨就其尤著者以韵语辅之，并隐括其大端附于各诗之后，非徒以光家乘，亦期我后人是则是效，庶免数典忘祖之讥云尔。①

据此组诗，安定梁氏家族自周朝迄元代，有名望的先辈，足足有30位：周先贤叔鱼公鳝、汉陵乡侯仲宁公统、汉愍侯叔敬公竦、汉高士伯鸾公鸿、魏大司农子虞公习、周大尉武昭公御、周上柱国襄公叡、周大将军贞公昕、隋相州刺史襄公彦光、魏秘书令祚、秦侍中伯言公说、隋刑部尚书景和公毗、唐右补阙敬之公肃、唐孝子文贞、唐进士震、南汉翰林学士嵩、宋工部侍郎元褒公周翰、宋翰林学士太素公颢、宋户部判官仲坚公固、宋司空庄肃公适、宋尚书左丞况之公焘、宋右丞相文靖公克家、宋遗民隆吉公栋、金保大节度使公赞公襄、金韩州刺史经甫公持胜、金参知政事正宪、元参知政事伯温公德珪、元昭文馆大学士贡父公曾、元儒学友直公益、元儒学孟敬公寅②，等等。

而江田梁氏这一支则出自泉州宋右丞相文靖公派下，南宋年间就已经居住生活在长乐县南乡之江田里。③文靖公，即梁克家（1127—1187），字叔子，泉州晋江人，南宋名臣、学者。宋高宗绍兴三十年（1160）廷试第一，授平江府签判，累迁著作郎、给事中，淳熙八年（1181）知福州，有治绩，次年拜右丞相，封仪国公。淳熙十三年（1186），进封郑国公，次年病卒，追赠少师，谥号"文靖"，《宋史》有传。

---

① （清）梁章钜：《退庵诗存》卷一，道光十七年桂林刻本，第1页。
② （清）梁章钜：《退庵诗存》卷一，道光十七年桂林刻本，第1—18页。
③ （清）梁章钜：《退庵诗存》卷一，道光十七年桂林刻本，第12页。

在《述祖德诗》中，梁克家位列第22，绍介之诗及文如下：

吟诗觇器识，奉使尊礼仪。恢复岂殊议，财用缺度支。

重臣善谋国，奇功非所期。六事复四条，靖共无愧辞。

公字叔子，绍兴三十年廷试第一，为著作郎，以灾异请求言，自条六事，迁给事中，复请开谏诤之路，因具奏风俗之弊四条，上手笔奖谕，时虞允文主恢复，公奏："用兵以财用为先，今用度不足，何以集事?"上改容从之。定金使，入朝礼著。为令，又劝上无求奇功。淳熙八年知福州，有治绩，拜右丞相，封仪国公，赠少师，谥文靖。公髫年有《赋梅花诗》见《梅涧诗话》，又解试《雕鹗离风尘》诗，见《萤雪丛说》，人皆以此卜其器识。撰《中兴会要》二百卷、《长乐志》四十卷，见《宋志》及《直斋书录解题》。今唯存《淳熙三山志》，著录《四库》，即《长乐志》也。

——《宋右丞相文靖公克家》(谨案吾家以公为入闽始祖)①

明末清初，江田梁氏相继外迁，其中一支在清朝初年迁到福州城内，是为"福州梁氏"。祖上虽然位居显赫，但福州梁氏这一支，明代以来却少达宦。从明朝至清乾隆中期，历时近400年，十五世相继皆为诸生，未有一人能中举，虽然如此困顿拮据，但该家族却始终不废诗书，个中艰辛非常人所能体会。以梁章钜的祖父梁剑华为例，来看看在漫长艰难的科举之路上，一个封建时代典型的读书人家是如何奋斗过来的。梁剑华（字天池），少年秀才，有文名有天赋，却文章憎命达，终生独困场屋，只能以耆儒宿学，在福州城内当私塾先生50余年。即便如此，梁剑华也始终未改其志，他曾撰写一联"甘守清贫，力行克己；厌观流俗，奋勉修身"表达自己的坚持。其艰辛与坚持在纪昀为其80寿辰所作祝文《梁天池封翁八十序》中得到了极好的体现：

---

① （清）梁章钜：《退庵诗存》卷一，道光十七年桂林刻本，第13页。

有安命之学，有立命之学，是二者若相反，然安命即立命也。夫徼倖于所不可知是谓不安命；頮然而不为所当为是为不立命。不徼倖所不可知而务为所当为，久之未有无获者是谓安命以立命，其理由昭昭然也。乾隆甲申，余视学福建，得梁生斯明、斯仪兄弟于童试中，时封翁年五十余，偕其长君斯震、次君斯志与试诸生间，具高等。观察朱石君告余曰："是其家自明以来为诸生者十四世矣，虽未有掇巍科、登显宦者，然其志初不以此为得失也。"余闻而壮之。既而梁生兄弟相继举于乡，乙未斯仪成进士，有馨词馆。今岁癸卯，封翁寿跻八秩，梁生乃先期嘱余为文以侑，余因谓之曰："人自数岁受书，孰不期奋身功名耶？一挫于有司，愤矣；再挫，疑矣；数挫以后，悔而谢去者不知凡几，况能传及再世？况能传及十余世？困顿三四百年而不悔，此其人海内不数家也。困顿至十余世，命也；困顿十余世而不悔，安命也，此其志足立命矣。"今闻封翁诸孙复翘然庠序中，蒸蒸继起，福泽方未艾而老人躬膺锡命，齿发康健，身名俱泰，此在数载以前，封翁岂遽期如此耶？莫之期而自如此，且其势将有不至于此者，所以为能安命之效也。江出岷山，不过滥觞；河出昆仑，狐可跃而过。迤迁曲行数千里，众水会之，乃极天下之浩渺，岂非弥积弥盛，遂沛然不可遏耶抑？此足以验立命之学矣！斯仪兄弟敬为传语，封翁前日期颐寿考可以自致，其理亦如是也夫。①

纪昀在此文中对梁剑华及其家族的评价不可谓不高，但这已是梁剑华80岁时，凭借儿子的成功才获得的殊荣了。回首20多年前，乾隆二十九年（1764），50多岁的梁天池率领4个儿子同赴科举考场，而该年正是著名学者、《四库全书》总纂纪昀（字晓岚）督学闽省，这父子两代5人共赴考场的壮举令主持科考的纪晓岚大为感动，并由衷感叹："闽中

---

① （清）梁章钜：《师友集》卷一，道光二十五年福州梁氏北东园刻本，第7—8页。

巾卷世家，以长乐梁氏为第一。"并手制"书香世业"之匾额予以表彰。①
正因从未放弃，故此梁氏家族在科场上孜孜以求的精神倍受称赞。终于在
世代诗书传家所带来的良好家风和遗传基因的双重影响之下，自乾隆三十
年（1765）起，福州梁氏家族科考频传捷报，代不乏人，终清一朝簪缨不
断，有6位进士，10位举人。仅梁章钜一家，父子孙三代3进士、3举人、
1附贡生。

梁章钜父辈，叔父上泰（字斯明，又字翠岩）于乾隆三十年（1765）
举于乡、父亲上治（后改名赞图，字斯志，又字翼斋）与小叔父上国（字
斯仪，又字九山）于乾隆三十三年（1768）同举于乡。其后梁上国又于
乾隆四十年（1775）成进士，选庶吉士；乾隆五十五年（1790），授编修，
转御史给事中，历奉天府丞兼提督学政；嘉庆十二年（1807）迁詹事府少
詹事，升任太常寺卿。至此，梁氏家族真正在科考并仕途上顺利起来，并
一步一步成为科举望族。

在梁章钜父辈四兄弟中，老四梁上国无疑是最杰出的，无论为学还
是为官，都非常优秀。为学，梁上国精通经学，勤于著述，善于收藏，著
有《驳阎氏尚书古文疏证》5卷、《驳毛氏大学证文》1卷、《奏疏》1卷、
《进御诗文》1卷、《山左游记》1卷、《辽沈游记》1卷、《山右游记》1卷、
《粤西游记》1卷，《诗文集》10余卷；为官，关切国事，曾应谢金銮（时
任台湾嘉义县教谕）之请，归纳其《噶玛兰纪略》内容，上疏清廷，建议
加强对台湾的管理，把噶玛兰地区（今宜兰旧称）收入版图，加以开发。
嘉庆十八年（1813）督学广西，革除时弊。终因积劳成疾，病逝于庆远试
院。梁上国的治学精神与为官态度都对梁章钜有极深的影响。梁上国是福
州梁氏也是江田梁氏第一个进士和京官，从而打开了梁氏家族的视野和活
动范围。此后，福州梁氏家族兴旺、人才辈出，先后有20余人载入官方
贡举名册。

梁氏家族所呈现出的浓厚书卷气息和文化氛围，对家族后辈的成长

---

① （清）梁章钜：《师友集》卷一，道光二十五年福州梁氏北东园刻本，第7页。

无疑起到重要影响，为后世子孙奠定了坚实的求学仕进基础，同时也说明梁章钜日后在文学以及政治上的成就有着先天的优越条件。梁家至章钜这一辈时科考与仕进达到高潮，章钜及堂兄际昌（字虚白）、运昌（字曼云）三人于乾隆五十九年（1794）同榜中举，运昌更于嘉庆四年（1799）中进士，后章钜本人在五次进京赴考后终于在嘉庆七年（1802）登进士第，并进而在其后的 40 余年仕宦生涯中取得了辉煌的成就。儿孙辈，仅章钜自己一家，即一子进士二子举人一子附贡生，一孙进士一孙举人。

无怪乎林则徐称赞说："长乐梁氏，吾闽望族，累世以科目起家。"①

二、家庭和睦 子孙翘然

梁章钜父亲梁上治（后改名赞图），乾隆三十三年（1768）戊子科举人，先后五次参加会试均名落孙山。曾考补内廷咸安宫教习，乾隆四十四年（1779）末教习期满，归乡丁忧，后以授徒为业，嘉庆七年（1802）去世。其诗文集有《四勿斋随笔》《四勿斋剩稿》及《翼斋公遗诗文》等。

母亲王淑卿，闽县人，是梁章钜的发蒙老师，乾隆四十九年（1784）去世。王夫人少以孝称，未出阁时尝割臂肉疗父笃疾。生平喜流观经史，通其大义，能诗，有《送儿子入学》《素心兰》《附家书寄外》2 首、《述德诗》4 首传世。《闽川闺秀诗话》有载。

夫人郑齐卿，闽县人，章钜恩师郑光策（字宪光、琼河、苏年）长女，幼通诗礼，嫁入梁家 38 年，于道光十三年（1833）去世。郑夫人幼通诗礼，喜亲笔墨，曾言："与其学琴，不如学诗，尚冀有片纸只字留示后昆也。"写有《藤花吟馆》《纪事绝句》《甲戌初春，随夫子挈儿女泛舟西湖诗》4 首、《壬辰仲夏，重游西湖示儿女诗》2 首、《到家杂诗》等诗，见载于《闽川闺秀诗话》及梁章钜散文中。梁章钜对这位明大义识大体的夫人感情极深，在著述中多有记载。如对夫人诗才的夸赞：

① （清）梁章钜撰，陈居渊点校：《制义丛话、试律丛话》合订本，上海书店出版社 2001 年版，第 487 页。

　　余有《樊城登舟》①句云："明知未许扁舟老，且作浮家泛宅人。"夫人最喜诵之，曰："此等诗我亦理会，殆所谓灶妪能解者乎？"又有诗云："团圞一醉斜阳里，不愿双珠乞汉皋。"则笑曰："仕宦人殆难言之，然君之素志，我固早信之矣。"又句云："爱与家人说招隐，几回指点鹿门山。"夫人悚然曰："君固淡于荣进者，然衔命之初，即萌退休之志，如报称何？"余改容谢之。呜呼！夫人素不言诗，而此前后数语，乃堪入诗话，此又余所最不能忘而必欲笔记之者也。②

　　夫人去世后梁章钜不仅请他人为之作传、请林则徐为之作墓志铭，还亲自撰写了《清河郑夫人行略》一文，叙事抒情议论融为一体，深情追忆了几十年夫妻生活中的点点滴滴，表达了对夫人尊敬与挚爱，更有决绝伤痛之情洋溢文中，甚是感人。姑且摘录几句如下：

　　呜呼！夫人其竟舍余而长逝耶……呜呼痛哉！妇人行不出闺阃，宜无事于状者，顾念夫人相余三十八年，自食贫以至通显，中间欣戚非一端，而黾勉同心始终无间，有使余哀思不置者，不忍以无言也……呜呼！夫人其真登忉利天耶？果耳，则修短之数又不足云耶……呜呼，在夫人其又何憾！然何以弥余之悲耶？呜呼痛哉！……呜呼！夫人其竟舍余而长逝耶……余性褊激，处事多粗疏，常赖夫人匡正之，日事刀圭口，皆夫人亲为料检。每遇余觞客，议酒食唯恐弗周，宴居相庄有如老友。呜呼！口今以往余将何赖乎！顾念夫人淋性懿规女也，而有士行，不忍听其湮没，爰忍痛濡墨以记，大凡非敢以质之当代大人先生，庶几传诸家乘，为后人师式云尔。③

---

① 《樊城登舟》4 首，见（清）梁章钜：《退庵诗存》卷十，道光十七年桂林刻本，第 3—4 页。
② （清）梁章钜：《闽川闺秀诗话》卷四，道光二十九年瓯郡梅姓师古斋镌本，第 4—5 页。
③ 转引自王军伟《传统与近代之间》，齐鲁书社 2004 年版，第 306—313 页。

与梁章钜同时期的文化名人中，很少有人在妻子去世后亲自撰写情感如此深厚、悲痛如此强烈的悼文，可见梁章钜用情至深。

夫妻二人育有五子四女，儿辈虽没有一个达到父亲的地位和成就，但也都不是等闲之辈。长子逢辰（字吉甫），道光二十一年（1841）辛丑科进士，补兵部员外郎，改就江苏候补同知，娶故湖北天门县知县吴观乐三女，再娶故南靖县学教谕王大经孙女（国学生王珣长女）。曾刊刻其父《三国志旁证》等书，《北东园日记诗》①中录其和韵诗 5 首。

次子丁辰（字平仲），道光十九年（1839）己亥科举人，官至内阁中书，娶故湖南常德府知府郑鹏程三女，再娶刑部直隶司郎中祝昌泰女。《北东园日记诗》《游雁荡日记》②中各录其诗 1 首。

三子恭辰（字敬叔），遗传了其父的文学艺术才华，是清末有名的文学家和楹联学家。道光十七年（1837）丁酉科举人，捐浙江候补知府，署温州府事，娶时任湖南按察使杨竹圃四女杨渼皋（婉蕙）。恭辰嗜旧籍古钱，有《池上草堂笔记》《北东园笔录初编》《北东园笔录续编》《北东园笔录三编》《北东园笔录四编》《楹联四话》《巧对续录》等传世。《北东园日记诗》中录其和韵诗 2 首，《游雁荡日记》中录其和韵诗 1 首，另外刊刻其父多部著作。其妻杨渼皋，少不知有声韵之学，嫁入梁家后，从堂姑梁韵书（蓉函）学作诗，于诗好苦吟，有《榕风楼诗存》等传世，《闽川闺秀诗话》有载。

四子映辰，附贡生，刑部员外郎，娶故直隶总督温承惠孙女（故内阁侍读学士改礼部主客司郎中温启鹏三女），能诗，《北东园日记诗》中录其和韵诗 1 首。

五子敬辰，国学生，娶候选布政司习理林荣芳三女。

长女兰省（字筠如），嫁浙江温州府同知祝普庆（祝昌泰长子）。幼聪慧，随父宦游南北，濡染见闻，擅长诗作，于书史亦靡不深究，有《梦

---

① （清）梁章钜：《归田琐记》卷八，中华书局 1981 年版，第 161 页。
② （清）梁章钜：《浪迹续谈》卷三，中华书局 1981 年版，第 302 页。

笔山房诗稿》等。《闽川闺秀诗话》有载。

次女兰台（字寿研），嫁国学生邱藜辉（故甲子科举人邱瑞云孙、增贡生邱绍琼次子）。能诗，《闽川闺秀诗话》录其七律《咏杜鹃花》1 首，《北东园日记诗》中录其和韵诗 1 首。《闽川闺秀诗话》有载。

三女兰芳（字寿笙），嫁陈延诜（故浙江泰顺县陈征芝四子）。

四女兰衡（字寿溥），归未详。能诗，《和北东园日记诗》中录其和韵诗 1 首。

梁章钜孙辈也不乏优秀之人，最出类拔萃的是梁逢辰的儿子梁亿年（字少甫），光绪二年（1876）丙子科进士，撰有《光绪二年丙子恩科会试朱卷》1 卷。梁亿年工诗善书，是清末诗人、书法家，擅长隶书，字体放纵，古茂浑朴，雄奇遒劲。

第二节　生平宦迹

梁章钜于乾隆四十年七月初六（1775 年 8 月 1 日）生于福州淳仁里（今鼓楼区北大路钱塘巷附近），天资聪颖，4 岁（1778）即从伯兄际昌及母亲王淑卿开蒙读书。

6—12 岁（1780—1786）跟随父亲读书。这六七年间梁父分别在福州、厦门等地任私塾先生，章钜均随行读书。期间，9 岁（1783）开始学作小诗，并开始博览群书，立志著作；12 岁开始学作八股文。

13 岁（1787）随父迁居新美里（今鼓楼区三坊七巷之黄巷）。当时章钜叔叔梁上国丁忧，继以父疾乞养故里，他在城中心新美里购买了新居，邀请经济拮据的二哥梁赞图一家一起居住，于是少年梁章钜便随父母迁居新美里，并从伯兄际昌学举子业。

14 岁（1788）以童生第九名考入鳌峰书院（中国近代著名四大书院之一，地址今鼓楼区鳌峰坊 42 号，现为福州教育学院附属第二小学校园）学习，开始接受该书院山长孟超然（瓶庵）之理论学说。

15 岁（1789）随父往仙游金石书院读书（址在今仙游县城东北金石

山上），这年秋天，赴长乐县试，录取为第二名。

16 岁（1790）复回福州鳌峰书院读书，开始学作小赋。

17 岁（1791）受知于丹阳吉梦熊（字渭厓，时任督学），以第一名取入长乐县庠；同年，随同乡陈士炜（茂真）师读书于观音桥齐氏之漱芳轩（址在今杨桥路天盛小区院内）。

18 岁（1792），随郑光策（苏年）师读书于洗银营巷赵氏之红玉斋（址在今三坊七巷之衣锦坊内）。是秋参加乡试，卷备而不荐。

19 岁（1793），仍随郑光策师读书，开始正式学作诗、赋、杂文。

20 岁（1794），随林茂春（畅园）师读书于洗银营巷陈氏之凤池书屋（地址在今三坊七巷之衣锦坊内）。是年秋乡试（甲寅恩科）中举。① 值得一提的是，该科梁家辉煌一时，梁章钜和堂兄虚白、曼云同举于乡，有趣的是其师陈士炜（茂真）也于该科中举，兄弟同榜、师生同榜，一时成为美谈。

21 岁（1795），是年春参加乙卯恩科会试，试卷受到同考官房师胡克家的欣赏，极力推荐给主考官，但最终未被售榜，即荐而不售。只得留京过夏，考取景山官学教习。然此次结识胡克家对梁章钜有很大的影响。胡克家（1756—1816），字果泉，乾隆年间进士，官至江苏巡抚。胡果泉身为封疆大吏，同时他还是一位治学谨严、致力文献校刊的知名学者，他倡导和主持刊刻的《昭明文选》和《资治通鉴》，在学术界有着巨大的影响，对梁章钜日后的选学研究及《文选旁证》的成书有很大帮助。

22 岁（1796），是年春参加丙辰正科会试，再次荐而不售。返回福州，年底与郑苏年师长女郑齐卿成婚。

23 岁（1797），在西门街（今西洪路）刘宅教书授徒。闲暇之余，与同里诸君子一起组织"瀛社"以便学习。

24 岁（1798），在南营（今津泰路）姜宅教书授徒。

25 岁（1799），与堂兄曼云一同参加己未正科会试，曼云顺利成进

---

① 乙卯年（179 年）为乾隆登基 60 年恩科会试，故甲寅年（1794）增设恩科乡试。

士、入翰林，章钜仍旧荐而不售。不得已归闽，仍从郑苏年师课文。

26 岁（1800），长子逢辰生。仍从郑苏年师课文。在备考期间，辑《东南峤外书画录》20 卷，自为序。又与城中有名望的文人雅士林敬庐（芳春）、林钝村（一桂）、万虞臣（世美）、谢甸男（震）、李秋潭（大玢）、赵毂士（在田）、叶葆汀（申万）、郑铁侯（汝霖）、陈恭甫（寿祺）等一共十人唱为通经复古之会，起名"殖社"。

27 岁（1801），是年春参加辛酉恩科会试，但因叔父上国为内帘同考官，故回避未入场。后参加举人大挑，若挑中即可以知县试用，或者以教职铨补，结果没被选上。因为次年即是正科会试之年，所以继续留在京城以待来年科考，期间乃就补景山教习。

28 岁（1802），是年春参加壬戌正科会试。自乙卯至壬戌，八年中，梁章钜五上公车，此次终于以二甲第九名成进士，主考官纪昀（纪晓岚）师、熊枚（熊谦山）师。又朝考入选第二名，授庶吉士。正当梁章钜在仕途上起步之际，同年秋，在福建宁化任教谕的父亲去世，于是丁父忧，回乡奔丧守制。

29 岁（1803），丁忧，家居福州。编辑其父翼斋公遗诗文两卷，撰写《先教谕公行略》1 卷，又辑家谱 4 卷。

30 岁（1804），丁忧，家居福州。该年对梁章钜影响甚深的恩师兼岳父郑苏年去世，梁章钜与同门友陈名世一起为恩师校刊《西霞文钞》两卷，并为之序。

31 岁（1805），服阕进京，散馆以二等第五名引见，任礼部主事，入仪制司行走。同年秋因病请假回籍调理。

32 岁（1806），家居福州。

33—39 岁（1807—1813），担任闽北重镇浦城的南浦书院（址在浦城东隅里越王山麓，现为浦城县教师进修学院址）讲席，期间分别于1808 年和 1811 年两次短期应邀进入当时福建巡抚张师诚（字心友，号兰渚）幕中，为其撰拟颂册及奏御文字，并校勘所进遗书数十种，各加按语，如《四库书提要》之例。梁章钜的文史才华深得张师诚赞赏。

40 岁（1814），是年八月进京销假，仍在仪制司行走。至此，结束 10 年远离政坛的乡居生活，重新进入官场政界。

41 岁（1815），以诗就正翁方纲（晚年号苏斋老人）阁学，自始，为苏斋诗弟子三年。这三年对梁章钜诗学思想与学术思想的发展成熟影响深远，为他日后的诗文成就打下了良好的基础。

42 岁（1816），是年秋考选军机章京，以第一卷引见记名。同年冬加入名噪京师的宣南诗社，这不仅对梁章钜诗学思想有很大的影响，更重要的是宣南诗社经世致用思想对章钜日后担任地方大员的施政理念有极大的影响。

43 岁（1817），仍在仪制司行走。

44 岁（1818），考取军机章京，入直军机处。是年，与龚自珍相识定交。

45 岁（1819），仍任军机章京。是年冬，以覃恩诰授奉直大夫，诰赠先考如章钜官，先妣王氏为宜人，封妻郑氏为宜人。

46 岁（1820），仍任军机章京，兼祠祭司行走。是年冬，以覃恩诰授中宪大夫，晋先考为中宪大夫，先妣王氏为恭人，诰封妻郑氏为恭人。

47 岁（1821），以补授主客司主事引见，仍在仪制、祠祭两司行走，礼曹四司至是遍历。六月擢升仪制司员外郎，换顶戴。充大清通礼馆纂修，又充内廷方略馆纂修。

48 岁（1822），由礼部堂官以"才具练达、克称厥职"保举，京察一等。二月，由吏部引见，奉朱笔圈出，交本部堂官查看，复加"才识精明、办事老练、堪胜外任"考语，引见记名。闰三月，外放，授湖北荆州府知府，兼护荆宜施道，兼管荆州钞关监督。

49 岁（1823），擢升江南淮海河务兵备道。是年冬，以覃恩诰授朝议大夫，诰赠先考如章钜官，诰赠先妣王氏为恭人，诰封妻郑氏为恭人。

50 岁（1824），九月调署江苏按察使，十一月回淮海河务兵备道任。

51 岁（1825），管理盘运漕粮总局，将滞漕 200 万石漕粮全数盘运渡黄北上，节省运费 32 万两，初步展示其卓越才干。升任为山东按察使。

52岁（1826），进京谢恩，蒙道光帝一连三次召见。二月赴抵山东任。十一月调补江西按察使，未行，迁江苏布政使。

53—54岁（1827—1828），任江苏布政使。此间曾主持修治泖湖和吴淞江水利。

55岁（1829），任江苏布政使。其才干深得江苏巡抚陶澍欣赏，由陶澍奏请护理江苏巡抚。

56岁（1830），护理江苏巡抚。

57岁（1831），江淮患大水灾，率属捐廉募款救助难民，一面派船护送，一面开厂留养。七月至十月，资送出境难民达60余万人；十月至次年三月，在苏州城外设37座厂留养难民4万余人，章钜眷属率先捐棉衣、棉裤各5000件，无一人饿死或病死，深得政声，郡丞何士祁曾作《目送归鸿图》以颂扬梁章钜此役之功。同年修复练湖闸坝，并筹款兴修孟渎、得胜、澡港三河水利。

58岁（1832），护理江苏巡抚，为政务持大体，不以科条缴绕，曾驱逐英兵舰，遏止其停泊滋事。四月，因病奏请开缺回籍，奉旨等候林则徐到任接替巡抚之职后再行开缺回籍调理。六月林则徐抵达江苏接任，梁章钜卸任归闽，八月回到福州。是年秋，福州秋禾为风雨所伤，米价骤贵，民心惶惶，梁章钜致书闽浙总督程祖洛（字问源，号梓庭），力恳奏请借拨江南漕米10万石，程祖洛总督奏告朝廷后获准，终于在次年青黄不接之季，由海船运到福州，解救了福州的春荒。①

（按：自道光四年署江苏按察使至道光十二年于护理江苏巡抚任上退隐，梁章钜在江苏为官达8年之久，对江苏行政，尤其是水利建设和人才推荐方面有重大贡献。）

59岁（1833），家居福州三坊七巷之黄巷，夫人郑氏去世。组织三山诗社。

---

① 事见（清）梁章钜《师友集》卷五，道光二十五年福州梁氏北东园刻本，第21页《程祖洛》条。

60 岁（1834），家居福州黄巷，与同里诸耆旧以诗酒相往来，过着他一直崇尚的诗意的归隐生活。

61 岁（1835），这年春季，福州农作物青黄不接，有不良商人乘机囤积粮食，抬高米价，致使全城百姓人心惶惶。为解决百姓生计问题，梁章钜在家中设局，召集诗社诸君子一同出力，捐义仓降低谷价，打压不良商贩，有德与民生。五月，奉诏再次入京，不得已结束了三年的家居养老生活，重返政坛。八月底到达京城，道光帝连续召见三次，委以重任，授甘肃布政使。

62—67 岁（1836—1841），丙申正月调授直隶布政使，三月升任广西巡抚，兼署学政。在广西的五年间，除经济建设外，大力整顿文闱，查拿兵丁传递卷子的舞弊行为；积极配合林则徐广东禁烟，亲自带兵至梧州府防堵英军，并力行团练之法，使境内帖然；同时奉旨选将调兵送炮，协济广东。

67 岁（1841），五月调任江苏巡抚，七月抵任，值英军进犯江浙，莅任数日，即赴上海防堵，练兵检械，力持镇静，会同江南提督陈化成布置抗英防务。同年八月，英军攻陷镇海，两江总督裕谦殉国，梁章钜临危受命，署理两江总督，兼管两淮盐政二十余日，后又奉旨督办粮台，身膺重任，昼治官司，夜辄出巡河干，阅视诸军，十一月因劳疾作，专折奏请开缺调理。

68 岁（1842），正月引疾折回，奉旨准其开缺回乡调理。途中因战事滞居扬州三个多月，六月底才回到福建，因闻英国人要在福州设立码头，颇具爱国之心的梁章钜愤而不回福州，不得已只好在浦城借亲戚家宅院暂时住下。

69—72 岁（1843—1846）购买花园弄原宋朝状元章衡的花园旧址建造新屋，称为"北东园"（现址仍在，然已在"文革"中被改为工厂，原建筑仅剩一角）。1846 年春，拟为三子恭辰谋官，遂游江浙。至此，一共在浦城寓居 4 年。

72 岁（1846），仲春，薄游吴、会，探师访友，寄庽邗江（扬州）1 年。

73 岁（1847），初寓居杭州近半年，年底因三子恭辰捐补温州守，署理温州知府，故梁章钜被迎养温州官署。

74 岁（1848），侨寓温州，与魏源时常交往，友情深厚。

75 岁（1849），六月二十日病逝于温州，同年十月十五日，归葬福州侯官县西关外群鹿山之阳。（据林则徐撰《诰授资政大夫兵部侍郎督察院右副都御史江苏巡抚梁公墓志铭》）①

从其生平宦迹可以看出梁章钜为官近 40 年，其中外放 20 余年，从知府做到督抚，从未有过丝毫失误；与同僚、下属及友人之共事相处，亦几未有过矛盾，确实是才识精明，办事老练之人。关于宦迹，梁氏晚年自己有过相当有趣的说法："余官中外数十年，从无一稍干吏议之事，回首未免惶然，今儿辈初入仕途，即为余尝此愧负，自觉心安理得，本不足累我天怀，而爱我者乃鳃鳃以为慰谕，转浅之乎视我矣！"② 其时为道光二十八年（1848）初冬，章钜三子恭辰，在温州郡守任上因小过失而被浙江知府奏请暂时性的摘取顶戴。章钜不仅不以为忤，反而甚觉安慰，认为自己几十年仕宦生涯顺风顺水，无一失误，一直觉得太过顺利反而心有不安，而此次儿辈以一小小的处罚来抵消自己几十年的顺利，所以反觉心安理得。关于与同僚、下属及友人之共事相处，章钜在晚年亦有概括："某获交海内贤豪，不下百十辈，周旋且数十年，从无匿怨而友其人及凶终隙末之事。"③ 亦可见梁章钜为人情商甚高。

综上，探究梁氏生平及宦迹，可知其为人处事。梁章钜深有爱国爱民之心，为官期间，在抗灾救灾、兴修水利、整顿财政、治理漕运、整治吏治、肃清文闱、培养人才等方面均作出了较大贡献。且为官清正，生活也比较俭朴，并敢于伸张正义，尤其在鸦片战争之际，更表现出了伟大的爱国精神。正如挚友林则徐为其所作墓志铭中肯定的："（梁公）平生特立孤行，空无依傍。膺圣主特达之知，位跻通显，处之泊然。为政持大体，

---

① （近人）闵尔昌编：《碑传集补》卷十四，上海古籍出版社 1987 年版，第 15—21 页。
② （清）梁章钜：《浪迹三谈》卷四，中华书局 1981 年版，第 465 页。
③ （清）梁章钜：《浪迹续谈》卷八，中华书局 1981 年版，第 399 页。

不以科条缴绕。乐奖人才，出诸天性，故人皆乐为之用。"

我们或许还可以用梁章钜自己的一首诗歌来为他的宦迹作出总结：

> 五十八归田，六十一再起。八年复引退，俯仰一瞬耳。
> 名场廿四科，宦辙万余里。上赖特达知，慎终乃如始。
> 下谢部民望，卅载无敛倚。防河复防海，虽险亦坦履。
> 只今届悬车，进退庶合礼。晚节当无讥，独立良足恃。
>
> ——《自题独立小照》①

这是道光二十二年（1842）初夏，68 岁的梁章钜为自己早年 55 岁时所自画的一幅肖像画所作的题诗，诗人以高度概括的诗歌语言回顾了自己的一生宦迹，肯定了自己的政绩，并表达了自己的晚节追求。诗虽简短，却充满真情实感，可以说就是梁氏一生为官的凝练写照。

第三节　家国情怀

个人思想的产生主要取决于时代精神和周遭氛围。梁章钜所处的时代，正是古老的中国向近代社会转型的时期，其晚年所亲历的鸦片战争，给了他最强烈的刺激和震撼，同时那个时代福建爱国群体又特别突出，如林则徐、陈化成、梁章钜、林树梅、沈葆桢等人，以及后续的严复、林纾、林旭、林觉民等，这些人物的身上都洋溢着强烈的爱国主义精神，这种精神是明显带有区域特征的，而梁章钜正是该群体中的一员。梁氏的爱国主义思想主要体现在六个方面：

其一，主张变法改革以强国、建设海防以御外。

清朝封建统治从乾隆晚年开始由盛转衰，吏治腐败，贪污成风，特别是嘉庆、道光以来，漕运、盐务、河工、银荒等社会问题日益严重。梁

---

① （清）梁章钜：《退庵诗续存》卷一，道光二十四年福州梁氏北东园刻本，第 16 页。

章钜身处高位，却不官僚、不保守、不僵化，而是始终深入实际，对当时统治危机和社会问题都有所反响，并在《退庵随笔》之《躬行》及《政事》卷中阐述了自己的改革理论；在《浪迹从谈》中又阐述了具体的改革方法，如《请铸大钱》《请行钞法》《开矿议》《行贝议》等。他反复强调"穷则变，变则通""变之所极端，其机自至"，主张通过"变法"，对当时百殃并集的局面进行整顿和改革。如言及事关国本的"漕运"问题，确切指明国家岁需东南漕米 400 万石，为此仅漕运费用就至少需银 1295000 五千余两。劳民伤财，所以必须改革，改漕运为海运，"物穷则变，变则通，而海运之说兴焉"，以使国家"举百余年丁费之重累一旦释然，如沉疴之去体"①，从而实现"自强不息"。

鸦片战争中，梁章钜目睹我东南海疆的沦陷，积极建言献策，提出了自己的海防思想——整顿水师、训练炮兵、兵民合一等。即使是在告病还乡途中，仍然积极主动地为地方官抗击英军出谋划策，事见《归田琐记·堵江口》：

> 余侨寓邗江，无所事事，然日闻海上警报，怃然忧之。当官者惟但云湖都转明伦时从余讲求此事，余曰："夷情如此猖獗，难保其不犯长江，则瓜州一带门口，不可不预为之计。"都转问计将安出，余曰："扬州本富盛之区，尚有可为。足下所管度支，亦尽可挹注。此地若无以御之，则他处更将束手矣。今大江两岸口里，满号之漕艘，不下千百只，似可预先调齐，横塞江口，以铁索联为巨栅，每船中预伏数兵，安设枪炮火器，从头舱中穴孔以待之。再召集捆盐人夫一二千名，各予器械船只，使之并力堵御，重赏之下，必有勇夫，以废艘为前茅，以捆徒为后劲，四十里外，有此两层扼隘，英夷虽猛，恐亦不能飞来矣。"都转闻之，极为动念。②

---

① （清）梁章钜编撰，乐保群点校：《退庵随笔》卷八，文物出版社 2019 年版，第 161 页。
② （清）梁章钜：《归田琐记》卷一，中华书局 1981 年版，第 7 页。

其二，积极支持林则徐查禁鸦片、抗击英军。

道光十八年（1838）鸿胪寺卿黄爵滋，在奏折中痛陈鸦片的种种祸害，提出"严禁"的主张，当时担任广西巡抚的梁章钜及其好友林则徐同是赞同禁烟最有力的大臣，梁章钜旗帜鲜明地反对军机大臣穆彰阿、直隶总督琦善、云贵总督伊里布、太常寺少卿许乃济等"弛禁"的主张，他提出，禁烟的关键是"将死罪施之开窑口之人"，而"行法必自官始，行法于庶官，又必自大吏始"①；道光十九年（1839），梁章钜全力配合林则徐查禁鸦片，且举措颇多，首先处分了禁烟不得力的梧州知府刘锡方，"请旨摘去顶戴，仍责令拿获大起烟犯自赎"；其次订立《查禁章程》，对原先栽种罂粟的地区，"严饬遍禁，随地铲除"，且查拿罂粟栽种犯。②道光二十年（1840）九月，林则徐被革职后，梁章钜顶着巨大压力依然坚持林则徐的抗英斗争路线，并亲自督兵镇守与广州相接壤的梧州。道光二十一年（1841）二月，英军攻陷虎门后，梁章钜一面调兵选将运送 40 门大炮赶赴广州，支援广东前线的抗英斗争；一面上书朝廷，赞颂三元里人民的反侵略斗争，以鼓舞全国的斗志。

其三，肯定三元里战役，主张收复香港。

道光二十一年（1841），投降派琦善开门揖盗，割让香港，举国上下群情激愤，时任广西巡抚的梁章钜上疏抨击琦善在广东"开门揖盗"，歌颂三元里人民抗英斗争，同时第一个奏请收复香港，他奏称：

> 此次广州省城幸保无虞，实借乡民之力，乡民熟睹官兵不可恃，激于义愤，竭力抵抗，一呼而起，遂令英夷胆落魂飞，骤解围困（按：即指三元里人民抗英斗争）风闻广城发发之际，各官日日议和，城乡远近百姓，受害已深，几至民变。只缘巡抚怡良，平日洁己爱民，为众心所悦服，而总督祁甫经到任，事非专制，其从前在

① （清）文庆等：《筹办夷务始末》卷四，中华书局 1964 年版，第 97—100 页。
② （清）文庆等：《筹办夷务始末》卷四，中华书局 1964 年版，第 263 页。

巡抚任内，官声亦好，舆情感恋，出于天良，诚恐变生于民，官必受累，是以大众相戒，隐忍不发，现已众志成城，与英夷誓不两立，实是广东一大转机。臣愚昧之见，只须责成祁、怡良，认真团练乡勇，以收复香港为首务，一面将所铸铁木桩填塞口岸，力守前人坚壁清野之老谋；使之自溃，较之老师糜饷毫无成效者，相去径庭，似舍此之外，别无长策。①

其四，练兵练炮备战，亲赴前线抗英。

道光二十一年（1841）二月，梁章钜亲自带兵防守梧州，并增兵浔州、南宁，运送大炮支援广州防务。同年四月，梁章钜调任江苏巡抚，时沿海告警，七月刚刚抵任立即亲自带兵前往上海，会同江南提督陈化成布置抗英防务，收抚巨奸，更组织宝山、上海、川沙、太仓、南汇、嘉定等地兴办团练，认真备战，自吴淞江至宝山口扼，数十里刁斗森严，使英军数月内未敢妄动。同年八月，英军攻陷镇海，两江总督裕谦殉国，梁章钜受命于危难之中，署理两江总督，兼管两淮盐政，不数日，又奉旨督办粮台。因白天治理官书政事，深夜即出巡河干，无敢一刻暇逸，终因过度劳累而眩晕旧疾复发，又担忧军务紧急，生怕贻误战机政事，不得不奏请开缺调理。

这段狼烟岁月的风云往事，梁章钜自订年谱里有较为详细的记载：

辛丑，六十七岁，二月，闻广东英夷滋事，带兵至梧州府防堵。梧州界连东粤，匪徒乘机啸聚。余力行团练之法，境内帖然。奉旨选将调兵送炮，协济东省，并准杨诚村参赞芳咨取铁椿木排匈束，两旬间悉办运无误。旋调授江苏巡抚……七月，莅临苏任，即带兵赴上海县防堵。时裕鲁山督部谦奏准宝山口商船一概不准进港，以防夷匪混入，合县商民汹汹，几至罢市，县令束手罔措，关

———————————
① （清）文庆等：《筹办夷务始末》卷三十一，中华书局1964年版，第15页。

道濾欲辞官。余即日据呈批准进港，一面具奏，人心始安，欢声雷动。又与陈莲峰提戎化成协力练兵练炮，收抚巨奸，自吴淞江至宝山口数十里刁斗森严，军民安堵。值浙江镇海失陷，督部讣至，因兼署两江总督及两淮盐政二十余日。适奉办理粮台之命，遂回苏州……因劳疾作，即专折陈请开缺调理，送篆交程晴峰中丞商采接办。①

其五，耻于福州开放通商口岸，告老不还乡。

道光二十二年（1842）正月，梁章钜引疾告归，未至故乡而风闻英夷要在福州设立互市码头通商口岸，他深恨帝国主义的侵略，感慨"有家而不能归"②，不得已暂住闽北浦城，借宅而居。并立即上书时福建巡抚刘鸿翔，强调民为邦本，痛陈福州开放之害：

> 试问执事，夷情重乎？民情重乎……且执事亦知该夷所以必住福州之故乎？该夷所必需者，中国之茶叶，而崇安所产，尤该夷所醉心。既得福州，则可以渐达崇安。此间早传该夷有欲买武夷山之说，诚非无因。若果福州已设码头，则延建一带必至往来无忌……此局果成，其弊将有不可殚述者，愿执事合在城文武各官，及在籍老成绅士，从长计议，极力陈奏，必可上邀俞旨，下洽舆情，使英夷知中国不可以非理妄干，自当帖然听命。甚不愿后日以卢龙之责归咎于当时之大吏及士大夫也。③

其六，以笔记和诗作抒发爱国之心。

鸦片战争是中国历史改写的标志，亲历了鸦片战争失败的梁章钜，

---

① （清）梁章钜：《归田琐记》附录《退庵自订年谱》，中华书局1981年版，第191—192页。

② （清）梁章钜：《浪迹丛谈·续谈·三谈》卷一，中华书局1981年版，第1页。

③ （清）梁章钜：《归田琐记》卷二，中华书局1981年版，第20—21页。

在其晚年，犹以手中之笔来抒发爱国情感。在诗文中，或抨击侵略者之行径，如《英夷》《鸦片》《天主教》《七哀诗》等；或表达对时局及黎民苍生的关注，如《请铸大钱》《请行钞法》《开矿议》等；或同情民族英雄林则徐、悼念民族英雄陈化成，如《北东园日记诗·其五十三》《江南属吏以陈忠愍遗像征诗，余与公共事三阅月，有不能已于言者，因抚旧事寄之》（下文简称《题陈忠愍遗像诗》）等，激愤之情溢于言表。

如其笔记散文《英夷》，开篇即言：

> 英夷初至中国，未尝不驯谨，自道光二十年以后，始逐渐骄肆，名为恭顺，实全无恭顺之心。尝与云台师谈及往事，师深为扼腕，曰："尚记得嘉庆二十二年，我为两广总督时，首以严驭夷商、洋商为务，盖洋商受英夷之利益，英夷即仗洋商之庇护，因此愈加傲黠不驯，我每遇事裁抑之。时英船在黄浦与民人争水，用乌枪击杀民人……"①

《鸦片》一文中则借他人之奏章表达自己的观点：

> 乾隆以前鸦片入关，税后，交付洋行兑换茶叶等项，今以功令森严，不敢公然易货，皆用银私售，嘉庆年间每岁约来数百箱，近竟多至二万余箱，乌土为上，每箱约洋银八百元，白皮次之，约洋银六百元，红皮又次之，约洋银四百元，岁售银一千数百万元。以库平纹银七钱计算，岁耗数银总在一千万两以上，由是洋银有出无入矣。夫以中国意尽之藏，填海外无穷之壑，日增月益，贻害将不可言。②

---

① （清）梁章钜：《浪迹丛谈·续谈·三谈》，中华书局1981年版，第73页。
② （清）梁章钜：《浪迹丛谈·续谈·三谈》卷一，中华书局1981年版，第75—76页。

在梁章钜的笔记散文中似此抨击侵略者之行径、关注国体政事的篇章不在少数，每每细读总是被老人的拳拳忧国忧民之心所感动。

小　结

梁章钜毕生都以自己的家族出生为骄傲，其诗歌的集大成之作——《退庵诗存》，卷一即为述祖德诗30首；在他的笔记之作中又屡屡忆及纪昀对其家族十五世为诸生，依然孜孜不倦于举子业的肯定，纪昀亲手所制之"书香世业"之匾为章钜一生引以为豪。纵观梁章钜一生，受其家族书香传世家风的影响是相当大的。

而梳理梁章钜的家庭关系，则不仅可以看出他对子女教育与培养的成功，三子中举，一子一孙进士，实无愧于"吾闽望族"之称；也可以看出在梁氏的成功中，其妻的莫大作用。他在《清河郑夫人行略》中言："呜呼！夫人竟舍余而长逝耶！余性偏激，处事多粗疏，常赖夫人匡正之，日事刀圭口，皆夫人亲为料检。每遇余觞客，议酒食唯恐弗周，宴居相庄有如老友。呜呼！从今以往，余将何赖乎！"

梁章钜的生平及宦迹是很有代表性的，他是嘉庆、道光朝福建省在全国范围内影响仅次于林则徐的第二号人物。回顾其求学之路，可以看出他的聪明勤奋，亦可窥见他对文学与学术的由衷热爱；回顾其科举之路，可以看出他的远大理想与顽强毅力；回顾其仕宦生涯，自28岁通籍，迄68岁告病还乡，41年中，由礼部主事洊至江苏巡抚、兼署两江总督，无一处大失误，可以看出他为官的胆识与谨慎、清正与廉洁。

最后对梁章钜晚年家国情怀的追忆，既是揭示其所处的时代剧变对其所产生的巨大影响，又是对退庵老人一生最光彩之处的肯定，同时也为后人解读老人晚年之诗歌创作与笔记撰作提供一定的帮助。

梁章钜可谓一代历史名臣，从政近40年，一方面是存在"忠君"思想的封建政治家，地主阶级改革派的代表人物；但是另一方面，在中华民族面临沦入半殖民地的紧要关头，他勇于挺身而出，支持林则徐坚决实行禁烟，抵抗外国武装侵略，捍卫了国家主权和领土，不愧是中国近代一位民族英雄，"卓然当代伟人"①！

---

① （清）梁章钜撰，陈居渊点校：《制义丛话、试律丛话》合订本，上海书店出版社 2001 年版，第 487 页。

第二章 著述宏富 甄微阐幽

第一节 著述述略

纵观梁章钜一生，吐纳经范、综览群书、涉猎广泛、熟于掌故，居官之余，不废著述。林则徐所撰《诰授资政大夫兵部侍郎督察院右副都御史江苏巡抚梁公墓志铭》（按：下文简称《梁公墓志铭》），列其书目 68 种 792 卷（按：林则徐所列卷数有误，实为 794 卷），详下：

《论语集注旁证》20 卷、《孟子集注旁证》14 卷、《夏小正经传通释》4 卷、《仓颉篇校证》3 卷、《经尘》8 卷、《称谓录》10 卷（有误，实为 32 卷）、《古格言》12 卷、《三国志旁证》30 卷、《文选旁证》46 卷、《国朝臣工言行纪》12 卷、《枢垣记略》16 卷、《春曹题名录》6 卷、《南省公余录》8 卷、《退庵随笔》24 卷（有误，实为 22 卷）、《读渔洋诗随笔》2 卷、《读随园诗话随笔》2 卷、《玉台新咏读本》10 卷、《制

黄巷中段梁章钜故居（摄影：林长生）

义丛话》24卷、《试律丛话》10卷、《楹联丛话》12卷、《楹联续话》4卷、《楹联剩话》（有误，似指《楹联三话》）2卷、《巧对录》4卷、《农家占验》（即《农候杂占》）4卷、《东南峤外诗话》30卷（有误，实为10卷）、《长乐诗话》8卷（有误，应为6卷）、《南浦诗话》4卷（有误，实为8卷）、《三管诗话》4卷（有误，实为3卷）、《雁荡诗话》2卷、《闽川闺秀诗话》2卷（有误，实为4卷）、《武夷游记》2卷、《沧浪亭志》4卷、《梁祠纪略》2卷、《梁氏家谱》4卷、《吉安室书录》16卷、《东南峤外书画录》20卷、《退庵题跋》20卷（有误，应为2卷）、《退庵续跋》2卷（有误，应为《退庵金石书画跋》20卷）、《归田琐记》10卷、《浪迹丛谈》11卷、《浪迹续谈》8卷、《浪迹三谈》6卷、《退庵文存》（即《退庵文稿》）24卷、《藤花吟馆诗钞》12卷（有误，实为10卷）、《退庵诗存》24卷、《退庵诗续存》8卷、《师友集》8卷、《寒檠杂咏》1卷、《藤花吟馆试帖》2卷、《东南峤外诗文钞》30卷、《闽诗钞》50卷、《闽川文选》50卷、《三管英灵集》（即《三管诗钞》）57卷、《江田梁氏诗存》9卷、《宣南赠言》2卷、《江汉赠言》2卷、《沧浪题咏》2卷、《东南堂荫图咏》3卷、《蓻江别话》4卷、《北行酬唱集》4卷、《铜鼓联吟集》2卷、《吴中唱和集》8卷、《三山唱和集》10卷、《戏彩亭唱和集》1卷、《闽文复古编》6卷、《闽文典制钞》4卷、《师友文钞》24卷、《八家师友文钞》12卷。

林则徐为梁章钜所开列之或撰或辑作品表，除上述目录外，尚遗漏如下：《退庵日记》1卷、《退庵居士自订年谱》1卷、《道光十九年己亥科广西武乡试录》1卷、《楹联剩话》1卷（收入《归田琐记》，有单行本）、《巧对补录》1卷（收入《浪迹丛谈》，有单行本）、《称谓拾遗》10卷、《游雁荡日记》1卷、《老子随笔》1卷、《补萝山馆诗话》（今轶，卷数不详）、《闽川诗话》（残本，不分卷）、《乾嘉全闽诗传》13卷（含首1卷）、《霓咏余音》1卷、《秀峰题咏》（卷数不详）、《钓游丛话》（卷数不详）、《师友诗文钞》（卷数不详）、《安定家集》（卷数不详），共16部30卷以上。

此外，梁章钜所校刊之师友诗文集，则有郑光策之《西霞文钞》2

卷，程同文之《密斋诗存》4 卷，吴慈鹤之《凤巢山樵求是续录》4 卷、《求是录外集》2 卷，梁运昌《秋竹斋诗存》9 卷，另有辑录梁父遗诗文之《翼斋公遗诗文》2 卷，等等。之外，尚有众多校勘之书，如嘉庆十三年在福建巡抚张师诚幕中时，"校勘所进遗书数十种，各加按语，如《四库书提要》之例"；嘉庆十六年，仍在张师诚幕中，又"与陈恭甫分纂《御制全史诗注》六十四卷"，道光元年任内廷方略馆纂修时，分校《金史》之地名、人名、官名，又分纂《西域图志》等。① 诚如林则徐在《梁公墓志铭》中所言："（公）自弱冠至老，手不释卷。盖勤勤于铅椠者，五十余年矣……仕宦中著撰之富，无出其右。"

在上述诸作中，有 17 部尤其得到今人的重视，被收入了《续修四库全书》，共计 293 卷，详下：

《论语旁证》（即《论语集注旁证》）20 卷，第 155 册，经部·四书类（按：所在册数依据《续修四库全书》之例用阿拉伯数字标识，下同）；

《三国志旁证》30 卷，第 274 册，史部·正史类；

《枢垣记略》16 卷，第 751 册，史部·职官类；

《农候杂占》4 卷，第 976 册，子部·农家类；

《归田琐记》8 卷、《浪迹丛谈》11 卷、《浪迹续谈》8 卷、《浪迹三谈》6 卷，第 1179 册，子部·杂家类；

《退庵随笔》22 卷，第 1197 册，子部·杂家类；

《称谓录》32 卷，第 1253 册，子部·类书类；

《楹联丛话》12 卷、《楹联续话》4 卷、《巧对录》8 卷，第 1254 册，子部·类书类；

《退庵诗存》25 卷，第 1499 册，集部·别集类；

《文选旁证》46 卷，第 1581 册，集部·总集类；

《闽川闺秀诗话》4 卷，第 1705 册，集部·诗文评类；

---

① 据《退庵居士自订年谱》，见（清）梁章钜《归田琐记》附录，中华书局 1981 年版，第 179—192 页。

《制艺丛话》24 卷，附题名 1 卷，第 1718 册，集部·诗文评类。

《续修四库全书》是继《四库全书》之后的一部大丛书，收录了梁章钜这么多部作品，足可证明编者对梁章钜文学与学术成果的重视。

第二节　分类及版本

梁章钜著述宏富，博涉经、史、子、集各部，但是梁章钜作品究竟有多少部，至今尚无定论。比较有代表性的是"六十八种"说和"七十七种"说，前者为林则徐在《梁公墓志铭》中所称，后者为刘叶秋先生在《〈浪迹丛谈〉及其续书》中所言。① 而笔者经过详细排比，认为应该是 85部。其著作或先后独立刊刻，或被收录各类文集及《续修四库全书》系列文献中，还有一些始终未刻或佚失。现从经、史、子、集四部考证，各部又大体依撰辑时间顺序（未见梁氏自述者统一归后），列其著作分类及版本情况如下（刊刻本尽量以笔者所经目之版本为例）：

一、经部

1.《夏小正经传通释》，嘉庆十五年（1810）撰于福建浦城，其内容是对我国古代流传下来的一部古老的文献典籍、中国现存最早的星象物候历——《夏小正》，进行阐释。有光绪十三年浙江书局刻本，线装，4 卷 1册，9 行 22 字、黑口、四周双边、单鱼尾。福建省图书馆、国家图书馆有藏。

2.《仓颉篇校证》，嘉庆十六年（1811）校补于福建浦城，该书为梁章钜博考群书，一一注明其所采之书出处之佳作，实为小学家之圭臬。有光绪六年（1880）刻本，线装，3 卷（附补遗 1 卷），2 册，6 行 20 字、小字双行同、白口、四周双边、双鱼尾。福建省图书馆、国家图书馆有藏。

---

① 刘叶秋：《古典小说笔记论丛》，南开大学出版社 1985 年版，第 209 页。

3.《论语集注旁证》，道光十七年（1837）撰于广西桂林，此书意蕴精深，体例详慎，比附古义，又博采通儒之论，折中师友之言，繁而不冗，简而不漏，于学术士风大有裨益。有光绪十二年（1886）铅印本，线装，24卷4册，15行44字、白口、四周双边、单鱼尾。国家图书馆藏。

4.《孟子集注旁证》，道光十七年（1837）撰于广西桂林，梁氏《已刻未刻书目》①言14卷，自序，未刻。

5.《经尘》8卷，仅见于林则徐所撰之《梁公墓志铭》，未见刻本。

二、史部

1.《梁氏家谱》，嘉庆八年（1803）辑于福建福州，《退庵居士自订年谱》言4卷，未刻。

2.《南省公余录》8卷，所记有关礼部职掌、典制及轶闻等，内容丰富，末附王士祯《春曹仪式》，颇具史料价值，是梁章钜第一部笔记作品。前四卷为嘉庆十年（1805）梁氏任礼部仪制司主事时所辑，有谢芗泉所作序文；嗣后家居福州复拓为8卷，有卢荫溥、戴敦元、颜检、萨迎阿、孔昭虔、达麟等序文。有嘉庆年间刻本（具体时间不详），4册，线装，12行22字、小字双行同、黑口、四周单边、双鱼尾，书衣为蓝色，国家图书馆藏；又一嘉庆年间刻本（具体时间不详），2册，线装，12行22字、小字双行同、黑口、四周单边、双鱼尾，书衣为黄色，国家图书馆藏本钤"傅曾湘（前北洋政府教育总长）读书"印；光绪元年（1875）刻本，2册，线装，12行22字、小字双行同、黑口、四周单边、双鱼尾，福建省图书馆藏；光绪二十二年（1896）北京同文馆铅印本，牌记题"光绪丙申冬同文馆重印"，线装，9行22字、小字双行同、白口、四周双边、单鱼尾，国家图书馆藏本仅存四卷（1—4）；上海进步书局版本。国家图书馆等藏。

3.《闽文典制钞》，嘉庆十六年（1811）辑于福建浦城，《已刻未刻书

---

① （清）梁章钜：《归田琐记》卷六，中华书局1981年版，第118—122页。

目》言4卷，自序，已刻。然笔者尚未获见。

4.《春曹题名录》，嘉庆二十一年（1816）辑于北京，该书是为礼部郎中、员外郎、主事等司官作题名，为研究清代在礼部担任过司官的人员提供了简历资料，颇具史料价值。有台北文海出版社1967年影印本（《近代中国史料丛刊》第14辑），6卷3册，20行28字、黑口、四周双边、单鱼尾。国家图书馆藏。

5.《枢垣记略》（亦作《枢垣纪略》），道光二年（1822）辑于湖北荆州，是书系辑雍正至嘉庆间军机处之用人行政典故制度，末附诗文杂记等，为梁章钜入直军机章京时所汇辑。有浦城遗书本、道光三年（1823）刻本、光绪元年（1875）刻本，福建师范大学图书馆藏。有道光十五年（1835）刻本，线装，16卷4册，9行22字、黑口、四周双边、单鱼尾，国家图书馆藏本有"曾在林勿村处"和"楸复之印"钤，间有虫蛀，然书名却是道光五年（1825）长白玉麟（军机大臣）所题写。另有何英芳点校之中华书局1984年版，28卷，后12卷为朱智增辑。

6.《沧浪亭志》，道光七年（1827）辑于苏州，是为梁章钜修沧浪亭工竣，记而碑之，有自序。有同年苏州刻本，线装，6卷（附首1卷），1册，9行22字、小字双行同、白口、左右双边、单鱼尾。福建省图书馆、国家图书馆有藏。

7.《梁祠纪略》，道光八年（1828）辑于江苏苏州，是为梁章钜为其祖宗梁伯鸾（鸿）建高士祠后所作，记而碑之，朱珔为之序。有同年苏州刻本，线装，2卷1册，9行22字、小字双行同、白口、左右双边单鱼尾。国家图书馆藏。

8.《国朝臣工言行记》，道光十八年（1838）辑于广西桂林，录清代名人之生平事迹、献策、箴言等，有史料价值。有光绪年间刻本，线装，12卷1册，10行25字、黑口、四周双边、单鱼尾。国家图书馆藏。另台北明文书局2003年版《清代传记丛刊·名人类》有收录。

9.《道光十九年己亥科广西武乡试录》，道光十九年（1839）辑于广西桂林。对当年武考生的应试进行了相关的记录，有一定的史料价值。有同年桂林稿本，毛装，不分卷 1 册，9 行 20 字。国家图书馆藏。

10.《退庵日记》，道光十七至二十一年（1837—1841）撰于广西巡抚任期间，然仅存残本，残本为稿本，线装，篮皮，为梁章钜抚桂期间某年三月至九月之日记，原题为《梁章钜日记原稿》。南京图书馆藏。另有缩微制品形式，1 卷 1 盘，缩微自南京图书馆藏之稿本，国家图书馆文献缩微中心藏。

11.《退庵居士自订年谱》，道光二十八年（1848）撰于浙江温州，次年梁章钜辞世后由梁恭辰补齐至道光二十九年（1849），同年刊于温州，刻本，线装，1 册，9 行 22 字、小字双行同、白口、左右双边、单鱼尾（笔者称之为"己酉版年谱"），福建省图书馆藏。此本较《归田琐记》后所附之《退庵自订年谱》（笔者称之为"甲辰版年谱"）凡多 5 年，且表述内容及文字方面亦较"甲辰版年谱"更详细。

12.《游雁荡日记》，道光二十八年（1848）撰于浙江温州，初无单行本，仅收入《浪迹续谈》卷三，后有上海着易堂光绪十七年（1891）铅印本，线装，1 卷 1 册，9 行 22 字、小字双行同、白口、四周双边、单鱼尾；另见录于《小方壶斋舆地丛抄》第四帙——《古今游记丛抄本》，国家图书馆藏。另有咸丰壬子年（1852）新刻文华堂藏板，刻本，线装，上下 2 卷 1 册，10 行 22 字、小字双行同、白口、四周双边、单鱼尾，上海图书馆藏。

13.《三国志旁证》，该书为梁章钜搜集各家著述，一一疏通证明，去其疑而存其信。书虽名《旁证》，实具集解性质，除大量征引古籍外，又荟萃百余年来诸家之专著成果，可谓集道光朝之前《三国志》研究之大成。① 初为道光三十年（1850）梁氏家刻本（又称梁逢辰刻本），然已难觅；有光绪二十八年（1902）上海焕文书局点石斋石印本，线装，30 卷 3 册，24 行 48 字、小字双行同、白口、四周单边、单鱼尾；光绪二十八年

---

① （清）梁章钜撰，杨耀坤校订：《三国志旁证》前言，福建人民出版社 2000 年版，第 1 页。

（1902）上海文澜书局石印本，每栏 22 行 23 字、小字双行同、黑口、四周单边、单鱼尾。国家图书馆藏。另有《广雅丛书》本、《丛书集成》本、福建人民出版社 2000 年杨耀坤校订版。另北京图书馆出版社 2004 年版《魏晋南北朝正史订补文献汇编》有收录。

三、子部

1.《老子随笔》，刻本，线装，1 卷 2 册，9 行 22 字、黑口、四周双边、单鱼尾，见于《无求备斋老子集成续编》第七函（据光绪二十八年避舍盖公堂刻本影印本），国家图书馆藏。另有台湾艺文印书馆 1970 年版。

2.《东南峤外书画录》，嘉庆五年（1800）辑于福建福州，为梁章钜见于记载的第一部辑录之作，《已刻未刻书目》言 20 卷，自序，未刻。

3.《古格言》12 卷 2 册，道光六年（1826）辑于山东按察使任内，有汤金钊、刘鸿翔所作序文。该书内容据郭麟《灵芬馆杂著》云："芷林先生采取先秦、两汉，下逮唐人，掇其菁英，凡有益于身心、性命、家国、天下者，命之曰《古格言》。"有同年刻本，福建省图书馆有藏；光绪元年（1875）福州梁氏《二思堂丛书八种》本，① 然仅存第 12 至 13 册，刻本，线装，9 行 22 字、小字双行同、白口、左右双边、单鱼尾，福建省图书馆、国家图书馆等藏。另有瓯城文华堂道光二十九年（1849）刻本、台湾商务印书馆 1976 年版，国家图书馆有藏。

4.《退庵随笔》，道光十四年（1834）撰于福建福州，该书之内容可说是《古格言》的延续，然时间断限则为自宋迄清。有道光十六年（1836）李廷锡陕西关中刻本，线装，20 卷 6 册，9 行 22 字、白口、左右双边、单鱼尾，福建省图书馆藏本有墨笔圈点，钤"善伯所得金石书画经籍之记"印；道光十六年（1836）于广西桂林扩为 22 卷 6 册，有同年桂林刻本，线装，9 行 22 字、白口、左右双边、单鱼尾，书扉页题"道光

---

① 存 6 种 51 卷 16 册，细目：《退庵随笔》22 卷、《南省公余录》8 卷、《古格言》12 卷、《闺秀诗话》4 卷、《农候杂占月令附》4 卷、《退庵自订年谱》1 卷。

丙申仲春镌刻"，国家图书馆藏；道光十九年（1839）桂林重刻本，线装，
22卷8册，9行22字、白口、左右双边、单鱼尾，白纸本，有阮元所题
"茝林先生退庵随笔"及序，国家图书馆藏本钤"南陵徐氏仁山珍藏"印；
同治十一年（1872）梁恭辰重修本，线装，22卷6册，其跋云："先大夫
著述最多，其已刻行世者已逾五十种，其待刻者尚有二十余种，以叠经
兵焚，家业凋零，一官甫复需次之余，无力及之耳。即如已刻而毁失者，
有《退庵随笔》一种，则世所共称而欲家置一册者也，凡二十二卷……书
初刻于陕西，再刻于粤西，自更寇乱，两板均散失。今将现存板片补其
残缺，合而为一，以复旧观。"国家图书馆藏（按：《续修四库全书》所
录即为此本）；另见录于上海进步书局民国初年石印本《笔记小说大观》
第四辑第五函，22卷6册，国家图书馆藏本钤"西谛藏书"（郑振铎藏
书印）。

5.《楹联丛话》，道光十九至二十年（1839—1840）在广西巡抚任上
花两年多时间编撰而成，收录联话600余则。该书版本众多，国家图书
馆藏本有：道光二十年（1840）广西桂林署斋初刻本，线装，12卷4册，
9行22字、黑口、左右双边、单鱼尾，白纸本；道光二十年（1840）福
州梁氏家刻本，线装，12卷4册，9行22字、黑口、左右双边、单鱼
尾，黄纸本，有朱色圈印，序缺页；道光二十二年（1842）长沙沐阳吕恩
湛版，刻本，线装，12卷4册，9行22字、白口、四周双边、单鱼尾，
钤"灵峰藏书"等印；道光二十六年（1846）刻本，线装，12卷4册，11
行22字、小字双行同、黑口、左右双边、双鱼尾，版心下题《宜稼堂丛
书》，书衣有墨笔题字；咸丰六年（1856）长沙府署版，刻本，线装，12
卷4册，9行22字、白口、四周双边、单鱼尾。以上均为国家图书馆藏。
另有清光绪十六年（1890）《醉六堂重刊本》4册、民国十年（1921）商
务印书馆铅印，福建省图书馆、福建师范大学图书馆有藏。

6.《巧对录》，道光二十二年（1842）辑于福建浦城，有同年福州梁
氏家刻本，线装，4卷1册，9行22字、小字双行同、黑口、左右双边、
单鱼尾，黄纸本，国家图书馆藏；道光二十三年（1843）福州梁氏重刻

本，线装，4 卷 1 册，9 行 22 字、黑口、左右双边、单鱼尾，黄纸本，国家图书馆藏；道光二十九年（1849）梁氏瓯城文华堂遵古斋刻本，福建省图书馆、天津图书馆藏；咸丰年间刻本（具体时间不详），线装，8 卷 2 册（附《巧对补录》），9 行 22 字、黑口、左右双边、单鱼尾，有朱笔圈点，国家图书馆藏；《二思堂丛书八种》本，光绪年间刻本，第 23—24 册，线装，9 行 22 字、小字双行同、黑口、左右双边、单鱼尾，国家图书馆、福建省图书馆、福建师范大学图书馆等藏；民国间石印本两种（规格尺寸有异，内容无差），岳麓书社 1991 年校订版，福建省图书馆等藏。

7.《楹联续话》，道光二十二年（1842）辑于福建浦城，收录联话 300 余则。国家图书馆藏本有：道光二十三年（1843）福州梁氏南浦寓斋刻本，线装，4 卷 2 册，9 行 22 字、黑口、左右双边、单鱼尾，黄纸本，有"西谛藏书"钤印；道光二十五年（1845）长沙沐阳吕恩湛版，4 卷 6 册，刻本，线装，9 行 22 字、小字单双行同、白口、边栏不一、单鱼尾。福建师范大学图书馆藏本有《楹联丛话 续话》道光刊本（具体时间不详），6 册 16 卷。福建省图书馆藏本有：道光二十至二十三年（1840—1843）《环碧轩刊本》6 册；道光二十六年（1846）《宜稼轩重刊本》4 册；民国四年（1915）上海《会文堂石印本》5 册。

8.《楹联三话》，道光二十三年（1843）辑于福建福州，收录联话 100 余则。初版为民国九年（1920）上海商务馆铅印本，书名据卷端、版心及书签字题，黄纸本，线装，2 卷 1 册，9 行 22 字、黑口、左右双边、单鱼尾。国家图书馆、福建省图书馆、福建师范大学图书馆等藏。

9.《楹联剩话》，道光二十四年（1844）辑于福建浦城，刻本，线装，1 卷 1 册，9 行 22 字、黑口、左右双边、单鱼尾。国家图书馆、福建省图书馆、福建师范大学图书馆等藏。

10.《巧对补录》，道光二十六至二十七（1846—1847）年间辑于浙江温州，刻本，线装，1 卷 1 册，9 行 22 字、黑口、左右双边、单鱼尾。国家图书馆、福建省图书馆、福建师范大学图书馆等藏。

11.《称谓拾遗》，道光二十四年（1844）辑于福建浦城，是书为《称谓录》之序曲。《已刻未刻书目》言 10 卷，未刻。

12.《归田琐记》，道光二十三至二十四年（1843—1844）撰于福建浦城，有道光二十五年（1845）浦城北东园刻本，线装，8 卷 5 册，9 行 22 字、小字双行同、白口、四周双边、单鱼尾，福建省图书馆、福建师范大学图书馆、浙江省图书馆等有藏；民国十五年（1926）上海扫叶山房《梁氏笔记三种》石印本①，1981 年中华书局铅印本，福建师范大学图书馆藏；民国间上海文明书局辑石印本《清代笔记丛刊四十一种》之第 81—82 册，国家图书馆藏。

13.《退庵题跋》，清刻本，线装，2 卷 2 册，9 行 22 字、小字双行同、白口、左右双边、单鱼尾，有朱笔批校，扉页有"大至题""福州梁氏校刻本""版全（即"权"）归杭县郑氏小琳琅馆"等识。国家图书馆、福建师范大学图书馆等藏。

14.《退庵金石书画跋》，道光二十五年（1845）撰于福建浦城，是书以题跋形式，著录自藏金石书画，所记书画多为传世精品；所题重在考证，对作品之真赝、收藏源流及作者生卒年等均考核甚详。间附有自作诗或友人题诗、题跋。有浦城北东园刻本，线装，20 卷 8 册，9 行 22 字、白口、左右双边、单鱼尾。福建省图书馆、国家图书馆有藏，国家图书馆藏本有钤"谭文骏"等印。另上海书画出版社 1998 年版《中国书画全书》第九册有收录。

15.《吉安室书录》，是书汇辑顺治至道光间书画家 1200 余人之相关资料，且各注明出处，资料详瞻，于清代书画研究甚有裨益。原书为手抄孤本，16 卷（附 1 卷），6 册，钤印"刘承干字贞一号翰怡""吴兴刘氏嘉业堂藏书"②；又有近代著名金石考据学家褚德彝先生与书法大家沈尹默先生鉴玩审视之题跋与留印，书首藏书票所注"松窗题语"之"松窗"即褚德彝先生字。上海敬华拍卖公司于 2001 年底以 41800 元价格将其拍卖。

---

① 《梁氏笔记三种》细目：《归田琐记》8 卷、《浪迹丛谈》11 卷、《浪迹续谈》8 卷。

② 刘承干（1882—1963），我国著名大藏书家，嘉业堂为其藏书楼。

现有上海人民美术出版社 2003 年影印本，该版增加一副题——《清代名人书画家辞典》。

16.《农候杂占》（即《农家占验》），专门汇集丰富的天气谚语，俞樾《春在堂杂文续序》云："是书自正月至十二月，自天文地理至草木虫鱼，凡有涉占验者，旁征博引，备列无遗，分别部居，有条不紊。盖视隋志所收田家历十二卷，或加详矣。"有浙江书局同治十二年（1873）刻本，线装，4 卷 2 册，9 行 22 字、白口、左右双边、单鱼尾，国家图书馆有藏。另有《二思堂丛书》本、中华书局 1956 年铅印本，福建师范大学图书馆藏。

17.《浪迹丛谈》，杂录清末时事、人物事迹、典章制度、地方名胜、掌故等。道光二十六至二十七年（1846—1847）撰于江浙扬州、温州一带，首刊于道光二十七年冬，11 卷 4 册，刻本、线装，10 行 22 字、小字双行同、黑口、左右双边、单鱼尾，钤"许修直（抗战后出任伪北平市长）"印，温州亦东园藏板，国家图书馆藏。上海扫叶山房清宣统三年（1911）石印本，11 卷 3 册，线装，14 行 31 字、白口、四周双边、单鱼尾；江苏广陵古籍刻印社，1984 年影印本《笔记小说大观》第 33 册，国家图书馆等藏。

18.《浪迹续谈》，记载江浙地方名胜、风俗和物产等，并记述某些戏曲、小说的有关旧闻与掌故。道光二十七至二十八年（1847—1848）撰于浙江温州，道光二十八年（1848）冬刻本，线装，8 卷 6 册，10 行 22 字、黑口、左右双边、单鱼尾，黄纸本，温州亦东园板，国家图书馆藏本钤"燧初藏书"印；清刻本，八卷四册，线装，10 行 22 字、黑口、左右双边、单鱼尾，白纸本，国家图书馆藏本钤"绳武轩珍藏"印。上海扫叶山房清宣统三年（1911）石印本，8 卷 3 册，线装，14 行 31 字、白口、四周双边、单鱼尾。国家图书馆等藏。

19.《浪迹三谈》，道光二十八至二十九年（1848—1849）撰于浙江温州。杂考古代名物、年号、饮食以及古书的文字讹误等。有福州梁氏咸丰七年（1857）刻本，线装，6 卷 2 册，10 行 22 字、黑口、左右双边、单鱼尾，牌记题"福州梁氏校刻版，今归杭县郑氏小琳琅馆"（即杭县郑氏小琳琅馆藏版），国家图书馆藏本钤"苦雨斋藏书"印（周作人藏书印）。另有陈铁民点校《浪迹丛谈 续谈 三谈》，中华书局1981年版。

20.《称谓录》，前有自序、后有梁恭辰跋。道光二十八年（1848）定稿于浙江温州，全书收称谓词5000余条，涉及各种亲戚关系、师友关系、上下关系、同僚关系，以及各行各业、三教九流等，是研究古代文化、古代社会、历代政府机构及职官等方面之不可多得的工具书。国家图书馆藏本有三：一为光绪十年（1884）梁恭辰杭州景文斋刻本，32卷8册，9行21字、白口、左右双边、单鱼尾，牌记题"同治甲子（1864）起校光绪乙亥（1875）开刊甲申（1884）竣工"，牌记左侧镌"勿许翻板缩小并洋印石照一切查出重究追板后再与见官议罚不贷"字样，有钤"陈垣遗书""华文学校图书馆藏""沈洵""中国农民银行总管理处经济处研究处藏"等印章；二为天津古籍书店据光绪十年刻本影印之1983年版，然为12册，线装，黄纸本；三为岳麓书社1991年吴道勤、邱运华点校版。另有同治三年（1864）福州梁氏家刻本，32卷8册，福建省图书馆、福建师范大学图书馆藏；中华书局1996年版、福建人民出版社2003年王释非、许振轩点校版等。

四、集部

1.《补萝山馆诗话》，今佚，笔者另有《补萝山馆诗话考订》与《补萝山馆诗话辑评》二文，附录二、三。

2.《长乐诗话》，嘉庆十一年（1806）辑于福建福州，为福建长乐一地之诗歌集与诗歌评论集。南开大学图书馆藏张东皑旧藏稿本6卷2册，前有"甲子春三月沔阳陆和九识于宣南"题记，钤有"长乐鹿泉棠华之印""临汝张东皑藏"印记；上海图书馆藏有清手抄本，6卷2册；另有政协长乐市文史资料委员会1999年版6卷1册。《长乐诗话》原名《吴航诗话》，笔者另有《吴航诗话考证》一文，见附录四。

3.《武夷游记》，嘉庆十二年（1807）撰于福建浦城，为武夷山纪游

之作，《退庵居士自订年谱》言 2 卷，有祖之望、陈寿祺为之所作序言 2
篇，未刻。

4.《东南峤外诗文钞》，嘉庆十四年（1809）辑于福建浦城，《已刻未
刻书目》言 30 卷，皆录五代以前作，有陈寿祺序文，未刻。

5.《南浦诗话》，嘉庆十五年（1810）辑于福建浦城，是书为梁章钜
主讲南浦书院时所辑录，自唐迄明，附以闺媛、方外，共 95 人，每条皆
注明所出之书，间附梁氏按语。有同年长乐梁氏刊本，8 卷 4 册（按：《已
刻未刻书目》言 4 卷，似为梁氏误记，实为 8 卷），线装，7 行 18 字、小
字双行同、黑口、四周双边、单鱼尾。另有嘉庆十七年（1812）留香室刊
本、光绪三十一年（1905）浦城祝氏排印本、国学珍籍汇编本、台湾广文
书局 1977 年国学珍籍汇编本、影印本。国家图书馆、上海图书馆、福建
省图书馆等有藏。

6.《藤花吟馆诗钞》，录梁章钜嘉庆七年（1802）春至道光三年
（1823）冬 20 余年之诗作。有道光三年刻本，线装，10 卷 2 册，9 行 22
字、小字双行同、白口、左右双边、单鱼尾，福建省图书馆、国家图书
馆有藏；道光五年（1825）苏州刻本，苏州吴学圃刻字店刻版，上海图书
馆藏。

7.《沧浪亭图题咏》，书签题《沧海题咏》（《已刻未刻书目》及《墓
志铭》均题为《沧浪题咏》），道光四年（1824）辑于江苏苏州，有道光五
年（1825）刊本，线装，2 卷 1 册，9 行 22 字、小字双行同、黑口、左右
双边、单鱼尾。福建师范大学图书馆、国家图书馆有藏。

8.《藤花吟馆试帖》，收录梁章钜所作试帖诗之精华，共 98 首。有道
光五年（1825）苏州刊本，线装，2 卷 1 册，9 行 22 字、小字双行同、白
口、左右双边、单鱼尾。福建省图书馆藏本首页残半。

9.《东南棠荫图咏》，道光七年（1827）辑于苏州，皆山左僚寀士民
送行之作，梁章钜《已刻未刻书目》言 3 卷，有朱兰坡序及梁氏自序，已
刻。然笔者尚未获见。

10.《吴中唱和集》，道光九年（1829）辑于江苏苏州，皆录梁章钜壬

戌科同年之在吴中与过吴中者唱和之作，自序。有同年苏州刊本，线装，8卷4册，9行22字、小字双行同、黑口、左右双边、单鱼尾，福建师范大学图书馆藏；道光十至十三年间（1830—1833）苏州重刊本，8卷（附续编1卷），5册，线装，9行22字、小字双行同、白口、左右双边、单鱼尾，国家图书馆藏。

11.《三山唱和集》，道光十二年（1832）秋，里居福州，组织三山吟社，与同里诸耆旧以诗酒相往来所辑，有助于研究福州地方文化。《已刻未刻书目》言10卷，未刻。

12.《莳江别话》，道光十二年（1832）辑于福建浦城，皆梁章钜当年引归时，江南僚寀士民送行之作。《已刻未刻书目》言4卷，未刻。

13.《东南峤外诗话》，道光十二至十三年（1832—1833）撰辑于福建福州，此书为福建一地明代诗人而设，共选录诗人207位，开地方断代诗话之先河。有清抄本，10卷3册，朱格，9行22字、白口、左右双边、单鱼尾，缺目录、序跋，卷五缺第9及第12页，国家图书馆藏。另有清刊本1册，福建省图书馆藏。

14.《退庵诗存》，录梁章钜嘉庆三年（1798）春至道光十六年冬（1836年）30余年间之诗作。道光十七年（1837）桂林刻本，线装，25卷8册，10行20字、小字双行同、白口、左右双边、单鱼尾。福建省图书馆、福建师范大学图书馆、国家图书馆等藏。

15.《江田梁氏诗存》，辑录福建长乐江田一地，梁氏家族自前明中叶迄清中叶，300余年历代诗人诗作，附闺媛诗作，共580余首，有益于家族诗学研究。道光十四年（1834）辑于福建福州，有同年榕风楼① 刻本，线装，9卷4册，9行22字、小字双行同、黑口、左右双边、单鱼尾。福建省图书馆藏。

16.《北行酬唱集》，道光十五年（1835）辑于运河舟中，皆同里知好及大江南北僚寀士民送行之作。刻本，线装，4卷1册，9行22字、小字

---

① 梁章钜福州黄巷故居，亦称"黄楼""小黄楼"。

双行同、黑口、左右双边、单鱼尾。国家图书馆藏本卷末页残，钤"蓉士过眼"印。

17.《宣南赠言》，道光十六年（1836）辑于离京赴桂途中，皆日下同人话别之作。有同年长乐梁氏刊本 2 卷 1 册，福建省图书馆藏。

18.《铜鼓联吟集》，道光十七年（1837）桂林刻本，线装，4 卷附首 1 卷，4 册，（按：《退庵居士自订年谱》言 2 卷，似为梁章钜误记，实存 4 卷首 1 卷。）9 行 22 字、白口、左右双边、单鱼尾，前有吕璜序。国家图书馆藏。

19.《文选旁证》，编采之书计 1300 余种，博综审谛于唐、宋、元、明以来 37 家之言，以订晋府、汲古之误而集是书之大成。道光十四年（1834）成书于福建福州，有道光十三年（1833）朱珔序、次年梁章钜自序；道光十八年（1838）校梓于广西桂林，复增加阮元序。原稿本（底本用汲古阁刊文选）藏福建师范大学图书馆；初为福州榕风楼原刻本，惜毁于兵火。现存光绪八年（1882）吴下重刊本，线装，46 卷 12 册，24 行 20 字、黑口、左右双边、单鱼尾，较原版有所考讹订佚，正字千余（据许应荣跋），且增补梁恭辰、许应荣、汪鸣銮三跋，国家图书馆等藏。另有福建人民出版社 2000 年穆克宏点校版。

20.《制义丛话》，道光十九年（1839）始撰于广西桂林，约脱稿于道光二十三年（1843）。是书为关于八股文的文学批评专着，梁章钜用笔记体的形式，系统地论述了八股文源流、体裁及写作技法，还介绍了科举考试的许多掌故和应试者的心态，为今人了解科举制度及八股文提供了历史佐证。有道光三十年（1850）刊本，线装，24 卷 6 册，10 行 20 字、小字双行同、白口、左右双边、单鱼尾，福建省图书馆藏；咸丰九年（1859）刻本，线装，24 卷 6 册，12 行 25 字、黑口、左右双边、单鱼尾，有墨笔圈点、墨笔题记，附题名一卷，版心下题：知足知不足斋。福建师范大学图书馆、国家图书馆等藏。另有上海书店出版社 2001 年陈居渊点校排印本（与《试律丛话》合刊本）。

21.《闽川诗话》残本，不分卷，无序，有谢章铤所作跋文，存本见录 59 人，主要是关于闽省乾嘉时期之诗人、诗作与诗歌评论，或依人言事，或点评诗作。成书时限约在道光二十年至二十九（1840—1849）年间。残本为清谢章铤《赌棋山庄钞本》，线装，10 行 24 字，白纸本，湖北省博物馆藏。

22.《三管英灵集》，即《已刻未刻书目》所列之《三管诗钞》，梁言 58 卷，似误记，实为 57 卷。该集收录道光前之历代广西诗人创作，或有涉广西之诗作，是为研究广西诗学的重要文献资料。约在道光十九至二十年（1839—1840）间主编于桂林，有道光二十一年（1841）桂林刻本，线装，57 卷 20 册，9 行 22 字、小字双行同、黑口、左右双边、单鱼尾，黄纸本，有墨笔眉批"桂林省城十字大街汤日新堂刻刷"，国家图书馆藏本钤"桂林况周颐藏书""西谛藏书"等印。

23.《三管诗话》，道光二十一年（1841）辑于广西桂林，辑录广西诗人及有关广西诗歌之资料，间缀梁氏之评论。有同年福州刊本，线装，3 卷 1 册，9 行 22 字、黑口、左右双边、单鱼尾，福建师范大学图书馆、广西壮族自治区图书馆有藏。另有广西人民出版社 1996 年版蒋凡校注本。

24.《试律丛话》，道光二十二年（1842）撰于自江浙归闽途中，脱稿于同年底，[①] 有吴廷琛序。是为研究科举考试之应试内容和答卷情况之著作，选录乾嘉间各科会试及顺天乡试之试律精品，也扼要叙述了试帖诗源流、体裁、命题诸事。有咸丰五年（1855）福州梁氏知足知不足斋刊本，线装，8 卷（附首 1 卷《诗题汇录》）2 册，10 行 20 字、黑口、左右双边、单鱼尾。又有咸丰三年（1853）杭州刊本、同治八年（1869）知足知不足斋刊本、台湾广文书局 1976 年文学丛书影印本，国家图书馆、福建省图书馆、福建师范大学图书馆等藏。另有上海书店出版社 2001 年陈居渊点校排印本（与《制义丛话》合刊本）。

25.《退庵诗续存》，《退庵诗存》之续集，录道光十七至二十四年

---

① 据《退庵诗续存》卷八中作于道光二十三年初的《著书》诗，诗间夹注"近辑《试律》七卷（有误，应为八卷）、《制义》二十四卷，并脱稿矣"推断。

（1837—1844）之诗作及诗友和诗。有道光二十四年梁氏北东园刻本，线装，8 卷 2 册，9 行 22 字、小字双行同、黑口、左右双边、单鱼尾。目前笔者仅见国家图书馆藏本，已严重破残、虫蛀。

26.《师友集》，道光二十五年（1845）撰于福建浦城。收 33 位师、231 位友，每人均先列一小传，后系以五言律诗 1 首，实为怀人之作。有同年福州梁氏北东园刊本，线装，10 卷 6 册，10 行 22 字、小字双行同、黑口、左右双边、单鱼尾。国家图书馆、福建省图书馆、福建师范大学图书馆等藏。

27.《读渔洋诗随笔》，撰辑时间不详，完稿时间大约在道光十三、十四年（1833—1834）间。主要记述纪昀、翁方纲二师对王士祯诗作的评论，以及梁章钜自己的见解，是研究王渔洋的重要文献。有道光年间刊本，线装，2 卷 1 册，9 行 22 字、白口、左右双边、单鱼尾，国家图书馆藏本有钤"西谛藏书""积学斋徐乃昌藏书"等印。另上海图书馆藏有清手抄本，2 卷 2 册。

28.《读随园诗话随笔》2 卷，道光二十六至二十八年就养东瓯期间撰，该书对袁枚之《随园诗话》给予高度评价。见载于《梁公墓志铭》与《二思堂丛书目录》，然今仅存目而无见传书。上海图书馆曾藏。①

29.《戏彩亭唱和集》1 卷，辑于道光二十八年（1848），见于《退庵居士自订年谱》及《梁公墓志铭》。

30.《雁荡诗话》，道光二十八年（1848）辑于浙江温州，该诗话为雁荡一地诗歌与诗歌评论集，凡有与诗事相涉者，均搜沉掇沦，自贯休至刘士焜《雁山铭》，计 78 则，搜集详备，可补志乘之遗。有赵光（蓉舫）、魏源序及梁章钜自序。有同年温州刻本 2 卷 1 册，福建省图书馆有藏；咸丰壬子（1852 年）文华堂刻本，线装，2 卷 2 册，10 行 22 字、白口、左右双边、单鱼尾，白纸本，国家图书馆有藏。另有台北新文丰出版公司1987 年版。

---

① 　王军伟：《传统与近代之间》，齐鲁书社 2004 年版，第 172 页。

31.《闽川闺秀诗话》（即《闽中闺秀诗话》），选录闽省 104 位女诗人之作，始于明末，终于清道光朝，间加按语。道光二十八至二十九（1848—1849）年辑于浙江温州，有道光二十九年瓯郡梅姓师古斋镌本，线装，4 卷 1 册，9 行 22 字、小字双行同、白口、左右双边、单鱼尾；光绪十七年（1891）福州木活字本，4 卷 2 册。均为福建省图书馆藏。另有光绪元年（1875）刊福州梁氏《二思堂丛书》本、光绪十七年（1891）浙江书局活字本、宣统元年（1909）上海国学扶轮社刊、上海书店 1991 年影印本、人民文学出版社 1994 年影印《香艳丛书》本第 16 集、台湾新文丰出版公司《丛书集成续编》本等，国家图书馆、福建省图书馆、福建师范大学图书馆、厦门大学图书馆等藏。

32.《乾嘉全闽诗传》，约成书于道光二十九年（1849），为乾隆、嘉庆时期闽省 104 位诗人之小传，后缀以诗话，意在以诗存人。稿本 12 卷、首 1 卷（存目）12 册藏于北京图书馆；上海图书馆藏有清手抄本；另福建省图书馆藏有民国六年（1917）福建通志局抄本、民国二十八年（1939）沈氏抄端斋丛书本第 2 册；福建师范大学图书馆藏有清抄本 1 册。

33.《玉台新咏读本》10 卷 4 册，梁注，有湖北省图书馆 1997 年缩微制品 1 盘，国家图书馆文献缩微复制中心 2004 年缩微制品 1 盘。

34.《退庵文稿》（即《退庵文存》）4 册，部分辑录于道光十二年（1832）梁章钜初次归田时期，地点在福州。后至抚桂期间仍有所补充，定稿誊录于桂林。为梁氏生平 30 多年纪事之文之集大成。未刻，稿本现存上海图书馆，共 88 篇，不分卷。前有闽省古文辞家高澍然（雨农）作于道光十四年（1834）之序言。成书经历及高澍然（序文）均见《归田琐记》卷六《高雨农序》条。①

35.《江汉赠言》2 卷，梁章钜辑，《已刻未刻书目》言 2 卷，黎世序（湛溪）序，王锡蒲（槐午）跋，已刻。然笔者未获见。

36.《闽诗钞》，梁章钜辑，皆录宋以后至清各朝代闽籍诗人之作，

---

① （清）梁章钜：《归田琐记》卷六，中华书局 1981 年版，第 117 页。

《已刻未刻书目》言 50 卷，未刻。

37.《闽文复古编》，梁章钜辑，《已刻未刻书目》言 6 卷，未刻。

38.《明诗钞》50 卷，梁章钜辑，然未见梁氏记录，仅见于谢章铤《赌棋山庄馀集》云："芷林中丞《东南峤外诗钞》，予所见至宋而止。近又见其《明诗钞》五十卷，体例与前书同，胪列一切，殿以《退庵诗话》，钩稽旧籍，编摩不苟，犹是考据家实事求是之遗则。"

39.《闽川文选》50 卷，梁章钜辑，然未见梁氏记录，仅见于《梁公墓志铭》。

40.《师友文钞》24 卷，梁章钜辑，然未见梁氏记录，仅见于《梁公墓志铭》。

41.《八家师友文钞》12 卷，梁章钜辑，然未见梁氏记录，仅见于《梁公墓志铭》。

42.《师友诗文钞》，梁章钜辑，卷数不详，仅见于梁氏《师友集》自序中言："《师友集》者，退庵老人手录一生感恩知己之作，凡二百六十余人……每人后间附诗文一二首者，皆有关当时情势，藉资省览。此外投赠酬唱之作则另编入《师友诗文钞》云。"[1]

43.《寒檠杂咏》1 卷，梁章钜辑，然未见梁氏记录，仅见于《梁公墓志铭》。

44.《霓咏余音》1 卷，梁章钜辑，仅见于《师友集》卷四《元和吴棣华廉访》条所附之"廉访文一首——《霓咏余音序——为芷林作》"。[2]

45.《秀峰题咏》，梁章钜辑，仅见于梁氏《退庵诗续存》卷三首题《修复独秀峰麓五咏堂落成纪事二首》所附之注："此题和作者百十家，已汇入《秀峰题咏》，兹将后得者录附于此。"另据年谱："丁酉，六十三岁……修复署东铜鼓堂，成《铜鼓联吟集》两卷。又于独秀峰下重建五咏堂，为诗纪之，远近和者百余家。"知《秀峰题咏》应辑于《铜鼓联吟集》

---

① （清）梁章钜：《师友集》序，道光二十五年福州梁氏北东园刻本，第 3 页。

② （清）梁章钜：《师友集》卷四，道光二十五年福州梁氏北东园刻本，第 11 页。

之后，然同在道光十七年（1837）。

46.《钓游丛话》，梁章钜辑，《退庵自订年谱》《已刻未刻书目》及《墓志铭》均未言及，仅见于章钜好友兼亲家杨文荪《赋呈梁芭林方伯诗三首》其一之诗间注："曾以所著《南省公余录》《钓游丛话》诸书见示，并以大集命序。"①

47.《安定家集》，梁章钜辑，仅见于梁氏《乾嘉全闽诗传》卷十《梁运昌》条："余归田后，始为（运昌兄）搜辑，并馆课诗赋，合成两卷，编入《安定家集》中。"②

综上，笔者认为梁氏著述，已刻、未刻或佚失的，共有85部。

第三节　著作权辨析

任何人只要浏览一下上述这些著述目录，都不能不被梁章钜博古通今的渊博学识、持之以恒的著述热情所折服。梁章钜所著，上自天道自然，下到山川地理，雅至礼乐行政文化，俗及农家耕作谣谚，几乎可以说是凡所应有，无所不有，虽不以一家名，却具有更为深广意义上的探索和整理之价值。更难能可贵的是，梁章钜文笔善于深入浅出，娓娓而道，故能雅俗共赏。

如前所述，梁氏文学成就是学界公认的，而对其学术成就的评价，在总体肯定的情况下，不可回避也存在某些争议。笔者认为，对梁章钜学术成就的评价，应以阮元与朱珔二位的评价为准（见《绪论》之文献综述）。如果与章钜同时期的这两位选学大家的评价判断都不可信的话，那么后辈的评价就更无说服力了（按：指林昌彝、谢章铤等人的评价，见《绪论》之文献综述）。林昌彝虽宣称自己曾经见过林茂春（畅园）之手稿，然却既未指明时间地点，又未列举其文之一字一句，而仅凭"近其书

---

① （清）梁章钜：《师友集》卷九，道光二十五年福州梁氏北东园刻本，第10页。
② （清）梁章钜：《乾嘉全闽诗传》卷十，上海图书馆藏清代手抄本，第4页。

已被人窃"一句就讥刺梁章钜窃取了他人之文，实属理由不充分。何况林茂春有《文选补注》一书，林昌彝甚至连自己曾见过的手稿与《文选补注》相同与否，都未曾言明。而梁章钜却在其《文选旁证》凡例中标识："是编叙述师说为多，侯官林畅园师有《补注》，称林先生。"① 在《师友集》卷一《侯官林畅园师》条中亦明言：

> 侯官林畅园师，讳茂春，字崇达，乾隆丁酉拔贡得教职，复登丙午乡荐，官终漳州府学教授，耄而好学，有《左传补注》《汉书补注》《文选补注》诸书，余作《文选旁证》，所述师说为多。师品学为读书社诸公所推，而社中诸老各服官中外，唯师以司铎终。诵广文先生官独冷之句为之慨然。②

谢章铤所议论与林昌彝差不多，并无新的论据。且谢章铤反将梁章钜已经明白无误地说明过了的内容（见《绪论》章）拿来攻击梁章钜，则更无说服力。然林、谢二人均为有学之士，为何对待梁氏之学术成果态度如此不公？究其原因，似与梁章钜与陈寿祺晚年不睦之事，以及由此矛盾而导致的陈寿祺负责总纂之《福建通志稿》的局部被否定有关（此一点王军伟之《传统与近代之间》中业已言及，笔者认同其观点，故不再赘言）。林昌彝是陈寿祺的学生，故对梁章钜心存偏见；谢章铤的好友张际亮亦是陈寿祺的得意门生，故受张际亮的影响，亦对梁氏存有偏见。但有一点须指出，谢章铤对梁章钜学术成就的看法是矛盾的，在否定之余，又时有肯定，佐证为其称赞梁氏之《东南峤外诗钞》《明诗钞》"胪列一切，钩稽旧籍，编摩不苟，犹是考据家实事求是之遗则。"

再考李慈铭之说，实属荒唐，但凡有点学识之人即知，梁章钜既不可能向林茂春买稿，林茂春也不可能卖稿他人，更不可能由众人帮助他纂

---

① （清）梁章钜撰，穆克宏点校：《文选旁证》凡例第六条，福建人民出版社 2000 年版，第 14 页。

② （清）梁章钜：《师友集》卷一，道光二十五年福州梁氏北东园刻本，第 5 页。

夺陈寿祺之稿。陈寿祺门生众多，其长子陈乔枞亦为知名学者，自父亲去世后即严守陈家藏书楼——小嫏嬛馆藏书达35年，藏书尚且严守，何况其父之著作？所以怎么也不可能出现父稿被梁章钜篡夺这样的情况。何况，《文选旁证》初刻之年是道光十四年（1834），当时梁章钜不过是由护理江苏巡抚任上归田家居，并非达官显贵，何来"众手增益"？因此李慈铭之说在攻击梁章钜的同时，实际上更贬低否定了陈寿祺家人及门生。

李审言认为梁章钜此书是夺取了好友程春庐（同文）的稿本，而只要考程春庐之作，即知程氏从未有过关于选学的记录，他最大的成就在积十余年之力编成巨编《会典》80卷。试想，如果程春庐真有此作，如此庞大一部学术著作，怎会不在程氏诸作中留下蛛丝马迹呢？且嘉庆十四年（1809），阮元寻求能代撰《九夏颂》者，正是程春庐推荐了时远在闽北浦邑的梁章钜，程春庐之所以认为梁章钜有能力为阮元代笔，自然是了解并赞赏章钜学识与人品的。事实亦证明，章钜之学识与文笔均得到了阮元的肯定；而后来章钜为程氏哀辑遗作《密斋诗存》4卷，且为之作序并刊刻出版，也足以证明其对朋友之谊的珍惜。且李审言之据竟然是"听沈子培所言"，沈子培虽学识渊博，然其出生之前一年，梁章钜即已辞世，不知沈子培此说从何而至？而李审言身为颇有名气的学者，却将道听途说作为自己的判断依据，有失严谨，不负责任。

当然，应当承认，《文选旁证》《三管诗话》《闽川闺秀诗话》，以及《楹联丛话》等之成书，都曾得到过师友亲朋的帮助，而且梁章钜本人对此从未隐匿过，他自己在序言中也往往明言并表谢意，如其《文选旁证》凡例第五条即明确标示：

> 章钜少习是书，先大夫及先叔父九山公时有讲解，至今不忘。编中称先通奉公者谨述庭训也。称太常公者，先叔父九山公绪论也。①

---

① （清）梁章钜撰，穆克宏点校：《文选旁证》凡例，福建人民出版社2000年版，第14页。

第六条亦明确标示：

> 是编叙述师说为多，侯官林畅园师有《补注》，称林先生；鄱阳胡果泉师有《考异》，称胡公《考异》；大兴翁覃溪师，称翁先生；河间纪晓岚师，称纪文达公；仪征阮芸台师，称阮先生。此外所采古书，及近儒各说，则一概标明，以清眉目。①

因此，笔者认为考察梁章钜之学术成就，至少应该肯定的有如下三点：

首先，梁章钜著作的总体构想均源于己出。如《闽川闺秀诗话》，书首梁韵书（蓉函，章钜叔父上国次女）所作之序中即明言：

> 余同堂兄茞林中丞公，著作等身，尤留意梓邦故实。尝辑唐以来《闽川诗钞》数十卷，并仿秀水朱氏《明诗综》之例，间缀《诗话》，而于国朝诸诗事尤详，已有十二卷成书，意欲先为脱稿单行。尝以"闺秀门"嘱予任之，余家藏书不多，闺中见闻寡陋，何足以裨益吾兄？但既承谆谆重委，所不敢辞，爰就同时亲串诸家耳目较近者，详加采访，录寄吾兄，以资编附。时吾兄就养东瓯，郡斋多暇，已将"闺秀"一门按先后次成四卷，先付梓人，承以稿本见寄，余读之，窃叹吾乡名媛旧有诗名于世者，以郑荔乡家为最盛，今则吾家自王太夫人、许太淑人以下亦有十余人，足与荔乡家后先辉映，为闾里荣。而编中所附录朱梅厓、鲁秋塍、汪瑟庵、林樾亭、吴清夫、陈云伯诸先生传序，皆洋洋名篇，尤足增重。则是书当传之不朽，而余之得附名简末，有余幸矣！适吾兄命为弁言，敬述其颠末如此。②

---

① （清）梁章钜撰，穆克宏点校：《文选旁证》凡例，福建人民出版社 2000 年版，第 14—15 页。

② （清）梁章钜：《闽川闺秀诗话》序，道光二十九年瓯郡梅姓师古斋镌本，第 1—2 页。

梁韵书已经说得很清楚,梁章钜本拟将《闽川闺秀诗话》作为《闽川诗话》的一个部分,仅列为"闺秀"一门,所以委托堂妹搜集资料,而梁韵书也仅仅是搜集了几户亲近之家的闺秀诗话资料,寄给堂兄,故言"以资编附",又言见到稿本后"读之,窃叹吾乡名媛旧有诗名于世者"云云,可见有相当多的内容是梁章钜自己增补的,后又经章钜润删、编次,手定成4卷,又请友人题序,方始成书。且梁韵书之父梁上国是梁氏家族第一位官宦学者,韵书本人又相当有才华,因此,且不说早已著作等身的梁章钜没有必要剽窃其妹之功,就是其妹也不会傻到见到定稿之后,还在序中感叹:"则是书当传之不朽,而余之得附名简末,有余幸矣!"而梁章钜或许是因为时间和精力有限,所以最终也没能将《闽川诗话》按照他最初的意图全面完成就撒手西归了,此又是后话。

其次,梁章钜诸作之材料取舍均出于己之裁定。如《文选旁证》即准确地记载了梁章钜的观点,体现了其本人对材料的裁决。梁章钜自序云:

> 合观诸刻,窃谓李氏斯注,引用繁富,为之考订校雠者,亦宜综博,详哉言之,爰聚群籍,相涉之处,悉加荟萃,上罗前古,下搜当今,期于疑惑,得此发明,未敢托为抱残守缺自限。至于五臣之注,亦必反复推究,虽似与李无关,然可以观之,益见李注精核,正一助也。①

许应鑅在《重刊〈文选旁证〉跋》中也说:

> 余惟中丞博综审谛,字栉句梳,辨异同以订其伪,衷群说以归于是,网罗富有,掇坠搜遗,渊乎浩乎,奥窔尽辟。学者欲窥萧统之襄规,晹崇贤之繁绪,以覃研训诂,上逮群经,非是书莫由阶梯

① (清)梁章钜撰,穆克宏点校:《文选旁证》自序,福建人民出版社2000年版,第13页。

而渡筏也。①

许应鑅（1820—1891），清末官员（曾任浙江巡抚）、学者，许说既是对《文选旁证》一书特点的总体概括，也是对该书的总体评价，他对梁章钜著作权的肯定是明确无误的。

再次，梁章钜著述之风格亦符合其自身的文学风范。梁章钜自幼颖悟，家学渊源有自，其后又师从多位名师大儒，因此在他的身上和文风上都充分体现了儒雅这一特点。梁章钜的文风带有儒雅大家风格，不管其著作系自己所撰还是有其子及朋友参与帮助撰辑，都符合其自身文学风范。如俞樾在《梁茝林先生〈论语集注旁证〉序》②一文中即言：

> 今梁茝林先生《论语集注旁证》之书，意蕴精深，体例详慎，大都原本紫阳比附古义，又博采通儒之论，折中师友之言，繁而不冗，简而不漏，视张氏、詹氏之书未知何如，然合汉宋而贯通之，使空疏者不至墨守讲章，高明者亦不敢拾西河唾馀，轻相诟病，于学术士风实非小补。

当代学者穆克宏在其点校的《文选旁证》起首一篇"点校说明"中，便开宗明义地指出："《文选旁证》的作者是清代梁章钜……著作颇丰……其中《三国志旁证》《文选旁证》，为其心力所萃，具有较高的学术价值。"并进而肯定《文选旁证》有四大特点：校勘认真、细致；注释确切、详瞻；考证细密、审慎；评论深刻、精湛。③

由上可知，梁章钜对其学术著作拥有无可置疑之著作权！

---

① （清）梁章钜撰，穆克宏点校：《文选旁证》点校说明，福建人民出版社 2000 年版，第 7—8 页。
② （清末）俞樾：《春在堂全书·楔文续二》。
③ 据（清）梁章钜撰、穆克宏点校《文选旁证》点校说明，福建人民出版社 2000 年版，第 1—7 页。

小 结

　　著书何必定穷愁，垂老丹铅迄未休。雅颂源头存一线，文章事业孰千秋。

　　无情白发如相督，有味青灯且耐求。异地故人定相忆，樗蒲毕竟逊灵修。①

　　退庵老人这首《著书》诗，正是他自己一生勤于著述的如实写照。

　　梁章钜髫龄即慕著述，通籍后，无论是蛰居闽省，或是官京之期，皆以著述自娱，外放后，虽公务繁忙，然案牍之余，亦别无声色之好，唯甄微阐幽，抱残守缺为务。在漫漫 50 余年的著述生涯中，梁章钜在学术上、文学上都取得了令人注目的成就，其著作博涉经、史、子、集各部，已刻、未刻及佚失之作，据笔者探究，共有 85 种之多，其精华正如前人所概括的：

　　公扬厉中外，垂四十年。居官之余，不废著述。于经：有《论语旁证》二十卷，《孟子旁证》十四卷，《夏小正通释》四卷。于小学：有《仓颉篇校证》三卷。于史：有《三国志旁证》二十四卷。于掌故：有《国朝臣工言行记》十二卷，《枢垣纪略》十六卷，《春曹题名录》六卷，《南省公馀录》八卷。于考据：有《称谓拾遗》十卷。于文章：有《文选旁证》四十六卷。其余诗文杂着纂辑者不下数十种。②

　　梁章钜的文学成就，几未有人质疑过，然对其学术成就，从清末迄今，学界一直有所争议，主要是围绕梁章钜最重要的学术著作《文选旁

---

① （清）梁章钜：《退庵诗续存》卷八，道光二十四年福州梁氏北东园刻本，第 5 页。
② （清）梁章钜撰，杨耀坤校订：《三国志旁证》，福建人民出版社 2000 年版，第 847 页。

证》而发的，褒之者支持梁氏的学术著作权，贬之者则否定其学术著作权。建立在多方考证的情况下，笔者的结论是梁章钜著作的总体构想均源于己出、诸作之材料取舍均出于己之裁定、著述之风格亦符合其自身的文学风范。所以，梁章钜对其学术著作拥有无可置疑之著作权，应该肯定其相应的学术成就。

另外，笔者于探研过程中，陆陆续续收集到梁章钜的一些作品，如《退庵日记》戊申版年谱《道光十九年己亥科广西武乡试录》《藤花吟馆试帖》《闽川诗话》残本、《乾嘉全闽诗传》清手抄本、《退庵诗续存》等，实属珍贵，可供进一步研究使用。

第三章　觞吟风雅　沉着按切

与近些年学术界对梁章钜的笔记、楹联、诗话、学术著述等方面的研究相比较，梁章钜的诗歌创作是明显地被忽视了。学界往往忽略了梁章钜的诗人身份，对其诗歌作品研究甚少，少到无一专文研究他的诗歌。除却黄保万的《林则徐与梁章钜早年关系及其学术文化述略》、欧阳少鸣的《私喜肺腑交　依如齿与唇——林则徐与梁章钜的诗联情谊》、朱则杰的《从存世碑刻考清代诗歌》三文对梁章钜诗歌有所提及，山东大学王军伟在其《传统与近代之间——梁章钜学术与文学思想研究》一书中对梁氏的部分诗集有所简介外，尚未见一专文研究梁章钜诗歌。笔者认为，对梁章钜而言，其诗人身份与诗歌创作是非常重要的，这不仅因为梁章钜本人热爱诗歌，其同榜好友吴廷琛（壬戌科龙虎榜状元）即谓：“茝林嗜诗出于

梁章钜故居（现为国家级文物保护单位）（摄影：林长生）

天性"①；也不仅因为梁章钜对自己诗歌创作的重视，其曾自言："某平生精力，半耗于仕宦，亦半耗于诗"②；亦不仅因为诗歌唱酬一直都是封建时代精英文化的代表，是士人交游与雅集的重要纽带，况且梁章钜所交官宦师友中不乏著名诗人，如纪昀、翁方纲、阮元、叶绍本、郭麟、陈寿祺、李彦章、林则徐、龚自珍、魏源等；更重要的是梁章钜尚有近 3000 首诗歌鲜活存世。

梁章钜一生耽风雅，笃朋旧，嘉庆十七年（1812，38 岁）家居福州夹道坊时曾开藤花吟社（又名藤花吟馆、三山吟社），招城里诸文化名流觞吟其中；嘉庆二十至二十二年（1815—1817，41—43 岁）以诗就正于翁方纲阁学，称苏斋诗弟子者三年；嘉庆二十一至道光二年（1816—1822，42—48 岁）居京之际又加入宣南诗社；道光十三至十四年（1833—1834，59—60 岁）家居福州黄巷时又重开三山吟社……因此研究梁章钜，对其诗歌的研究应当是不可或缺的部分。

然对梁章钜诗歌的研究却又为何缺失至此呢？笔者认为最主要的原因是学界的研究成见——往往关注一流的作品。即若研究诗歌，当然是以唐宋诗为上品，因中国古典诗歌以其为黄金时代；若研究清代诗歌，自然是研究那些杰出的诗人诗作，何况有清一代诗坛上一流的诗人不胜枚举；而若研究梁章钜，则必研究其笔记、楹联、学术撰著等，在梁章钜宏富的著述中，这些显然是该领域内一流之作。正因如此，梁章钜此类诸作倍受研究者的青睐，而其诗歌作品则相应地被忽视了。

诚然，在浩瀚的清诗领域中，梁章钜并非一流的诗人，就是在嘉道诗坛，他也不如龚自珍、张际亮般名满天下，甚至不如名盛于江淮、浙西的郭麟，但是，即便如此，梁章钜作为诗人在全国也是有相当影响的，如乾嘉诗坛领袖翁方纲即盛赞梁诗"不名一家而能奄有诸家之美……沉着按切……而一时才隽竟皆莫能近"③；吴慈鹤亦赞其诗："公之诗，理实而气

---

① （清）梁章钜：《师友集》卷四，道光二十四年福州梁氏北东园刻本，第 2 页。

② （清）梁章钜：《归田琐记》，中华书局 1981 年版，第 118 页。

③ （清）梁章钜：《退庵诗存》题词，十七年桂林刻本，第 1 页。

空，才大而心细，不故蹈钩章棘句之习，亦不必为缥缈恍惚之辞”①；叶绍本则言：“（芷邻）学博才瞻，而复气息古厚，格律浑成，闽中诗派当于在杭、石仓后位置一席”②；陈寿祺则谓：“（芷邻）其才力之雄，固自足深造古人之堂室，恶在其为墨守覃溪也？”③如此一位有一定分量的诗人，其诗歌创作迄今却尚未引起学界重视，有感于此，笔者拟对梁章钜的诗友交游、风雅诗事、诗歌创作及其分期等问题进行一番探讨。

第一节　诗友交游与诗事

一、诗友交游

作为一位典型的封建社会的官宦文人，梁章钜一生耽风雅，笃朋旧，虽性格沉毅寡言，然述及诗文，却是侃侃而谈，且生性好酒，堪称豪饮，所以一向朋友甚多。而文学，尤其是诗学，一直都是封建时代士人交游与雅集的重要纽带，因此梁章钜与朋友方面的交流，在很大程度上亦是诗友之间的交游。

纵观梁氏一生的诗友，以39岁进京从政为界分为前后期，前期主要是福建籍的，尤其是福州籍的文人，如陈登龙、游彤卣、余片玉、万虞臣、陈寿祺、叶文石、林蓼怀、郑松谷、冯恪甫、裴古悫、许荫坪等；后期则主要是先后饮誉全国的名人，亦即官宦诗人，当然对梁氏诗歌创作及诗学思想影响至深的也是后期这些官宦诗友。

梁氏所交官宦诗友主要有：纪昀、翁方纲、阮元、叶绍本、郭麟、朱珔、吴慈鹤、蒋攸铦、刘凤诰、曾燠、吴廷琛、李彦章、林则徐、陶澍、顾莼、程恩泽、龚自珍、魏源、杨文荪等，这些人都对梁氏之诗学思想有一定的影响，因此有必要关注一下他们。

纪昀（1724—1805），字晓岚，别字春帆，号石云，道号观弈道人、

① （清）梁章钜：《退庵诗存》题词，十七年桂林刻本，第6—7页。
② （清）梁章钜：《退庵诗存》题词，十七年桂林刻本，第2页。
③ （清）梁章钜：《退庵诗存》题词，十七年桂林刻本，第8页。

孤石老人，直隶献县（今河北省献县）人，清朝政治家、文学家。乾隆十九年（1754）进士，入选翰林院庶吉士，历任左都御史，兵部尚书、礼部尚书、协办大学士，以太子太保、管国子监事致仕。一生学宗汉儒，博览群书，工于诗歌及骈文，长于考证训诂，曾任《四库全书》总纂官。嘉庆十年病逝，因其"敏而好学可为文，授之以政无不达"，谥号文达，著有《纪文达公遗集》。

翁方纲（1733—1818），清中叶著名学者、诗人，论诗创"肌理说"，乾嘉诗坛领袖。字正三，一字忠叙，号覃溪，晚号苏斋。直隶大兴（今属北京）人，乾隆十七年（1752）进士，授编修。历督广东、江西、山东三省学政，官至内阁学士。精通金石、谱录、书画、辞章之学，著有《粤东金石略》《苏米斋兰亭考》《复初斋诗文集》等。翁方纲对梁章钜的影响是多方面的，尤其是诗歌创作与理论。

阮元（1764—1849），字伯元，号芸台、雷塘庵主，晚号怡性老人。江苏仪征，乾隆五十四年（1789）进士，先后任礼部、兵部、户部、工部侍郎，山东、浙江学政，浙江、江西、河南巡抚及漕运总督、湖广总督、两广总督、云贵总督等职。历乾隆、嘉庆、道光三朝，体仁阁大学士，太傅，谥号文达。他是著作家、刊刻家、思想家，在经史、数学、天算、舆地、编纂、金石、校勘等方面都有着非常高的造诣，被尊为三朝阁老、九省疆臣，一代文宗。

叶绍本（？—1841），著名诗人，字立人、仁甫，号筠潭，浙江归安人，清嘉庆六年（1801）进士，改庶吉士，授翰林院编修，历官福建提督学政、山西布政使等。从钱大昕游，为诗恪守师训，推崇李梦阳、何景明，而不满钱谦益之诗论。《晚晴移诗汇》谓其诗"不事险怪统糜，以雄深雅健为宗，故能力追大家，气象宏博"。著有《白鹤山房诗钞》等。

郭麟（1767—1831），名满江浙的著名诗人，字祥伯，号频伽，江苏吴江人。屡参加科举考试不第，遂绝意仕途，专研诗文、书画，喜交游。著作主要有《灵芬馆诗集》《金石例补》《诗画》《唐文粹补遗》等。

朱珔（1769—1850），字玉存，号兰坡，著名学者、诗人，安徽泾县人。为梁章钜同榜进士，授编修，官至赞善，迁侍讲。前后主讲钟山、正谊、紫阳书院达 25 年。作文宗桐城派，曾参加组建宣南诗社，参加吴中问梅诗社，著述甚丰。著有《小万卷斋诗文集》《说文假借义正》等，辑有《国朝古文汇钞》《诂经文钞》《续钞》等。

吴慈鹤（1778—1826），字韵皋，号巢松，江苏吴县人。嘉庆十四年（1809）进士，改翰林院庶吉士，散馆授编修，官至翰林院侍讲。工诗，善骈体文，为诗规仿徐、庾、孟、韩，为时流所重。性好游览，使车所至，山水为缘，而发之于诗。著有《兰鲸录》《凤巢山樵求是录》及《岑华居士外集》，《清史列传》并传于世。

蒋攸铦（1766—1830），字颖芳，号砺堂，河北宝坻（今秦皇岛）人。乾隆四十九年（1784）进士，授编修。官至四川总督，拜体仁阁大学士，充军机大臣，晋太子太傅，谥文勤。著作有《黔轺纪行集》《绳枻斋诗集》等行世。

刘凤诰（1760—1830），字丞牧，号金门，江西萍乡人。乾隆五十四年（1789）进士，授编修，擢侍读学士，提督广西学政、山东学政，官至吏部右侍郎。工古文，亦善诗，其赋得吟颂济南景色的联句"四面荷花三面柳，一城山色半城湖"，由当时山东巡抚、书法家铁保手书，刻为大明湖铁公祠楹联，至今传诵不绝。

曾燠（1760—1831），字庶蕃，号宾谷，江西南城人。乾隆四十六（1781）进士，选庶吉士，散馆授户部主事，累擢两淮盐运使、贵州巡抚。曾燠工诗善文，喜与宾从赋诗为乐，其诗清转华妙，文擅六朝、初唐之胜。著有《赏雨茅屋诗集》《骈体文》，及所辑《国朝骈体正宗》《江西诗征》等书，并传于世。

吴廷琛（1773—1844），字震南，号棣华，江苏苏州人。嘉庆七年（1802）壬戌科状元，亦是清代最后一个连中会试、殿试第一的"两元"，嘉庆帝为此御制诗中有"双元独冠三吴彦"之句。授翰林院修撰，历任湖南学政、浙江金华知府、杭州知府、云南按察使等。博学多识，平生不屑于章句，而能贯通经典，文章遒隽，诗法杜甫，感时论事，参加吴中问梅诗社。著有《归田集》。

李彦章（1794—1836），字则文、兰卿，号榕园，福州人。清嘉庆十六年（1811）进士，以内阁中书用，任军机章京，迁内阁侍读，参加宣南诗社。先后任广西思恩、庆远、浔州知府，后升任江苏按察使。当时任江苏巡抚的林则徐称赞李彦章"精明干练，巨细兼周，凡所经管之关务、河防，无不洞察弊源，力除务尽"。工诗善文，有《榕园全集》传世，并刊刻翁方纲《复初斋文集》。李彦章与梁章钜同为翁方纲得意门生。

林则徐（1785—1850），著名政治家，中国近代第一位民族英雄，近代诗人。字元抚，又字少穆，晚号俟村老人、俟村退叟、七十二峰退叟，福州人。嘉庆十六年（1811）进士，选为庶吉士，授编修。官至一品，曾任江苏巡抚、两广总督、湖广总督、陕甘总督和云贵总督，两次受命为钦差大臣，谥号"文忠"。著有《云左山房文钞》《云左山房诗钞》《使滇吟草》和《林文忠公政书》《荷戈纪程》等著作。与章钜少年比邻而居，又先后受鳌峰书院及郑光策的学术思想之濡染，且宦迹亦大致相当，在梁章钜所有的朋友中，二人友谊最久、最深。尤其是鸦片战争开始后，梁章钜是林则徐抗英思想路线最忠实的支持者；当林则徐被发配新疆时，梁章钜亦毫不犹豫地表达了他对林则徐的同情与思念；至二人生命中的最后一段岁月，仍保持交往，互赠诗作和楹联。①

陶澍（1779—1839），清代政坛经世派主要代表人物、道光朝重臣。字子霖，一字子云，号云汀、髯樵。湖南安化人，嘉庆七年（1802）进士，官至两江总督，任内督办海运，剔除盐政积弊，兴修水利，并设义仓以救荒年。后病逝于两江总督衙署，赠太子太保衔，谥号"文毅"，入祀贤良祠。有《印心石屋诗抄》《蜀輶日记》《陶文毅公全集》等。

顾莼（1765—1832），著名学者、诗人。字希翰，一字吴羹，号南

---

① 梁章钜、林则徐二人之交往情谊，蒋凡已有文详言，见其《林则徐与梁章钜诗文交游小考》，《广州日报》副刊《艺苑》，1992 年 5 月 14 日。

雅，晚号息庐，江苏吴县（今苏州）人，嘉庆七年进士（1802）进士，改翰林院庶吉士。散馆，授编修。累官至通政司副使，正直不阿。晚年，名益盛，有文坛耆宿之誉。少好诗古文，诗文师苏轼，音格高雅，赋骈体皆师唐、宋，居词馆 30 余年，文名动天下。所著有《南雅诗文钞》。

程恩泽（1785—1837），著名学者、诗人，被誉为清后期合学人之诗、诗人之诗为一的旗帜。字云芬，号春海，安徽歙县人。师从著名学者凌廷堪，于金石书画、医算，无不涉及。嘉庆十六年进士，授翰林院编修，历官贵州学政、侍读学士、内阁学士，官至户部侍郎。熟通六艺，善考据，工诗，是近代宋诗运动提倡者，与阮元并为嘉庆、道光间儒林之首。著有《国策地名考》《程侍郎遗集》。

龚自珍（1792—1841），清末思想家、诗人、文学家，近代改良主义的先驱者。字璱人，号定庵，又号羽琌山民，仁和（今浙江杭州）人。初承家学渊源，从文字、训诂入手，后渐涉金石、目录，泛及诗文、地理、经史百家，其后面对嘉道年间社会危机日益深重，他弃绝考据训诂之学，一意讲求经世之务，一生志存改革。曾任内阁中书、宗人府主事和礼部主事等官职，主张革除弊政，抵制外国侵略，全力支持林则徐、梁章钜禁除鸦片。在文学上，则提出"尊情"之说，主张诗与人为一。他生平诗文甚富，后人辑为《龚自珍全集》。他的诗文主张"更法""改图"，揭露清统治者的腐朽，洋溢着爱国热情。

魏源（1794—1857），近代启蒙思想家、著名诗人。名远达，字默深，湖南邵阳人。著述等身，除《圣武记》《默觚》《海国图志》等巨著外，主要著述还有《古微堂诗文集》《书古微》《诗古微》《公羊古微》《曾子发微》《子思子发微》《高子学谱》《孝经集传》《孔子年表》《孟子年表》《小学古经》《大学古本发微》《两汉古文家法考》《论学文选》《明代兵食二政录》《春秋繁露注》《老子本义》《墨子注》《孙子集注》等。道光二十一年（1841）梁章钜兼属两江总督期间，魏源曾在幕府，时间虽短，然亦可算梁章钜之"门下士"，梁章钜对魏源的经世致用思想是理解并接受的，且对魏源之才识亦是相当欣赏的。

杨文荪（1782—1853），清著作家、藏书家。字秀实，一字芸士，浙江海宁人。好聚藏图书，收藏甚富，曾根据家藏珍本，编纂有《清朝古文汇抄》，评选精确，世称善本。著有《南北朝金石文字考》《南宋石经考》《逸周书王会解》《广注》《西汉会要补遗》《希郑斋诗》等。

仅仅是把上述官宦师友之名简要罗列起来，恐怕也就是清嘉道时期的半部诗史了。而上述诗人，均与梁章钜相交多年，或以诗歌相酬唱，或为梁章钜诗集题词，彼此欣赏、探讨诗歌创作。

诗友交游对梁章钜诗歌创作有着良好的影响，与传统诗人纪昀、翁方纲、阮元、郭麟、朱珔等人的唱和，使梁氏诗作有了扎实的古典文学根基；而与近代诗人龚自珍、魏源、林则徐、陶澍等人的唱和，又使梁氏诗作带上了时代先进的色彩。

前者如《翁覃溪师招饮苏斋，观苏文忠公天际墨迹卷》《苏斋师命题瓦当诗册摹本，谨步自题原韵》《苏斋师以谈诗二律见示谨步原韵》《苏斋观岱顶秦篆新剔十字》《题苏斋旧藏元四贤天冠诗墨迹卷》《谒苏斋，遍观所藏汉碑旧搨本，同荃溪作》《苏斋旧藏兰亭五字损本真影卷》等数十首诗，均为章钜于苏斋门下为诗弟子三年期间所作。据翁方纲言"（章钜）每一（诗）稿出，必就余点定之。既又以旧稿相质，虚衷雅怀，往复商榷，愈唱愈高，盖不名一家而能奄有诸家之美者也。"① 复据梁章钜自言入苏斋谈艺之期，"吾师于金石书画靡不精究，有叩者无弗应，余亦喜得问津，逮由流溯源"。② 由此可知，在梁章钜学诗过程中，翁方纲老师的指导为其打下了扎实的古典文学基础。

后者仅从《退庵诗存》中章钜写给陶澍和林则徐两人的诗歌数量之多来看，即可见他们之间酬唱的频繁。如写给陶澍的有：《陶云汀给谏漕河祷冰图》③、《题万柳堂话别图送陶云汀观察川东》4首④、《喜闻海运竣

---

① （清）梁章钜：《退庵诗存》序，道光十七年桂林刻本，第1页。
② （清）梁章钜：《退庵金石书画跋》序，道光二十五年浦城北东园刻本，第1页。
③ （清）梁章钜：《退庵诗存》卷八，道光十七年桂林刻本，第1页。
④ （清）梁章钜：《退庵诗存》卷九，道光十七年桂林刻本，第13—14页。

事，寄和陶云汀中丞望祭海神韵》4首①、《和云汀中丞释奠震川书院诗并序》②、《送陶宫保中丞述职入都》③、《贺陶宫保总制两江即以送行》2首④等32首。

陶澍是梁章钜壬戌科同榜进士，陶澍在仕途上一路向前，从户部给事中转吏部给事中，到嘉庆二十四年（1819）冬，外放出任川东道；道光元年（1821）擢山西按察使，又调福建按察使，再擢安徽布政使；道光三年（1823）任安徽巡抚；道光五年（1825），任两江总督兼江苏巡抚；道光十一年（1831）任两江总督兼两淮盐政，道光十九年（1839）病逝。

梁章钜与陶澍既是同年、同僚，又是诗友，关系十分亲厚。两人在京时同为宣南诗社诗友，后同在江苏任职，陶澍任巡抚，梁章钜先后担任按察使、布政使、代理巡抚。梁章钜在相当长的时间里是陶澍的下属，深受陶澍信任与重用。从梁章钜写给陶澍的诗歌题目来看，就可以看出陶澍每前进一步，都与梁章钜有诗歌唱酬往来：从给事中到川东道，到按察使、布政使，到巡抚、总督。陶澍是清代经世派主要代表人物，他对梁章钜政治思想的影响是巨大的。嘉庆二十一年（1816）冬，梁章钜为《陶云汀给谏漕河祷冰图》题诗：

漕臣筹漕必筹水，时非祷雨先祷冰。冰心直彻冥漠表，帝所倚畀神已凭。灵风满旗不可拟，一夜吹冰作春水。舸峨大艑滑迓来，三十六陂帆影驶。万夫邪许神欢愉，为神乞封帝日都。神仓正供急督罢，神力效顺非区区。诏下礼官拟神号，臣心如水神所劳。昭灵普惠贞应祠，酬神利济东南漕。封章我本冰厅人，手敫天宠云霞新。披图复此景芳躅，梦到烟雨珠湖滨。为政为诗两无碍，新题又值消寒会。大书须掩米家碑，长谣但笑舒王碓（王荆公事见《魏东野

---

① （清）梁章钜：《退庵诗存》卷十二，道光十七年桂林刻本，第7—8页。
② （清）梁章钜：《退庵诗存》卷十四，道光十七年桂林刻本，第9—10页。
③ （清）梁章钜：《退庵诗存》卷十六，道光十七年桂林刻本，第9—11页。
④ （清）梁章钜：《退庵诗存》卷十七，道光十七年桂林刻本，第17—18页。

笔录》）。①

《漕河祷冰图》是陶澍于嘉庆二十一年（1816）六月间以给事中身份
巡视江南漕务事后所绘。梁章钜为该图所题的这首诗主要是肯定陶澍为国
家漕运祷冰筹水的辛苦与功劳。

写给林则徐的诗更多，见于《退庵诗存》的有：《送林少穆庶常携眷
入都》4首②、《录别五百字送林少穆服阕入都》③、《六月初十日，少穆中丞
招同朱兰坡杯酒话旧，和诗宠行，赋谢二首》④、《小住胥江，承林少穆中
丞招饮赋诗，累日不倦，别后叠北行韵寄酬二律》⑤ 等 13 首。

> 饮罢黄花酒，征人已有期。翩然挟仙侣，本合住蓬池。
> 彩笔探怀早，斑衣出户迟。壮游齐引领，吟社正催诗。（其一）
> 当代清华选，通才易冠场。滨瀛传露布（张中丞筹海文移悉出
> 君手），上界足云章（君入翰林习国书）。
> 文栋兼时栋，他乡实帝乡。挥鞭增意气，为尔一轩昂。（其二）
> 年来忆踪迹，吾道有穷通。屏麓苔痕阔（余旧居在屏山之麓，
> 与君为比邻），铃斋烛影红（时皆入节幕）。
> 暂离犹耿耿，送远忽匆匆。从此劳延伫，青冥盼遰鸿。（其三）
> 我亦清明侣，沉思一刹那。沧江惊岁晚，青眼望酣歌。
> 何日还香案，频年送玉珂。故人如闻讯，补屋正牵萝。（其四）
> ——《送林少穆庶常携眷入都》四首

这四首诗作于嘉庆十七年（1812）十月二十五日，这天梁章钜的好

---

① （清）梁章钜：《退庵诗存》卷八，道光十七年桂林刻本，第 1 页。
② （清）梁章钜：《退庵诗存》卷五，道光十七年桂林刻本，第 16 页。
③ （清）梁章钜：《退庵诗存》卷十七，道光十七年桂林刻本，第 9—10 页。
④ （清）梁章钜：《退庵诗存》卷二十，道光十七年桂林刻本，第 4 页。
⑤ （清）梁章钜：《退庵诗存》卷二十四，道光十七年桂林刻本，第 4—5 页。

友林则徐结束为期 10 个月的返乡省亲期，携家眷由福州洪山桥渡口登舟北上，梁章钜殷勤送别，赋诗赠行，表达自己对林则徐才华欣赏赞美、对二人友情的留恋难舍，以及对好友前途的祝愿。诗作真挚而蕴含深情，恣意而发，非倾心之交不能为此。

此外，梁章钜《师友集》中尚有 200 余首诗歌分赠师友，其中相当一部分诗作就带上了鲜明的时代色彩，如赠林则徐诗云：

> 督部精神富，双眉镇日攒。丹心惟捧日，赤手欲回澜。
> 难望舆情协，空闻贼胆寒。何时苏蜀国，生入玉门关。①

赠龚自珍诗云：

> 渤海佳公子，奇情若老成。文章忘忌讳，才气极纵横。
> 正约风云会，何缘露电惊。旧时过庭地，忠孝两难成。②

赠牛鉴③诗云：

> 回忆岩墙立，浑忘海国秋。苦心惟静镇，矫首待新猷。
> 迁地功名幻，凭轩涕泗流。只今并挥手，何以慰离忧。④

这些赠诗均深切时事，是梁章钜诗作带上时代先进色彩的明证。

---

① （清）梁章钜：《师友集》卷五，道光二十五年福州梁氏北东园刻本，第 2 页。
② （清）梁章钜：《师友集》卷六，道光二十五年福州梁氏北东园刻本，第 2 页。
③ 牛鉴（1785—1858），时任两江总督，为道光皇帝和咸丰皇帝的恩师，故誉为"两朝帝师"。
④ （清）梁章钜：《师友集》卷十，道光二十五年福州梁氏北东园刻本，第 13 页。

二、风雅诗事

梁章钜是典型的封建文人，是传统精英文化的代表，一生耽风雅，笃朋旧，入诗社，其一生所入诗社先后有藤花吟社、宣南诗社、问梅诗社、三山吟社等等。以文人风雅而论，梁章钜家居时曾先后开办藤花吟馆、三山诗社，在京城还加入了宣南诗社，又以诗就正于翁方纲，为苏斋诗弟子三年；官苏州时，曾参加吴中问梅诗社，编辑壬戌科同年在吴中与往来过吴者酬赠题咏之作为《吴中唱和集》8卷；居福州时，曾编辑里中耆旧吟咏酬唱之作为《三山唱和集》（一名《三山唱和诗》）10卷；官桂林时，曾编辑《铜鼓联吟集》4卷（附首1卷）、《秀峰题咏》（卷数未详）；侨居温州时，又编辑《戏彩亭唱和集》1卷等。

（一）藤花吟社

藤花吟社，又名藤花吟馆，初名三山吟社。嘉庆十六年（1811）梁章钜在浦城南浦书院山长任上，冬末回福州过年，腊月二十五日，由赛月亭旧居迁移至夹道坊新居，新居屋前有壮硕老藤一株。嘉庆十七年（1812）秋后梁章钜从浦城返回福州度假，闲居起清兴，召集城里文人雅士饮酒赋诗，拟开诗社。因福州别名"三山"（城内于山、乌山、屏山三山鼎立），又因追忆谢翱之"月泉吟社"，于是将诗社命名为"三山吟社"。社址即在梁章钜家中，时值九月，藤花盛开、荫满庭院，如诗如画。诗社年岁最高者陈登龙（号秋坪）老先生，本是章钜父辈好友，以耆旧身份加入诗社，他一时兴起，着意为篆"藤花吟馆"四字匾额，挂在庭院紫藤花架上。我们可以想见，藤花吟馆里，一群诗人，或坐或站，或茶或酒，或吟诗或泼墨，那真是比名家名画还优美的一幕，充满诗情画意。故众人又将诗社更名为"藤花吟社"，后干脆直呼"藤花吟馆"，而三山吟社之名反而再无人提及了。

该社成员初为9人：梁章钜、陈登龙、万虞臣、赵谷士、叶文石、林蓼怀、郑松谷、冯恪甫、裴古悫，后又有游彤卣、余片玉、陈寿祺、许荫坪等加入，共13人。而林则徐此时正好归乡省亲，也在福州，短暂家居期间也曾参加过一集。诗社先后有过6次集会，大约旬余日一集。

第一集为九月初七日，地点就在藤花吟馆，梁章钜本人有诗《重阳前二日，招陈秋坪司马，万虞臣舍人，赵穀士编修，叶文石明经，林蓼怀进士，郑松谷太守，冯恪甫、裴光悫二孝廉，小集藤花吟馆》3首[①]纪之：

开我藤花馆，招君竹叶觞。殷然望三益，况复近重阳。

便拟题襟雅，何须落帽狂。令辰兼胜会，自古托文章。（其一）

我爱儒林丈，[②]当筵笑语温。黄花支晚圃，白发照清樽。

每动先畴感，方知祭酒尊。苔岑何可例，但欲乞渊源。（其二）

莫笑蜗庐仄，庄谐靡不宜。画宗辨南北，饮户角雄雌。

桂作小山意，藤将千载期。聊堪拼一醉，明发始催诗。（其三）

第二集为九月十九日，在郑松谷睫巢书屋（地址在三坊七巷之洗银营巷），有诗《九月十九日郑松谷睫巢书屋第二集》[③]纪之。

第三集约为十月初，在冯恪甫陶舫（地址在三坊七巷之光禄坊，清康熙年间著名藏书家、书法家林佶故居），有诗《冯恪甫陶舫第三集》[④]纪之。

第四集约为十月中旬，在梁章钜的藤花吟馆，遗憾的是该集时间地点在梁章钜诗作中并无记录，现据林则徐年谱及《题梁芷林方伯〈藤花书屋图〉》诗歌可以考证。当时林则徐正家居福州，曾参与这次活动，为座上客。诗会的盛况让林则徐甚感欢悦，因此，时隔多年，他对此次诗会依然记忆犹新。道光十年（1830）四月七日，林则徐由福州北上途经苏州，与当时正代理江苏巡抚的梁章钜会晤话旧，论及18年前藤花吟馆诗会，林则徐兴致勃勃地作诗追忆当年诗会盛况，写了这首诗歌：

---

① （清）梁章钜：《退庵诗存》卷五，道光十七年桂林刻本，第10页。

② 指陈登龙（字秋坪），是梁章钜父辈好友，与章钜父亲叔伯等同为"读书社"同学。

③ （清）梁章钜：《退庵诗存》卷五，道光十七年桂林刻本，第12—13页。

④ （清）梁章钜：《退庵诗存》卷五，道光十七年桂林刻本，第14—15页。

　　与君旧住屏山麓，对宇三椽打头屋。夹道坊南君徙居，寒藤夭娇学草书（用放翁句）。压冠半坠紫缨珞，点笔遥架青珊瑚。花时君正联吟社，篆额曾邀老司马（陈司马秋坪丈为君篆"藤花吟馆"额）。绛跗堂与白华楼（谓陈恭甫前辈、萨檀河大令），斗韵传笺俱健者。我携眷属登蓬瀛，群君皆以诗宠行（壬申年事）。飞觞我亦坐花醉，但少奇句酬溪藤。廿载抟沙轻撒手，梦里黄垆一杯酒。即看《庚午雅集图》，一十三人亡者九（君又有此图，昨亦出示，同深感喟）。主人橐笔直承明，回首家山无限情。纵经夜壑移舟去（屋已属他人），诗卷仍题旧馆名。君不见，海波街前地低湿，老屋苍藤重朱十。又不见，山阴道上一草庐，才名竞说青藤徐。矧君遭际风云会，事业文章照中外。却为当年养晦深，始成此日经纶大。浮屠桑下那能忘，荔海榕城况故乡。画笔追摹鸿爪雪，鬓丝增感马蹄霜。借藤屋里书痕在，转忆吾庐吾亦爱。闻是君家小凤来，好写新图与相配。（余京邸故居有邻藤过墙，命名"借藤书屋"，君曾为篆额。今此屋属哲嗣吉甫舍人）

——题梁芷林方伯《藤花书屋图》①

　　第五集约为十月下旬，在裴古恧容膝山房（诗中有提及该山房背靠乌石山，故应该也在三坊七巷），有诗《裴古恧容膝山房第五集》②纪之。

　　第六集约为十一月，在许春甸嫣红小院（具体地址无考），有诗《许春甸嫣红小院第六集，先期赋赠同人各一首依次和之》13首③纪之。

　　之所以列出这些诗社成员居家地址，是因为它们大致有一个共同区域范围——三坊七巷，而且诗社成员之间大都有姻亲关系，借此或可以窥见区域诗学的若干特征。

---

① （清）林则徐：《云左山房诗钞》卷三，《续修四库全书》1512册，上海古籍出版社2001年版，第306—307页。

② （清）梁章钜：《退庵诗存》卷五，道光十七年桂林刻本，第14—15页。

③ （清）梁章钜：《退庵诗存》卷五，道光十七年桂林刻本，第10页。

"藤花吟馆"为梁章钜一手所创，因此倍受珍爱，故嗣后章钜刻诗即以名其集——《藤花吟馆诗钞》《藤花吟馆试帖》。而那块匾额，则毕生珍藏，"藤花吟馆"之名，便也跟随着梁章钜仕途的发展而蜚声于大江南北。

（二）苏斋诗弟子

翁方纲（1733—1818），顺天大兴（今属北京市）人，字正三，一字忠叙，号覃溪，晚年因得到苏轼"天际乌云帖"真迹而改号苏斋老人。嘉庆二十年（1815），梁章钜拜谒翁方纲，因其叔父梁上国曾为翁师执业弟子，故章钜初以小门生礼谒见，数月后，翁方纲命他改为著录弟子，正式成为翁师的入室弟子，直到嘉庆二十三年（1818）翁方纲去世。翁方纲是诗坛领袖，那些年苏斋诗会是京城一大风雅之事，是士人雅集、修楔之所。

此间梁章钜从翁师学诗三年，时已耄耋之年的翁方纲对这位新弟子甚是赏识，不仅多有教诲，且宠爱有加，梁章钜凡有诗作请教，翁师皆批点不稍倦，还曾与章钜合作《种瑶草图》，章钜又取翁师所赠诗句作《灯窗梧竹图》等画作。尤其是嘉庆二十一年（1816）春，年已85岁的翁方纲尚携梁章钜及其他弟子游崇效寺，访王渔洋、朱竹垞所植丁香，并作诗纪之，又勒石于树侧，成为都中盛传之佳话。梁章钜《退庵诗存》中有诗《崇效寺西来阁前丁香一树，相传为渔洋、竹垞手植，四月十三日侍覃溪师往观，寺僧磨石乞勒记，因同作诗》《次覃溪师游崇效寺韵》①等记之。

又有诗纪念苏斋岁月：

中年尚初学，惜我晚登堂。梧竹无凡响，山渊岂易量。

绘图合瑶草，撰杖访丁香。冯谢苔岑后，吾生自激昂。②

---

① （清）梁章钜：《退庵诗存》卷七，道光十七年桂林刻本，第17—18页。

② （清）梁章钜：《师友集》卷一，道光二十五年福州梁氏北东园刻本，第14页。

在诗的结尾，梁章钜有一按语：

> 师题《灯窗梧竹图》句云："谢冯二图后，怅结以延伫。"谓谢
> 蕴山冯鱼山也。又序余《藤花吟馆诗钞》云：忆昔年并几论诗，如谢
> 蕴山之圆隽，冯鱼山之纵横，皆不若茞林之得路。

这里说的是翁方纲很欣赏这位新学生，甚至夸章钜比自己早期的两
位优秀诗弟子冯敏昌和谢启昆更加出色。冯敏昌（1747—1807），广东钦
州人，字伯求，号鱼山。乾隆四十三年（1778）进士，授翰林院庶吉士。
散馆，授编修。大考改官主事，补刑部河南司主事。性至孝，父丧，服
阕，遂不复出。前后主讲端溪、越华、粤秀三书院，学者称鱼山先生。工
诗擅画，尤擅画松、竹。

谢启昆（1737—1802），江西南康人，字良璧，号蕴山，又号苏潭。
乾隆二十六年（1761），殿试第一名，授翰林院庶吉士。历官编修、乡试
主考、知府、按察使、布政使、巡抚等职，成为当时政绩卓著、清正廉明
的省级长官，著名学者、方志学家。

梁章钜无疑是苏斋弟子中最优秀的一员，据吴慈鹤所称："其在京师
也，为苏斋诗弟子，集群彦、举文字之会，春秋佳日、花开酒香，拈题课
诗，每出一篇，必冠侪偶。"①而苏斋三年最令章钜引以为豪的也就是翁方
纲对其诗歌成就的肯定：

> 余与海内才士以诗相切劘者垂五十年，其就吾斋学诗称著录弟
> 子者，亦不下百十辈，茞林最后至，而手腕境界迥异时流，又最笃
> 信余说。与刘芙初、吴兰雪、陈石士、李兰卿诸子分题角胜，每一
> 稿出，必就余点定之。既又以旧稿相质，虚衷雅怀，往复商榷，愈
> 唱而愈高，盖不名一家而能奄有诸家之美者也。忆昔年并几论诗，

---

① （清）梁章钜：《退庵诗存》序，道光十七年桂林刻本，第6页。

如谢蕴山之圆隽，冯鱼山之纵横，皆不若茝林之得路，不过沉着按切而已，无他巧也，而一时才隽竟莫能近。①

故梁章钜晚年回忆苏师时有言："余弱冠即喜为五七言诗，而于诗意实茫然无所知也，四十岁还京师，游苏斋之门，始得略闻绪论，则悉非旧所得闻者。"② 梁章钜在此所谓"始得略闻绪论"主要内容有的收录在《浪迹丛谈》卷十"苏斋师说杜诗""苏斋师说苏诗"中，有的记录在《退庵随笔》卷二十"学诗一"和卷二十一"学诗二"中。

（三）宣南诗社

宣南诗社是嘉庆、道光年间京城赫赫有名的一个诗人组织，因经常活动于北京宣武门外宣南地区而得名。该诗社为梁章钜居京时期所入之诗社，嘉庆二十一年（1816）冬至道光二年（1822）五月，梁章钜为诗社成员。诗社最初由翰林院庶吉士陶澍于嘉庆九年（1804）发起，成员都是嘉庆七年（1802）同榜进士，当时都供职于翰林院。因为人生观与价值观比较接近，所以聚在一起，以诗文为载体，进行思想和观念的交流。次年秋因陶澍丁忧而中断，直至嘉庆十九年（1814）冬，由翰林院编修董琴南重新发起成立"消寒诗社"，后因一年四季均有集会，故又回复沿用"宣南诗社"之名。参加者先后有陶澍、朱珔、胡承珙、钱仪吉、谢阶树、陈用光、周蔼联、黄安涛、吴嵩梁、李彦章、梁章钜、刘嗣绾、周之琦等人，林则徐亦曾加入诗社活动4个月，后因离京赴任而出。诗社的主要活动内容为消寒、赏菊、忆梅、试茶、观摩古董等。形式多为诗酒唱酬，所吟大体是饮酒、赏花、观碑等即兴诗。每逢欧阳修、苏东坡、黄庭坚生日，诗社也集会饮酒吟诗。

但是宣南诗社于提倡消闲遣兴的诗风之外，更为人所关注的是其提倡经世致用之学的思想。随着时间的推移，加入诗社的不再局限于嘉庆七

---

① （清）梁章钜：《退庵诗存》序，道光十七年桂林刻本，第1页。
② （清）梁章钜：《浪迹丛谈、续谈、三谈》，中华书局1981年版，第187页。

年同榜进士，参加者多为京官中的中下层具有改革思想的有识之士。成立之初"以诗会友"的文学团体，后来发展成为议论时政、探讨国事，具有革新政治倾向的著名诗社。

在近 6 年的时间内，梁章钜于社中所作诗歌甚多，主要收录在《退庵诗存》卷八、卷九中，如《胡墨庄斋中消寒咏琴鱼》《董琴南斋中消寒咏寒云》《陶云汀斋中消寒题旧本麓山寺碑》《黄霁青斋中消寒题琅琊王德政碑拓本》《胡墨庄斋中消寒出赠宣纸芽茶索诗》《题消寒诗社图送黄霁青出守广信》《贺苏朴园农部北登校射赐翎》《朱兰坡斋中消寒同作窖钱歌》等。

如消寒饮酒诗：

> 琴溪仙子骑鱼去，剩有琴鱼不知数。入簿谁加水族恩，饤盘尚佐诗人具。琴公台畔春风闲，桃花水似仙人颜。水流花谢几千载，那有药汁留人间。缣绘入水一种色，波面微来声策策。讬质疑从宝志筵，成群如趁瓠巴瑟。畦蔬风味绝堪怜，不是茶余即酒边。封来冀北千头雪，话到江南三月天。主人饷客作诗料，侑以泾笋亦同调（是集以琴鱼泾笋饷客索诗）。我诗不足当王姜，何况欧梅暗中笑。侬家亦在余笋乡，蓴鲈有梦无时忘。翠网不须夸海艳，筠筲但欲寄丁香（吾乡丁香鲥略似琴鱼而味加美）。
>
> ——《胡墨庄斋中消寒咏琴鱼》①

> 残年景物太萧森，尚有寒云入望深。且喜接天无杂色，须知出岫即冬心。扫晴无那风痕积，韬日犹将雪意禁。转眼春华还盎盎，莫疑迟暮怯为霖。
>
> ——《董琴南斋中消寒咏寒云》②

---

① （清）梁章钜：《退庵诗存》卷九，道光十七年桂林刻本，第 2—3 页。
② （清）梁章钜：《退庵诗存》卷九，道光十七年桂林刻本，第 3 页。

如赏画题画诗：

云烟过眼尚清新，风竹林泉孰卜邻。留与高人印心地，不知世有软红尘。

诗材画本印空濛，佳处都怜踏雪鸿。何似木兰陂上路，共君清籁采莗风。

——《题郭兰石编修画扇》二首①

渔洋山人掌台列，八年前已吟谿堂。耕烟外史一再画，山人梦不离山庄。山人之诗本如画，外史之画方相当。破山寺前归兴发，留此一幅心苍茫。山人外史孰主客，诗禅画理须评量。慧车子岂真实见，空舲峡岂空濛乡。米堆乌钵渲浓黛，青芝师子开堂防。墨涛却证三昧旨，一月摄尽千灯光。归云拥树景旷奥，五湖垂钓神飞扬。渔洋之号夙托此，胡于此画悭诗肠（渔洋集中无此图题句）。真山假山自平等，白波翠巘何能忘。渊乎苏斋得秘印，早从诗品拈瓣香。一字不著万象足，前身流水参邢房。诗耶画耶二而一，雎华蚕尾交轩昂。载书何必禹之鼎，得髓何必吴天章。萧寥合招黄海客，神韵已压廉州王（王廉州有渔洋山图）。

——题苏斋旧藏王石谷渔洋山庄图②

如苏东坡生日诗社集会吟诗：

我为坡公做生日，上溯公生景祐始。中经七百八十年，十四回今又丙子。当年丙子谁与同，清都道人默存中。沈逵琳老亦好事，丹砂不驻芳颜红。惟公长生长不死，玉宇琼楼等闲视。生前早信落鬼籍，身后何疑注仙史。今年丙子今日春，松鹤齐来刘景文。朗诵

---

① （清）梁章钜：《退庵诗存》卷九，道光十七年桂林刻本，第3页。
② （清）梁章钜：《退庵诗存》卷九，道光十七年桂林刻本，第4—5页。

公诗认公面，华颠彩胜髻绝伦（公次刘贡父《春日诗》"莫笑华颠羞彩胜"）。我欲酹公真一酒，又何侑之春盘韭。大江东去鹤南飞，梅花香中公醉否？拜公容易学公难，我侪何以盟岁寒。再来丙子知谁健，此会直作千秋看。千秋遥遥一神理，年年生日那似此。笛声先起紫裘生（是日午前先在李兰卿斋中拜笠屐像），画图须倩丹元子（拟乞友人绘丙子拜像图以纪之）。

——十二月十九日招朱兰坡侍读陶云汀胡墨庄两给事刘芙初董琴南黄霁青三编修集小斋作坡公生日①

梁章钜在诗社中的时间是最长的，期间诗友们纷纷离京，而他却始终留在京城，直至道光二年（1822）五月。在他先后将礼曹四司遍历的同时，亦成为宣南诗社的元老。因此，诗社的这段经历对梁章钜的影响是相当深远的。因为诗社主张灵性飞扬，提倡经世致用，因此成员大都激情澎湃，日后离京外放，也大都能为政一方有所建树。比如陶澍、梁章钜、林则徐等，共同的政治抱负，使他们在外任封疆大吏期间，仍然保持密切的联系。

（四）吴中诗事

梁章钜宦迹大江南北，先后两次督官江南，第一次任职江南，时间自道光四年（1824）担任江苏按察使至道光十二年（1832）在护理江苏巡抚任上隐退，除去几番中途调离他任外，实际在江苏为官长达6年之久；第二次任职江南时间较短，道光二十一年（1841）调授江苏巡抚，次年二月离任。作为地方长官，梁章钜对江苏行政事业有重大贡献；作为文化名流，梁章钜对吴中（今苏州）文化建设亦有较大贡献。

提起吴中风雅诗事，最值得关注的就是问梅诗社了。吴中地区自古文化氛围就极浓郁，士人追慕风雅，吟诗歌咏，乐此不疲。因此一些志同道合的诗友便结社联诗，"问梅诗社"这一道光年间苏州地区颇有声望的

---

① （清）梁章钜：《退庵诗存》卷八，道光十七年桂林刻本，第3—4页。

文人诗社便应运而生。诗社于道光三年（1823）初春，由地方名流黄丕烈[1] 发起，大约于道光十四年春逐渐结束，一共持续了整整 11 年，举行了约 140 次诗会。

诗社成员皆为吴中知名文士或退隐官吏，先后正式入社的有黄丕烈、尤兴诗、彭希郑、石韫玉、张吉安、彭蕴章、董国华、韩崶、朱珔、吴廷琛、潘世璜、吴友篪、吴廷钻、吴嶐、顾沅、陈钟麟、褚逢春等。诗社活动期间一些宦苏的地方长官和在籍休假客居吴中的官员也曾参加过诗社活动，如梁章钜、陶澍、林则徐等。

梁章钜、陶澍、林则徐等虽未正式入社，但他们常常参与诗社活动，与诗社成员多有唱和，因此也可以算作诗社成员。身为江南地方高级官员，梁章钜并不以高位骄人，折节论诗，不仅可见诗社之领一时风会、掌苏郡坛坫，也可以看出梁章钜诗人天性。

梁章钜先后两次督官江南，参加问梅诗社活动、与诗社诸人交往，是在他第一次任职江南期间。道光四年（1824），梁章钜由江南淮海河务兵备道调署江苏按察使，即拜访问梅诗社元老石韫玉[2]，并请石老为章钜自己的画作《沧浪亭图》题诗。

道光七年（1827），梁章钜再次莅官吴中，任江苏布政使，期间多次参加诗社活动，与诗社同仁彼此唱酬。如该年除夕之夜，朱珔吟成二律邀梁章钜、卓秉恬[3] 同和（三人诗见《吴中唱和集》卷二），梁氏随即答和并遣仆走马回示朱珔：

---

① 黄丕烈（1763—1825），字绍武，一字承之，长洲（今江苏苏州）人。乾隆五十三年（1788）举人，官主事，嘉庆六年（1801）发往直隶知县不就，专一治学和藏书，是清代著名藏书家、目录学家、校勘家。
② 石韫玉（1756—1837），字执如，号琢堂，又号花韵庵主人，亦称独学老人，吴县人，乾隆五十五年（1790）中一甲一名进士。清朝诗人、藏书家。
③ 卓秉恬（1782—1855），字静远，号海帆，四川华阳人，清嘉庆七年（1802）进士。官至兵部尚书、户部尚书、吏部尚书、协办大学士、文渊阁大学士、武英殿大学士，赠太子太保，谥文端。

脉脉江春入旧冬，轩轩除日霁光逢。适来各有家庭乐（君适携眷寓居吴中），信美何分主客踪。刬水不烦冲雪棹，寒山齐听隔城钟。增余车乘翘翘畏，愧说南邦作尔庸。（其一）

也曾楚望也齐疆，饯岁迎年当故乡（自壬午外宦，六年除夕凡三易其地）。苦为微官增老态，但凭素志答恩光。偷闲谈艺时余几？忍睡哦诗夜未央。腊鼓喧中官鼓动，输君长日著书忙。（其二）

——除夕兰坡以诗走示，即夕和答①

梁朱二人既是同年，又是当年京城宣南诗社之老友，所以两人以诗唱和，皆真挚有感，非倾心之交不能为此，远非泛泛应酬可比。

道光七年（1827），时任江苏布政使的梁章钜重修宋代名园沧浪亭，并题联"清风明月本无价，近水遥山皆有情"，镌刻于亭柱。联语的含义是：清风明月这样的自然景色原本就是无价且可遇而不可求的；眼前的流水与远处的山峦相映成趣，别有情趣。此联是一幅高超的集句联，上联取

自欧阳修的《沧浪亭》诗，下联取自苏舜钦的《过苏州》诗，经梁章钜巧妙的组合，相映生辉，却又简单纯净，充满宁静悠远的美感，耐人寻味，欣赏效果远远超过原诗，显示了梁章钜拥有深厚艺术涵养的非凡品味，为后人广为传咏。梁章钜又组织人员将亭左旧有子美祠暨蕲王商丘祠都进行一番翻新整饰，并于跸路之东，开辟了一块空地为同人觞咏之所。此处后来就成为吴中同僚们经常聚会的场所，梁章钜还特意创作了《沧浪亭诗画册》。可见章钜比同僚们更具有发现的眼光，有杰出的鉴赏力。

道光九年（1829），时任护理江苏巡抚的梁章钜将壬戌同年（进士）在苏州的，或路过苏州的友人同僚一共 21 人，之间历年酬唱诗歌编辑成《吴中唱和集》8 卷。其中主要有陶澍、吴廷琛、朱士彦、梁章钜、卓秉恬、朱珔、顾莼等 7 人，号为"小沧浪七友"。7 人都是嘉庆七年（1802）

---

① （清）梁章钜：《退庵诗存》卷十三，道光十七年桂林刻本，第 18 页。

壬戌科同榜进士，都是在政坛上颇有建树的官吏，同时又是文化素养很高
的诗人、学者。梁章钜还特意创作有《小沧浪七友画卷》，又勒石于沧浪
亭，吴中名流纷纷为之题诗，轰动一时，传为江南佳话。

　　道光十年（1830）闰四月十一日，适届问梅诗社第一百集盛会，又
逢诗社耆宿韩蒪尚书新筑之"种梅书屋"落成，梁章钜积极与会，诗酒流
连，备极风雅之盛。关于此会，梁章钜有诗记录：

　　　　商山洛社各襟期，此意梅花定早知。拓就数弓香界地，写来四
　　壁草堂诗。编年卷帙耆英重，得闰壶觞瑞应奇。文字祥开无量寿，
　　彩云五色映华芝。

　　　　家声寒碧世相仍，领袖骚坛凤望曾。倡和从今陋皮陆，文章于
　　世本欧曾。老怀更为林泉健，胜事应随岁月增。他日吴中徵故实，
　　东山北海要同称。

　　　　——《和桂舲尚书种梅书屋落成，适举问梅诗社一百集纪盛之作》①

　　韩桂舲即韩蒪（1758—1834），元和人，字禹三，号旭亭、桂舲，别
称种梅老人。官至刑部尚书兼兵部尚书。与潘奕隽、石韫玉、吴云、陶
澍，合称"沧浪五老"。因其诗歌与书法双绝，所以梁章钜非常敬重他。
在《师友集》中，有专文及五言律诗一首介绍两人诗书交流：

　　　　……公为大宗伯文懿公之后，故自署所居为"小寒碧斋"。少即
　　工诗，出入香山眉山之间，行草书学孙过庭，书谱风流蕴藉，为耆
　　英。余适以初拓褚河南兰亭帖赠公，公每日必手临一过。与余唱和
　　诗最多。其老学不倦如此……

　　　　高斋小寒碧，来往问梅翁。未觉尚书贵，犹勤下士功。酒浓交
　　益淡，诗老句弥工。漫说削瓜面，居然春意浓。（按：公面如削瓜，

———————————
① （清）梁章钜：《退庵诗存》卷十七，道光十七年桂林刻本，第15页。

与官相称，而人极和蔼可亲)①

道光十二年（1832）仲夏五月，梁章钜由护理江苏巡抚任内因病上奏折恳请卸任还乡，道光帝恩准他开缺回籍调理，六月启程水路返乡。濒行之际，问梅诗社的诗友们纷纷置酒宴请、赋诗送别。

诗社同人为制画册，并饯行于葑门，梁章钜有组诗《归帆杂咏二十八首》记述当时情景：

　　吴门耆旧尽诗翁，送别情深句愈工。一棹烟波数巡酒，不知身在画图中。（按：石琢堂廉访、韩桂舲尚书、尤春樊舍人、汪闿原观察、彭咏莪舍人，暨朱兰坡、吴棣华两同年合制《葑江话别画册》赠行，并饮饯于葑门舟次）（其三）

　　忽闻潭水踏歌劳，宝带桥边拥采旄。今日为君不辞醉，斜阳影里酒人高。（按：李石舟观察，程春岚太守，陈陶圃、何竹芗、蓝子青三邑侯，设馔于宝带桥舟次，开怀饮满，不觉醺然，数年来所未有也）（其四）②

梁章钜为人情商很高，在苏州时间即长，诗友益多，诗社成员纷纷送行，有的甚至一路追随，陪送出境。足可见六载吴门把臂论诗之情深！

（五）三山吟社

又名三山诗社，道光十二年（1832）秋至道光十五年（1835）春，梁章钜初次归田，家居福州时所组织。该社名早在嘉庆十七年（1812）即用，后为藤花吟社、藤花吟馆所替代。时隔20年后，梁章钜归居福州，住进黄巷新宅，花了两个多月时间修葺宅右小楼，榜曰"黄楼"，与同里诸耆旧以诗酒相往来，招里中诸名流觞吟其中，重开诗社，又再次使用此

---

① （清）梁章钜：《师友集》卷九，道光二十五年福州梁氏北东园刻本，第16页。
② （清）梁章钜：《退庵诗存》卷二十，道光十七年桂林刻本，第5页。

名，成员多为梁氏故交，如陈寿祺（恭甫）、李彦章（兰卿）、赵在田（穀士）、林春溥（鉴塘）、郭仁图（莲渚）、杨庆琛（雪苓）、冯缙（笏鞯）、许德树（荫坪）、黄星斋（霁峰）、吴赞韶（鲁庭）、刘士棻（心香）等人。

陈寿祺（1771—1834），著名儒学家、诗人。字恭甫、介祥、苇仁，号左海、梅修，晚号隐屏山人。嘉庆四年进士，十四年充会试同考官，父母殁后不出仕，主讲鳌峰、清源书院多年，有《左海全集》。

李彦章（1794—1836），字兰卿。嘉庆十六年进士。曾在苏州和广西思恩为官，有惠政。他娴诗工书，精鉴藏，擅楹对，为宣南诗社成员。联作以名胜题咏为主。有《榕园楹贴》传世。

赵在田（？—1836），字光中，号谷士。嘉庆四年（1799）进士，散馆授编修。历任广东主考官、顺天同考官、御史、刑部郎中、福建布政使护理巡抚、江西布政使。道光十八年（1838）以亲老假归。先后主持道南、擢英、南浦等书院。好蓄古砚及碑版文字，聚书万余卷。著有《琴鹤堂集》行世。

林春溥（1775—1861），字立源，号鉴塘、纳溪。教育学家、历史学家。嘉庆七年（1802）进士，翰林院庶吉士，散馆编修，文渊阁校理等职，历任顺天乡试、会试同考官，后讲学南浦、鹅湖、鳌峰诸处。潜心研究史学，留下许多著作，如《开辟传疑》《古史纪年》《古史考年异同表》和《竹书纪年补证》等。

郭仁图（生卒年不详），字永年，号莲渚，嘉庆戊辰科进士，补刑部员外郎，谢病归，家居福州三坊七巷黄巷。

杨庆琛（1783—1867），原名际春，字廷元，号雪椒，晚号绛雪老人。自幼聪明好学，入鳌峰书院，受业于名儒郑光策，与梁章钜、林则徐等师出同门。清嘉庆二十五年（1820）中进士，官至山东布政使。道光二十三年（1843），奉召入京，改光禄寺卿，次年（1844）辞归家居三坊七巷之宫巷。他性喜吟咏，其诗明白晓畅，有唐人风味。著有《绛雪山房诗集》。

冯缙（生卒年不详），字光敦，号笏骈，又号栖鹤。家住三坊七巷之光禄坊。嘉庆三年（1798）举人，刻书家，诗人。撰有《兰话室后金石存》《唐昭陵陪葬名氏考》和《陶舫拾慧》等。

许德树（生卒年不详），字大滋，又字春甸，号荫坪，道光丙戌进士，先任漳州教授，后调任台湾教授，任满内渡赴京候铨，病归。

吴赞韶（生卒年不详），字羹和，号鲁庭，嘉庆辛酉举人，住西峰里。

刘士棻（生卒年不详），字周友，号心香，嘉庆辛酉进士，诗人。

此期吟社诗友酬唱之作梁章钜曾辑为《三山唱和集》10卷。而章钜此间个人之诗作，后又集中收入《退庵诗存》卷二十至卷二十三中，即始于卷二十之《黄巷新居之西，偏辟小园一区，名之曰"芝南山馆"，其上小楼榜为"黄楼"，巷本唐黄德温先生旧居，今巷中以此楼为最古，因以名之。池上旧有老梅一株，因添栽松竹，总题为"小三径"，落成日集同人赋诗张其事二首》，止于卷二十三末首《鲁庭以玉瓶盛开集同人赏之，翼日复以盆栽见惠，叠牡丹韵赋谢二首》。此外，卷二十四中的《三山诗社同人排日饮钱赋诗绘成榕荫话别册赠行舟次题册后寄谢》①，亦与三山吟社相关，故归入此期之作，共计228首。

黄楼新成壁未干，我意已急朋酒欢。借题刚好配诗料，即事且欣同岁寒。

池鱼仅得一二寸，墙竹须添三两竿。经营逾月不知倦，盼取梅花朝夕看。

——黄楼落成诗·其一

老梅覆池恰横斜，小松短竹纷交加。周遮泉石作三径，位置书画成一家。

黄校郎宅漫相拟，白太傅年聊可赊。谈谐便须杂吟咏，待与榕城增物华。

——黄楼落成诗·其二

---

① （清）梁章钜：《退庵诗存》卷二十四，道光十七年桂林刻本，第1页。

　　该诗选自《退庵诗存》卷二十。壬辰年（1832）梁章钜58岁，从护理江苏巡抚任上告病还乡回到福州，买了市中心三坊七巷中的一所宅院，精心设计改造，营建了这一家园。后又花了两个多月时间开辟宅西花园，修葺园内陈旧小楼，自题匾额为"黄楼"，于此重开三山诗社，成员均为当时福州文化名人。黄楼现为福州三坊七巷中黄巷里的全国文物保护单位"小黄楼"，被誉为福州最美的私家园林。

　　诗中"黄校郎宅漫相拟"句，黄校郎即唐朝大儒黄璞，其故居亦在黄巷内，然早已湮没不可寻。因梁章钜身份地位比较高，故亲朋好友戏称其家新修葺之黄楼原为黄璞旧有之楼。"白太傅年聊可赊"句，"白太傅"即白居易，"赊"同"奢"，意为"奢侈"，句意为"我今年58岁，这个隐退的年龄倒是真与唐朝大诗人白居易当年归隐洛阳时的年龄相仿。"

　　诗歌结尾"谈谐便须杂吟咏，待与榕城增物华"，倒不是虚语，无论是梁章钜故居还是梁章钜诗歌，最终都成了福州市的一道人文景观。

（六）桂林诗事

　　道光十六年（1836），梁章钜出任广西巡抚兼署学政，不仅是一省之最高行政长官，同时还是一省之最高文教长官。桂林漫山遍野的摩崖石刻，对酷爱金石碑拓的梁章钜有着一种特殊的吸引力，尤其是独秀峰下"宋颜公读书岩"，在秀丽的自然风光之外，更集三朝人文景观为一体：南朝大诗人颜延之在桂林期间，政余读书于此；读书岩的石壁上，镌刻有唐代石刻《独秀山新开石室记》；北宋时期，桂林知府孙览曾在山前修筑五咏堂，并书刻《五君咏》以纪念颜氏。

　　梁章钜原本就崇拜颜延之，早年居乡时就曾经做过《拟颜延年五君咏》组诗。受前人遗迹的触动，道光十七年（1837），也就是抚桂第二年，颇具文人气质的梁章钜在独秀峰下重建五咏堂，并将久随行箧的珍藏本《黄庭坚书五君咏》真迹刻石立于堂中。这件藏品的诗文和书法，分别出自两位不同时代的文学家之手：诗文作者为刘宋时期的颜延之；书法作者为赵宋时期的黄庭坚。

　　梁章钜此举，在当时被誉为广西文坛盛事。当五咏堂落成剪彩时，远近文人墨客络绎不绝，前来观赏，并争索拓本、争相题咏，游事墨缘与奇山秀水相辉映，成为桂林文化史上的一段佳话。其时，梁章钜有诗《修复独秀峰麓五咏堂落成纪事二首》①，和者甚众，达百十家，因此章钜还曾专门辑录为《秀峰题咏》一书。据梁氏年谱："丁酉，六十三岁……于独秀峰下重建五咏堂，为诗纪之，远近和者百余家。"② 及《修复独秀峰麓五咏堂落成纪事二首》题注"此题和作者百十家，已汇入《秀峰题咏》，兹将后得者录附于此。"③ 可知其时盛况与此书梗概。

（七）扬州诗事

梁章钜与扬州关系匪浅，致仕后在扬州两次侨寓，共总近一年半时间，他对扬州熟悉又喜爱。梁章钜道光二十二年（1842）元月解甲归田后，二月底便来到扬州，寄寓容园，在这里生活了4个月，直到六月离开。在扬州期间，与阮元过从甚密，加上钱泳、朱珔、陈文述、黄奭、杨簧等寓居扬州的文人骚客，一起游玩饮酒，诗歌唱和几无虚日。阮元和朱珔前文已经介绍，钱泳（1759—1844），字立群，号梅溪，江苏金匮（今属无锡）人，工诗词善书画；陈文述（1771—1843），字谱香，别号元龙，钱塘（今杭州）人，诗人；黄奭（1809—1853），字右原，一字叔度，江苏甘泉（今并入江都）人，著名辑佚家、诗人；杨簧（1776—?），字竹圃，博学方正，有文名。这些人多是退居老人，有钱有闲，能诗善画，共同的兴趣爱好，使他们相得无间，可以想见他们的诗事唱酬之繁盛。当然，曾为督抚的梁章钜即使告老闲居也仍然关心民瘼。

道光二十一年，扬州大热，百姓深受炎热之苦，地方官但明伦设坛祈雨，祈雨仪式一开始，便浓云密布，天降甘霖，一连下了三天大雨，百姓喜之不尽。梁章钜口占《喜雨诗》四绝句送给但明伦，并约诗友们和作。果然引来十几人和诗。

---

① （清）梁章钜：《退庵诗续存》卷三，道光二十四年福州梁氏北东园刻本，第1页。

② （清）梁章钜：《退庵居士自订年谱》，道光二十九年温州刻本，第30页。

③ （清）梁章钜：《退庵诗续存》卷三，道光二十四年福州梁氏北东园刻本，第1页。

广陵使者久宜民，牲璧关心果有神。侧耳灌坛才肃令，阿香早已走飙轮。

三日为霖信不差，滂沱声裹杂欢哗。南河庑客犹飞舞，何况芜城十万家。

但快祛炎见尚低，三农从此洽群徯。放晴待上平山望，何处新秧不插齐？

游宦何如听雨眠，三家村裹好相怜。荷衣云阵真堪恃，丞献新诗祝有年。

——梁章钜《喜雨唱和诗》①

扬州民本是公民，催雨诗成笔有神。公自不居归使者，非关使者始随轮。

应是龙行点不差，天瓢夜半泻声哗。扬州万户连云起，此雨偏宜是小家。

晓起油然势尚低，望云心果慰民徯。丰年岂独占淮楚，一熟还应及鲁齐。

洗足关门听雨眠，独家村里自相怜。遥知三老风流剧，定说予今尚少年。

——友人和诗

同年冬，扬州又一冬无雪，靠天吃饭的农民们很着急，靠漕运的衙门也很急迫，农作物生长需要雪，粮艘运输需要水。当时自京城至外省，均有祈雪之事，扬州官民在立春前数日也搞了一场祈雪活动，果然奏效，雪花飞舞，厚至一尺有余，喜舞之余，漫成四截句以纪之云：

一冬望眼忽眉轩，乱舞横飞肃不喧。千尺遗蝗万家麦，欢声早已浃郊原。

---

① （清）梁章钜：《浪迹丛谈》卷二，中华书局1981年版，第27页。

坐看名园玉戏奇，红灯绿酒照霜髭。琼思瑶想吾何有，漫与当场喜雪诗。

闻说联樯督罢难，京江定许助银澜。同云漠漠连朝合，更盼天高万里宽。

居然盈尺表年丰，脉脉惟归造物功。几辈褰头作吟事，先应挑动笏庵翁。

——梁章钜《喜雪唱和诗》①

一冬无雪麦苗干，况复多藏逼岁残。赖有丰年先表瑞，老夫拂袖不知寒。

亦知喜雪共凭轩，早有诗人笑语喧。却道清游更多兴，不辞一片踏寒原。

我亦思吟句未奇，空教撚断数茎髭。儿童为报缄函到，说是先生又送诗。

也如喜雨庆歌丰，应是诗催笔有功。后辈敢争前辈句，笏庵终让退庵翁。

——友人和诗

道光二十二年（1842）四月初一，黄奭邀请阮元、梁章钜、朱珔等到自家"个园"赏芍药花。梁章钜作《四月朔日招陪仪征师相看芍药即席赋谢》，诗中有这样两句"寿客庄严寿芝馆，宝书稠叠宝云堂"。特别值得一提的是，当时黄奭不仅将自己新刊印的丛书展示给诸位宾客，还将自己珍藏的宋代名臣文天祥的"玉带生砚"拿出来请阮元、梁章钜等人观赏。

黄奭曾请人将当日聚会的情景绘成图画，题曰《药栏留春图》。此日盛会见于梁章钜笔记散文《芍药》：

---

① （清）梁章钜：《浪迹丛谈》卷二，中华书局1981年版，第32页。

扬州黄右原比部家芍药最盛，尝招余陪阮仪征（元）师赏之。吾师以脚疾不便于行，端坐亭中遥望之。余与右原则遍履花畦，真如入众香国矣。园丁导余观新绽之"金带围"，盖千万朵中一朵而已。余自诧眼福，并语右原曰："吾师与余皆已退居林下，此花之祥，实惟园主人专之矣。"故余诗结语云："难得主人初日学，定教金带擅奇祥。"师和余韵云："谢公应为苍生起，花主人应亦兆祥。"盖为周旋宾主起见。而朱兰坡和诗云："试看黄黄金带色，君家姓氏本符祥。"钱梅溪和诗云："料得主人应似客，故教金带早呈祥。"则亦专归美于园主人也。吾师望余复起颇切，故余叠韵诗云："生怕山前泉水浊，随缘止止即延祥。"实答吾师诗意。①

文章通过描绘诗人们当日欣赏芍药花的兴致，既表现了对自然美的欣赏，也表达了对主人荣华富贵的美好祝愿。

该年六月梁章钜离开扬州回闽，原拟回福州故居，但因时局动荡，不得已暂居闽北浦城。四年后，即道光二十六年（1846）再次重返扬州，住了将近一年，直到道光二十七年（1847）其三子恭辰署理温州知府，他才离开扬州随往温州。在扬州的一年中，他与阮元以及一帮老朋友或游览名胜诗歌唱和，或共赏古玩、品鉴文物，或共同接待远方来客。

比如梁章钜藏有元代鲜于枢《扬州五言四十韵》狂草手卷，有关邗上故实，经阮元题识与倡议，在黄右原资助下，选工镌勒，置之阮元别业"邗上农桑"的亭壁，公诸同好，使远近观者皆可椎拓，成就了一段爱护、保护文物的美事。

梁章钜原藏有《瘗鹤铭》残拓，次子丁辰又从吴门重价购得旧拓，有翁方纲题跋，虽仅 7 字，阮元鉴定为真旧拓。未几，又从寓居扬州的如皋篆刻家、收藏家孟玉生处购得 1 册，存 25 字，前有姜镛题字，似为康熙年间作。3 册齐聚扬城，使大家一饱眼福。

---

① （清）梁章钜：《归田琐记》卷一，中华书局 1981 年版，第 5 页。

且梁章钜在扬州一年中，在棣园等处园林名胜多有题诗、题字。而在唱和中留有的诗篇更多，不少是脍炙人口的佳作。丁未人日，就是道光二十七年正月初七，他在扬州集罗茗香、右原严问樵、魏源、吴让之、毕光琦作"挑菜会"，古无此目，扬州也无此俗，只是借苏轼"七种共挑人日菜"的诗句作一聚会之名。他认为，州饮馔丰侈，习以为常，聊存示俭之私忧，或可衍成竹西韵事也。

梁章钜第二次寄寓扬州住在南河下支氏空宅中，虽无园圃，他觉得高梁广厦倒也凉快，而家人仍感苦热，于是口占一律，示家人，意思是心静自然凉。诗歌如下：

> 借人广厦乐栖迟，随分都忘故土思。但舍高官何必隐，弗耽佳句易成诗。纵横铅椠家人笑，脱略衣冠过客疑。只惜万方同苦热，清凉心地有何裨。①

诗并录呈阮元师，阮元认为末联别出一意，必如此，诗方非空作。梁章钜写信给林则徐时，也附上这首诗。林则徐当时担任陕西巡抚，在西安，回信说："读寄诗，甚羡甚愧，末二句尤觉深人无浅语耳。"

（八）温州诗事

道光二十七年（1847），梁章钜三儿梁恭辰任温州知府，章钜因此随同前往温州。梁章钜在温州依然过着诗意的养老生活，也留下了不少风雅诗事。

主要有两件事，一是制作"小沧浪七友杯"。晚年的退庵老人时常怀念老朋友，尤其是 20 多年前一起共事且情义相投的吴中"小沧浪七友"，因此特意请银匠艺人制作了一组套杯，从大到小，一共 7 只。以每个人酒量的大小为顺序，将每个人的名字分别镌刻于杯底，最大的杯子是陶澍，第二个是吴廷琛，然后是朱珔、梁章钜、朱士彦、顾莼、卓秉恬。此套杯

---

① （清）梁章钜：《浪迹丛谈》卷二，中华书局 1981 年版，第 19 页。

制成之后，梁章钜又作诗阐明己愿：

> 我怀小沧浪，水石犹清妍。我忆七友集，当时半华颠。中天落落小聚星，盛事独许江南偏。行藏出处不一致，天涯邂逅如飞仙。陶公伟躯最大户，小饮亦如鲸吸川。祗今树立重南国，文教之谊非唐捐。棣华风雅轶流辈，能诗能饮情弥鲜。中间仕宦稍不达，诗诣已到三唐前。兰坡惯以书下酒，酡颜自摩腹便便。我亦眷此杯中物，连床谈艺时涣然。咏斋南雅各志气，飞腾酩酊常差肩。尚书风采萧朝右，学士疏草喧中边。海帆独不胜酒力，但矜潇洒宗之年。人生聚散会逢适，抟沙放手亦可怜。匆匆廿载如电掣，七友俄剩三人焉。海帆相业在钟鼎，兰坡著述多巨编。独我德功两不立，主恩未报惭归田。相望南北幸健在，相见何日团初筵。一杯聊似鸿爪印，遄计后来传不传。但比康熙之间"官僚雅集"器，煌煌名榜后起何必输前贤！

第二件是"戏彩亭诗事"。温州知府衙门后区就是梁恭辰一家居家之所在，由于庭院非常宽敞，有看风水的大师说过于宽敞不聚气，必须在前廊构建一座亭子，用来收束风水，而且还可以作为戏台使用。温州人喜欢看戏，一般官宦世家都有戏台，有钱人家甚至有家庭戏班子。梁章钜是个兴趣爱好十分广泛的风雅之士，也很喜欢看戏，因此风水师的建议即刻被梁氏父子所采纳。亭子建好后，梁恭辰为亭子题匾额——戏彩亭，并跋云："宋温州通判赵岏，迎养其父清献公于倅厅，构戏彩堂，当时传为盛事，东坡、颍滨皆有诗。今资政公亦就养郡斋，而兹亭适成，因以名之。"

梁章钜亲自为亭子撰写楹联并题于亭柱上："舞彩又成亭，故事远惭清献德；逢场凭作戏，正声合补广微诗。"

梁章钜的次儿丁辰，由内阁请假南来探望父亲，值此盛事亦于亭角附题一联云："胜地许循陔，成兹乐事；齐心殷舞彩，让尔先声。"跋云：

"敬叔弟属撰亭联，因答其意付之。"

戏彩亭自此成为梁氏父子及亲朋好友岁时觞咏之所，二三年间，来往宾客渐多，诗友赓唱日炽，名人题赠愈盛，最后梁章钜竟辑录成《戏彩亭诗事》一本，并请时已86岁的阮云题序，亦可谓一时佳话。

第二节   诗集版本及佚诗

研究梁章钜的诗歌创作，首先应对其诗歌作品进行一番梳理，明确章钜诗歌知多少，以便整体审视。梁章钜的诗歌，除散见于与他人唱和之集，以及晚年之笔记中外，主要存录于其四部诗集之中：《藤花吟馆诗钞》10卷、《藤花吟馆试帖》2卷、《退庵诗存》25卷、《退庵诗续存》8卷。

一、《藤花吟馆诗钞》10卷

梁章钜第一部诗集，道光三年（1823）刻于苏州，集名来源于章钜嘉庆十六至十七年（1811—1812）家居之室名——藤花吟馆（在福州夹道坊，现位于北大路附近），考梁氏《闽川闺秀诗话·先室郑夫人》：

> 嘉庆辛未余方里居，腊月二十五日由赛月亭（该址仍在，现为湖东路赛月亭）移居夹道坊……（夫人）有诗纪之云："夹道坊南屋，童时记钓游。门间犹似昔，亭沼几经秋。自笑移家惯，浑忘逼岁愁。藤花有吟馆，此外复何求。"自注云："屋前有老藤一株，荫满庭院。耆旧陈秋坪先生为篆'藤花吟馆'四字额之，夫子遂唱开三山吟社于此。"（余）嗣后刻诗即以名其集。而藤花吟馆之名，乃愈著于大江南北，诸名流各为之记矣。①

---

① （清）梁章钜：《闽川闺秀诗话》卷三，道光二十九年瓯郡梅姓师古斋镌本，第5—6页。

复考李兆洛《养一斋文集·藤花吟馆记》：

> ……今方伯梁公刊其诗章，自通籍以来迄历官淮海之作，题之曰《藤花吟馆诗钞》，以其本示兆洛，而传命作《藤花吟馆记》……公则于景物花木之妙丽精好一无所及，徒曰"藤花吟馆"。"藤花吟馆"云者，以示无忘在莒之怀耳。①

又据诗集卷十末题《河上杂诗》之题注——"道光癸未冬日"，知该诗集收诗起讫时间及诗集命名含义。起讫时间为嘉庆七年（1802）春至道光三年（1823）冬，亦即章钜 28 岁中进士之年至章钜 49 岁，其外宦生涯的第二年，时间跨度超过 20 年。但这只是大概而言，详读卷一，则亦有 32 首陆续作于嘉庆三年（1798）至嘉庆七年中进士之前，作于通籍之前，即卷一首题《李阳冰般若台篆字歌》顺序至第三十二首《夜宿景山学斋》，故该诗集实际始于嘉庆三年春，时章钜 24 岁。

据福建省图书馆藏道光年间刻本，前有 6 人题序：嘉庆丁丑中秋 80 叟翁方纲序、道光四年冬孟盱江曾燠序、吴兴叶绍本序、道光四年立秋后三日吴江郭麟序、道光四年八月武进董士锡序、道光五年嘉兴沈涛序。各卷具体收诗数如下：卷一收 66 首，卷二收 72 首，卷三收 59 首，卷四收 114 首，卷五收 73 首，卷六收 67 首，卷七收 65 首，卷八收 39 首，卷九收 60 首，卷十收 77 首，合存诗 689 首。

二、《藤花吟馆试帖》2 卷

梁章钜第二部诗集，道光五年（1825）苏州刊本，二卷 1 册，上下卷各 49 首，共计 98 首，无序，收录了章钜毕生所作试帖诗之精华。

大概是因为试帖诗在梁氏所有诗歌中比例甚小，意义不大，故是编在梁氏自订年谱及《已刻未刻书目》中均未提及，仅见于《梁公墓志铭》。

---

① （清）李兆洛：《养一斋文集》卷八，咸丰二年刻本，第 23 页。

清人试帖诗分为科场应试与文人拟作两类，作为科举考试文体之一，历来对之评价不高，问题在于，诗艺平庸，佳作罕觏。然梁章钜此本试帖诗却不同，在内容上既有科场应试之作，亦有日常拟作，且因是梁氏30多年来所作近千首试帖诗之精选，所以质量颇高，有些诗作深得纪昀和郑光策的赞赏。据其《试律丛话》所言：

> 余自十五岁即知专攻试律，学之将三十年，无年不作，殆盈千首，而随手散失，今有稿者不过百余篇，儿辈欲为编梓，余未允之。唯念半生心力所存、庭训所系，以及师友之绪论、考试之丛谈，历历如在目前，不忍弃同废纸。因择其稍具意匠者荟萃若干条，其篇中剩句可存者亦附列如左。①

（一）试帖诗之研究意义

试帖诗，又称"赋得体""五言八律诗"，是一种形式古板、只能歌功颂德、不许抒发个人情感的文体，始于唐人，至有清一代，与八股文一起，成为科举考试的重要文体之一。由于试帖诗之属性，对其价值评判亦如同八股文一样，历来多从文学标准考虑，故为成就高的诗人所鄙。但从试帖诗的创作实际来看，若一概而论，加以抹杀，则不一定是可取的。试帖诗中亦有佳作，并且大多具有某种特殊价值，惜其长期为人所轻忽。然笔者认为研究梁章钜的诗歌实不可将之忽略不计，因为它是梁氏诗歌体系的有机组成部分，正如章钜本人所言"学之将三十年，不忍弃同废纸"，集中体现了章钜前期诗歌创作的某些价值取向，并且对梁氏后期创作亦或多或少有所影响。

梁章钜对试帖诗应当说是相当关注的，这一方面是因为此乃科举进身必须擅具的手段之一，如《试律丛话》序中所言："试律于诗为末务，

---

① （清）梁章钜撰，陈居渊点校：《制义丛话、试律丛话》合订本卷八，上海书店出版社2001年版，第653页。

然功令以之取士，第一场次时文，后至于庶常馆课、大考翰詹，皆以是觇其所学，固未可薄而不为也。"① 试帖诗从唐代施行至宋代，北宋神宗熙宁年间终止，至清代已有 700 年不试于科场，然乾隆二十二年（1757）重新恢复，遂为定制，故其很快就从多个层面上渗透诗坛。如章钜壬戌春在京城，科考之前"每夜课试律一首"②，另一方面则是出于章钜本人的喜好。前者毋庸多言，至于后者，笔者可以给出几个依据。

首先是纪昀的影响。纪氏相当重视试帖诗，曾编有《唐人试律说》《我法集》等，是试帖诗恢复后最早编选此种诗例的人。且纪昀曾直接指导章钜作试帖诗，并告之曰："凡作诗，不可随手轻作梅花诗，以题本尘劫，若复以寻常之语应付，不如其已。唯为试律遇此题，不能不作，则亦须力求摆脱，切不可陈陈相因。故余所作《馆课存稿》及《我法集》中皆无其诗，而一部《庚辰集》中只有德慎斋一首实切余心而已。"③ 这势必给青年时期的章钜以深刻之影响，实际上这种影响是一直延续至其晚年的，其《退庵随笔·学诗》及《试律丛话》中均反复引用纪氏关于试律之论，对纪师推崇备至。如：

纪文达师《唐人试律说》有序一首，于作试律之法已备。序云："窃闻师友之绪论，曰凡作试律，须先辨体。题有题意，诗以发之，不但如应制诸诗唯求华美，则襞积之病可免矣。次贵审题。批款导会，务中理解，则涂饰之病可免矣。次命意，次布格，次琢句，而终之以炼气炼神。气不炼则雕馎工丽仅为土偶之衣冠，神不炼则意言并尽兴象不远，虽不失尺寸，犹凡笔也。大抵始有法，而终于以

---

① （清）梁章钜撰，陈居渊点校：《制义丛话、试律丛话》合订本序，上海书店出版社 2001 年版，第 493 页。
② （清）梁章钜撰，陈居渊点校：《制义丛话、试律丛话》合订本，上海书店出版社 2001 年版，第 644 页。
③ （清）梁章钜撰，陈居渊点校：《制义丛话、试律丛话》合订本，上海书店出版社 2001 年版，第 649 页。

无法。为法始于用巧，而终于以不巧为巧。此当寝馈于古人，培养其根柢，陶镕其意境，而后得其神明变化、自在流行之妙，不但求之试律间也。"①

其次是家学的影响。章钜祖父梁剑华有《试律指南集》2 卷百余首，导其脉络，阐其精华；父梁赞图之《四勿斋随笔》中亦有论及；叔父梁上国更擅长试律，为乾隆末年京城名师，其授课所用之试帖诗稿《芝音阁诗》即被王芑孙选入《九家试帖》，进而饮誉京城，成为乾隆末年京城会课时的讲稿。② 至于章钜之兄弟与堂兄弟们对试律的重视就更不用说了。故章钜受家学影响之深自不待言。

再次是鳌峰书院的影响。章钜 13 岁考入鳌峰书院学习，考题即是试律《既雨晴亦佳》1 首。且书院自乾隆以降，讲学而兼课士，以八股文和试帖诗为主，时章钜以髫龄独承山长孟瓶庵之器重，故此期正是章钜学写试帖诗之际，又据章钜《试律丛话》中自言，期间不仅自己要作试帖诗，还常常代人捉刀。

最后是郑光策的影响。梁章钜在通籍之前，屡在郑师馆中课文，而所课之文，主要内容之一即为试帖诗作。郑师对门下学生之试律一向要求严格，且馆中同学间之探究比较亦大有裨益，尤其与陈寿祺的议论切劘。故章钜在此间试律技法精进不少。如其自述：

郑苏年师于门下士所课试律，最不轻许可，而每称余所作以为笔路空灵。如《望云思雪意》中六句云："望中飞鸟绝，静里早梅知。闻讯消寒酒，沉吟揣色诗。珊珊天女意，落落岁华期。"又《云逐度

---

① （清）梁章钜撰，陈居渊点校：《制义丛话、试律丛话》合订本，上海书店出版社 2001 年版，第 511—512 页。

② 《九家试帖》包括：吴锡麒《有正味斋诗》、梁上国《芝音阁诗》、法式善《存素堂试律》、王芑孙《芳草堂试律》、雷维霈《知不足斋试律》、何元烺《方雪斋试律》、王苏《桑寄生斋试律》、李如筠《蛾术斋试律》、何道生《双藤书屋诗》。见严迪昌《清诗史》，人民文学出版社 2011 年版，第 710—711 页。

溪风》前六联云:"秋老秦城北,天低渭水东。溪流长绕寺,云意尽随风。一片寒声走,连番暝态笼。岸容增渰渰,帆影带濛濛。烟水痕难辨,鱼龙气欲通。无心何有竞,是色却非空。"(郑师)谓此两题皆极难肖,似唯此绘影绘声之笔,可称异曲同工。又云"烟水"十字所谓神来,虽馆阁名手不过如是。①

综上,试帖诗虽历来多为文士所鄙,然从其创作实际来看,却不可一味抹杀,就《藤花吟馆试帖》而言,至少是章钜青年及中年时期诗歌创作的重头戏,也体现了章钜之诗从创作伊始便追求"实用性"的特点。

(二)《藤花吟馆试帖》浅析

该集所辑之试帖诗约起自嘉庆元年(1796),时梁章钜 22 岁,止于道光二年(1822)三月出守荆州,时梁章钜 48 岁。然诗集未按时间顺序排列,首题为《天降时雨》,之所以将该题列为卷首,是因为该题作于嘉庆七年春(1802),是梁章钜中进士那年之题,实为其得意之作,而试帖诗本为功名,故将该诗列为卷首,亦合情理。

据《试律丛话》:

> 壬戌朝考诗题《天降时雨》,先一日,上正诣黑龙潭祈祷,试日散卷时尚未有雨,题纸下后,乃大沛甘霖,竟日始止。余诗起两联云:"正切龙湫祷,欣看燕石翩。发生钦昊贶,感召慰宸虞。"朱文正师亟赏其得体,将以第一本进呈。彭文勤师嫌"翩"字稍近悬脚,改置第二。②

除该首外,集中尚有具体写作时间可考的有 13 首(据《试律丛话》考):

---

① (清)梁章钜撰,陈居渊点校:《制义丛话、试律丛话》合订本,上海书店出版社 2001 年版,第 645 页。

② (清)梁章钜撰,陈居渊点校:《制义丛话、试律丛话》合订本,上海书店出版社 2001 年版,第 645 页。

《俭可助廉》，嘉庆元年年初（1796），22岁，家居福州时作；

《云逐度溪风》《望云思雪意》《冯夫人锦车持节》《玉以瑜润》4首，嘉庆四年（1799），25岁，于郑光策馆中课文时作；《蒙马虎皮》《天山早挂弓》《程门立雪》3首，嘉庆七年（1802）春，居京会试前作；《三月正当三十日》《五日画一石》《与人一心成大功》《风入四蹄轻》《骏足思长坂》5首，嘉庆十年（1805），31岁，在仪曹时作。

梁章钜试帖诗中有一部分是相当漂亮的，如《冯夫人锦衣持节》，诗云：

> 几见香车出，居然锦节持。中朝冯侍者，彼国大昆弥。玉玦临轩肃，金环压辔迟。衣幨肤使艳，弩矢骨都疑。判断琵琶怨，齐操粉黛资。世婚庇雌粟，山色夺燕支。迹笑看羊苦，情殊挽鹿私。皇华真解语，早卷破羌旗。

连擅长作试律诗的陈寿祺读后都忍不住夸赞该作"大佳"，并和一首；翁方纲也夸赞该作"典瞻而兼风华"。①

三、《退庵诗存》25卷

《已刻未刻书目》载《退庵诗存》24卷，应为梁章钜误记，实为25卷。此为章钜第三部诗集，亦是最重要的诗集，为其诗作之集大成。道光十七年（1837）刻于桂林。

（一）诗集版本之沿革

《退庵诗存》先后有两种版本：初为10卷本，继为25卷本，然今之所见仅为25卷本。

10卷本，未刊，仅见于25卷本题序中之吴廷琛序，其序言：

---

① （清）梁章钜撰，陈居渊点校：《制义丛话、试律丛话》合订本，上海书店出版社2001年版，第645页。

　　茝林同年之深于诗，余知之久矣，而未见其诗也。丁亥岁请假归里，茝林方藩翰吾苏，始得读其《藤花吟馆诗钞》十卷，继而频相唱酬，殆无虚月。兹茝林又辑其诗自癸未秋迄辛卯冬共十卷，目之曰《退庵诗存》，以示余……道光十二年，岁在壬辰，清明节元和吴廷琛谨序。①

　　据此可知，至道光十二年（1832），《退庵诗存》已有，然仅 10 卷，与《藤花吟馆诗钞》别为一帙，所辑之诗作自道光三年秋迄道光十一年冬（1823—1831）。详读 25 卷本，从时间上核对，知吴廷琛所见，实际上即为 25 卷本中的第 11—19 卷，所录之诗始于卷十一首题《郭频伽明经灵芬芳山馆第七图》，止于卷十九末题《书目送归鸿图后并序》5 首。然此仅有 9 卷，而吴廷琛明言 10 卷，原因何在？笔者认为 25 卷本之卷一"述祖德诗三十首"应即为吴廷琛所见的 10 卷本之卷一②。故该 10 卷本合存诗 574 首。

　　25 卷本，已刻，即今之道光十七年（1837）桂林刻本。在吴廷琛所见之 10 卷本外，尚包含《藤花吟馆诗钞》，以及章钜自道光十二年（1832）至十六年（1836）所作之诗。其《藤花吟馆诗钞》均归入《退庵诗存》之卷二至卷十，而壬辰至丙申之诗作则收录在《退庵诗存》卷二十至二十五，即始于卷二十之首题《道光壬辰仲夏，由护理江苏巡抚任内，因病具折陈情，仰蒙恩准开缺回籍调理，濒行，留别吴中诸同人四律》，止于卷二十五之末题《全州拜无量寿佛真身塔并读湘山志》。

　　据福建师范大学图书馆藏道光十七年刻本，封面为"世侍程恩泽"之题签："茝邻老前辈大雅嘱书　退庵诗存"，前顺序有翁方纲（覃溪）师、曾燠（宾谷）中丞、叶绍本（筠潭）方伯、郭麟（频伽）明经、董士锡（晋卿）明经、沈涛、陈若霖（望坡）尚书、吴慈鹤（巢松）侍讲、陈寿祺

---

① （清）梁章钜：《退庵诗存》题词，道光十七年桂林刻本，第 11 页。

② 据《闽川闺秀诗话》之《先姚王太夫人》条及《退庵居士自订年谱》推断，笔者后续将另行拟文论之。

（恭甫）编修、杨文荪（芸士）明经、蒋攸铦（砺堂）阁老、吴廷琛（棣华）廉访等 12 人的题序。考其题词所作时间，则前 11 人所题实际上均是针对《藤花吟馆诗钞》的，仅末尾吴廷琛的序是针对《退庵诗存》的。

所辑之诗作亦起于嘉庆三年（1798）春，然止于道光十六年（1836），较《藤花吟馆诗钞》后 13 年，凡多 15 卷，其卷二至卷十与《藤花吟馆诗钞》基本相同，略有出入。

该诗集各卷具体收诗数如下：卷一收 30 首，卷二收 79 首，卷三收 47 首，卷四收 93 首，卷五收 75 首，卷六收 65 首，卷七收 53 首，卷八收 46 首，卷九收 67 首，卷十收 76 首，卷十一收 59 首，卷十二收 54 首，卷十三收 64 首，卷十四收 65 首，卷十五收 60 首，卷十六收 59 首，卷十七收 72 首，卷十八收 54 首，卷十九收 57 首，卷二十收 75 首，卷二十一收 45 首，卷二十二收 95 首，卷二十三收 78 首，卷二十四收 57 首，卷二十五收 56 首，合存诗 1681 首。

（二）《藤花吟馆诗钞》与《退庵诗存》之异同

笔者将《藤花吟馆诗钞》与《退庵诗存》所有诗歌进行排比，得出结论：前者 10 卷基本见录于后者之 2—10 卷，详言之，则《退庵诗存》卷二至卷十共 601 首诗中有 592 首与《藤花吟馆诗钞》所录之诗相同，唯删除了《藤花吟馆诗钞》中的 69 首，另增补了 9 首新作。

被删除之诗为：

《藤花吟馆诗钞》卷一之《越王石尊歌》《无题》《金山江天寺》《浙江舟中赠齐大北瀛》8 首、《吴山》《过杭州忆曾禹门奋春》《题吴蕉乡进士鸣捷归棹图》《题画　闽中罗星塔江中景也》《次吴六和庭观乐观政浙中留别韵即送其行》《京居过夏感旧怀人》1 首①、《次游彤卣前辈留别韵》4 首，共 21 首。

卷二之《夜发永嘉》2 首、《诗思》《西湖纪游》12 首、《宿仙道中桃

---

① 　该组诗《藤花吟馆诗钞》为 21 首，《退庵诗存》为 20 首，删除了《叶其园明经申芗》1 首。

花盛开》《立春日饮陈袖石金汉斋中，和叶莒汀韵》4 首，共 20 首。

卷三之《南浦喜晤齐大北瀛，口占志别》2 首、《题叶其园庶常二乐图》2 首、《送叶筠潭学使报政入都》4 首、《旧秋近局既纪以诗，今春燕聚益密、人数益多，复不可无诗，仍以年齿为次，旧秋已赠者不重出云》1 首①、《题萨香三孝廉廷沛乞食图》2 首，共 11 首。

卷四之《建阳道中》1 首。

卷五之《秋海棠》1 首。

卷六之《题何秀颜先生孺慕轩诗集后》2 首（该组诗《藤花吟馆诗钞》为 4 首，而《退庵诗存》为 2 首，删除了 2 首）、《吴江》《虎丘寺遇林翰云同年楚》《除日咏雪和汪益斋比部韵》，共 5 首。

卷七之《送张陟庵孝廉翘归浦城，即题其杏林春色画卷》6 首、《芝龄叠韵见示，即叠韵答之》2 首、《四鼓出西便门》，共 9 首。

卷十之《采石矶》1 首。

所增补之诗为：

《退庵诗存》卷八之《黄霁青斋中题纪文达师九十九砚拓本》《兰卿集同人作坡公生日，用坡韵题所制雪浪盆铭笺》。

卷九之《军机章京以论证为宜，而五人者独喜谈艺，珥笔之暇辄相与往复，喧辨不休，旁观多窃议之，因戏为枢直五君咏聊代解嘲云》5 首、《寄题陈恭甫所藏伏生授经图》2 首。

至于章钜为何删除了这 69 首旧作，笔者认为主要是这部分旧作内容无其新意，且有一些诗作大体内容前后有重复。如《藤花吟馆诗钞》卷一有《浙江舟中赠齐大北瀛》8 首、《京居过夏感旧怀人以先后知交略为诠次得诗二十一首·齐北瀛太守（其一）》，卷三又有《南浦喜晤齐大北瀛，口占志别》2 首，而《退庵诗存》卷二十五又有《过河南府怀齐大北瀛》1 首，故，章钜将早年赠齐北瀛之诗删除 10 首，只保留了 1 首。又如，《藤花吟馆诗钞》卷二有《西湖纪游》12 首，而卷六《同内子挈瑚儿兰女泛

---

① 该组诗《藤花吟馆诗钞》为 8 首，《退庵诗存》为 7 首，删除了《冯节楼别驾》1 首。

舟西湖》8 首，故章钜删除了前者。

四、《退庵诗续存》8 卷

第四部诗集，梁章钜晚年亲手编定，道光二十四年（1844）辑录并刊刻于闽北浦城，8 卷 2 册。是为《退庵诗存》续集，录梁氏道光十七年至二十四年（1837—1844）之诗作，亦即梁氏 63 岁至 70 岁之间所作之诗。

据该诗集自序：

> 余自弱冠学为诗，为之辄不工，积三十年而中外巨公名流多过誉之，每怂恿编梓，初刻于吴中，为《藤花吟馆诗钞》十卷，又积十年，再刻于桂林，盖合新旧作而删增之，为《退庵诗存》二十五卷，其多如此，而不工如故。今冉冉又十年，续得诗二百数十首，则所历之地愈远，所阅之事愈新，诗胆愈粗，诗格亦日退，强弩之末本不必存，缘其中有游事可喜，不欲过而忘者，亦有时局所关不能忍而默者，乃过而存之。老境颓唐，行将戒诗不作，而知交零落，更无复有相知定交者，且复自述之。时方养疴浦城，因付梓人，分为八卷，而题曰《退庵诗续存》。盖余诗之刻于南浦者仅此，其亦可已而不已者夫！时道光二十四年，岁次甲辰仲夏之月，退庵居士梁章钜识于浦城新居之北东园。①

序中虽言《藤花吟馆诗钞》后积十年而为《退庵诗存》，又积十年而为《退庵诗续存》，然实则分别为梁氏 49 岁、63 岁、70 岁之集。梁章钜谦称其时"诗格亦日退，强弩之末"，实际上该部晚年诗集弥足珍贵。首先，该诗集较前三部诗集不同，非仅辑录梁章钜本人之诗作，还收录了许多友人和韵诗作，多达 75 首，其中卷三录 19 首、卷四录 15 首、卷五录

---

① （清）梁章钜：《退庵诗续存》序，道光二十四年福州梁氏北东园刻本，第 1 页。

2 首、卷六录 13 首、卷七录 18 首、卷八录 8 首，此种形式是前三部诗集中所不曾有过的，这些和韵诗不仅丰富了诗集内容，同时亦可作为梁氏交游之考证；其次，该诗集之内容有着强烈的时代精神，亦即序中所言"时局所关"，尤其是卷五之《辛丑二月于役梧州》4 首，卷七之《七哀诗》《浙江舟中有怀岭西诸君子十六首》，卷八之《题陈忠愍遗像诗》，这些诗作对研究梁章钜晚年的思想有着重要的作用，对研究清末时局、近代文学亦有一定的价值。

诗集各卷具体收诗数如下：卷一收 40 首，卷二收 19 首，卷三收 28 首，卷四收 2 首，卷五收 61 首，卷六收 4 首，卷七收 45 首，卷八收 69 首，合存诗 268 首。

五、其余所辑唱和诗集

梁章钜 70 岁以前的诗歌，除却上述四部诗集外，还有一些散见于梁氏与他人唱和之集中，如《吴中酬唱集》8 卷，辑于道光九年（1829），皆录壬戌同年之在吴与过吴者之诗，唱和者 21 人，自序于道光十年（1830）；《三山唱和集》10 卷，辑录道光十二年（1832）秋至道光十五年（1835）春，家居福州时，同里诸耆旧以诗酒相往来之作。另尚有《霓咏余音》与《秀峰题咏》二编，前者录自嘉庆十七年（1812）迄道光九年（1829）十八年中同岁生酬赠题咏之作，共 25 人，辑于道光十一年（1831）；[①] 后者辑录道光十七年（1837）广西巡抚任上，重建五咏堂时所纪之诗，及百余家和韵。[②] 惜二书今不获见。

六、古稀诗作

梁章钜 70 岁后还创作了多少首诗？梁氏创作时期甚长，70 岁之后诗歌创作仍未间断，且有一个好习惯，就是有诗即录，正如其所言：

---

① 据《师友集》中《元和吴棣华廉访》条所附之吴廷琛《霓咏余音序——为茝林作》，卷四，第 1—2 页。
② 据《退庵诗续存》中《修复独秀峰麓五咏堂落成纪事》诗夹注，卷三，第 1 页。

余本拟年逾七十戒诗不作，今年七十有一，新正甫数日，即次韵汤敦甫阁老同年《游龙杖诗》。甫脱稿寄去，不旬日，又接卓海帆阁老同年索和《真除撰席纪恩诗》，复连宵于枕上成之。自笑甫说戒诗，旋即破戒，道力之不坚定可知。或笑余开年但和两阁老诗，未免势力，余亦无以自解也。明知此后不复编诗付梓，而又不忍听其过若飘风，姑附录之于此。①

梁章钜晚年之诗，主要见录于《归田琐记》《浪迹丛谈》《浪迹续谈》《浪迹三谈》《师友集》这五部笔记之作中。据笔者统计，共 526 首，外加残诗两首。其中，《归田琐记》60 首（外加残诗两首）、《浪迹丛谈》109 首、《浪迹续谈》21 首、《浪迹三谈》72 首、《师友集》264 首。各部笔记收诗情况详下：

《归田琐记》中《韵诗叠》2 首、《和卓阁老纪恩诗》2 首、《北东园日记诗》56 首。另有残诗两首亦见于《归田琐记》，卷一《芍药》篇言在扬州时，曾往黄右原比部家赏芍药，作诗两首，然仅录各半：一为"难得主人初日学，定教金带擅奇详"；一为"生怕山前泉水浊，随缘止止即延祥"。②

《浪迹丛谈》卷一：《别北东园诗》4 首、《西湖纪游诗》1 首、《慕园雅集诗画册》2 首、《西湖泛舟》1 首、《云台师唱和诗》3 首；卷二：《广厦》1 首、《题包松溪运同棣园图》1 首、《孟玉生山人毓森〈二十四桥〉画卷索题》1 首、《僧小支绘〈建隆寺图〉，征名流题咏，次云台师韵》1 首、《真一坛》1 首、《喜雨唱和诗》4 首、《下河舟中杂诗》12 首、《重阳》2 首、《喜雪唱和诗》12 首、《焦山纪游》4 首；卷三：《陈颂南给谏》2 首；卷十一：《人日叠韵诗》23 首，《留别邗上诸同人，成七律一首索和》1 首；《毗陵舟中有怀邗上诸君子，人系以诗，皆一年中往来至熟者也，即以代

① （清）梁章钜：《归田琐记》卷六，中华书局 1981 年版，第 124 页。
② （清）梁章钜：《归田琐记》卷一，中华书局 1981 年版，第 5 页。

束奉寄》23 首；《小泊吴门》2 首；《杭州三桥址新宅杂诗》8 首。

《浪迹续谈》卷一：《秋涛宫》2 首，《长丰山馆》3 首；卷二：《首涂杂诗》6 首、《夏湖舟行诗》2 首；《飞霞洞》1 首；《浩然楼》1 首；卷三：《游雁荡》1 首；卷四：《小沧浪七友杯诗》1 首；卷五：《江心寺诗》1 首，《除夕元旦两诗》2 首，《梦中诗》1 首。

《浪迹三谈》卷四：《七十四岁初度诗》4 首，《戏彩堂诗》1 首，《和卓海帆相国诗》4 首，《徐信轩观察诗》1 首，《长孙入泮诗》1 首，《得曾孙志喜诗》1 首，《贺林少穆督部诗》1 首，《五郡守诗》1 首，《披山洋盗》2 首，《戏彩亭诗事》2 首，《石门》1 首，《仙岩》1 首，《蔷薇花诗》2 首；卷五：《鲥鱼》1 首，《瓯江海味杂诗》15 首；卷六：附诗 34 首。

《师友集》共录师友 264 人，人系一诗，计 264 首。

然尚有缺憾，即退庵老人自己反复提及，又备受阮元等人青睐的《七十自寿诗》，今不获见，令人叹惋。该诗于《归田琐记》卷六《叠韵诗》条提及：

> 余作七十岁自寿诗，浦中人和者寥寥，每借口于韵脚之难。其实余成此诗时，即已为和作者地，并无险难之韵也。适杨竹圃亲家自扬州寄和原韵诗至，余即叠前韵答之。①

又于《浪迹续谈》卷七《道光年间四太傅》条提及：

> 甲辰年，余以《七十自寿诗》寄呈相国（潘世恩），即赐和韵四章，手书金笺横幅寄赠……（其一）云："话别春明记十年，康侯述职会朝天。移从桂岭承恩渥，喜听兰阶报捷先。玉节三持晋开府，金闺两度赋归田。藤花早诵琳琅集，又寄亲书自寿篇。"②

---

① （清）梁章钜：《归田琐记》卷六，中华书局 1981 年版，第 122 页。
② （清）梁章钜：《浪迹丛谈·续谈·三谈》，中华书局 1981 年版，第 365—366 页。

第三节　诗歌创作分期

由于受到以经世致用思想为核心的清代学术的深刻影响，清代诗学亦呈现出以"实用性"为核心的风貌和价值取向，"讲究实用"成为清代诗学的基本特征。在此时代背景之下，梁章钜的诗歌创作亦讲求"实用性"，正如其同乡好友陈若霖所言：

> （章钜）其学足以博综古今，才足以经纬本末，而又广以贤豪之交，畅以山川之助，凡胸之所蕴，志之所寄，官迹之所经，政事之所展布，自然流露溢为咏吟，如籁鸣空，如风行水，不名一长而各擅其美，集中所云了不关诗，诗在此非其自道者耶？①

与实用性诉求相关联，章钜的诗歌颇有"纪事诗"的特点，主无处无出处，倡以诗证史，充分体现了其个人诗作与自身经历的内在关系；又时效性突出，其生活境遇的变化、仕途的升迁、师友之交游等等，均在其诗歌创作中得以迅速反映，故按其境遇变迁之时间顺序分期，是比较可取的方法。依此，笔者将其诗作划分为六个阶段：出仕之前、居京时期、外宦时期、初归时期、复出时期、归田时期等等。

一、出仕之前

至嘉庆十八年（1813）止，即至梁章钜 39 岁，此期章钜主要居于福州和浦城两地。该阶段之诗见录于《藤花吟馆诗钞》卷一至卷六，即始于卷一首题《李阳冰般若台篆字歌》，至卷六第 21 首《大雪渡仙霞关》，合500 首。

此期诗歌时效性突出。首先是前 32 首，陆续作于嘉庆三年（1798）

---

① （清）梁章钜：《退庵诗存》题词，道光十七年桂林刻本，第 5 页。

至七年（1802）中进士之前，此乃章钜异常苦闷的时期，四上公车而不果，家计颇为艰难，其时，章钜长子已经3岁，妻子又即将分娩，然家里清贫到连唯一的婢女都无力留下的程度，甚而至于"易衣而食，数米以炊"之境地。故屡试不第的失意、家计艰难的愁闷、连续奔波的羁旅之苦，便成为诗人创作的主要内容。如：

　　旧雨入新岁，依依春又残。重阴常过午，积水易生寒。未暇愁花劫，深防误黍单。贫家多似我，何以慰幽叹。

　　　　　　　　　　　　　　　　　　——《苦雨》其一①

　　与语惟顽仆，相闻尽市声。床斜便侧卧，屋小禁闲行。泪眼看书觉，尘颜揽镜惊。枯吟多率句，强饮少欢情。叉手真无事，梳头屡不成。清脾耽茗碗，瘦影吊灯檠。只觉春难到，浑忘岁欲更。囊空翻减怯，裘敝误称轻。衣带添新缓，关山忆旧程。逢人商水陆，切己计阴晴。劳境身偏健，穷途气自平。搁毫编口号，客底共谁评？

　　　　　　　　　　　　　　　　　　——《岁暮旅店偶成》②

　　斜阳半天云树迷，扁舟短棹沿回溪。风帆轻似白鸥鸟，细浪滑比青玻璃。三点五点意中雨，一声两声空外鸡。柁楼晚饭定何许，烟消月出风凄凄。

　　　　　　　　　　　　　　　　　　——《斜阳》③

　　十年上计屡归来，一第艰难亦可哀。笔墨虚名荒实学，米监生计累高怀。尚能玉屑霏谈麈，未肯金丹换酒杯。昨夜梦中三逗具，青冥何事苦低回？

　　　　　　　　　　　　　　　　　　—　《有感》④

①　（清）梁章钜：《退庵诗存》卷二，道光十七年桂林刻本，第2页。
②　（清）梁章钜：《退庵诗存》卷二，道光十七年桂林刻本，第3页。
③　（清）梁章钜：《退庵诗存》卷二，道光十七年桂林刻本，第4页。
④　（清）梁章钜：《退庵诗存》卷二，道光十七年桂林刻本，第5页。

其次是中间的 106 首，作于嘉庆七年至十年（1802—1805）章钜丁忧期间。壬戌秋（1802），在章钜五上公车，终成进士后不久，其父卒，章钜奔丧回乡守制；甲子年（1804），对章钜影响至深的恩师兼岳父郑光策亦卒。此期章钜诗歌抒情意味渐少，而"纪事诗"的特点开始突显，如《春榜纪事》6 首等，诸多诗歌均有出处，几可作为其年谱之补证。同时考据和义理的内容开始在诗中出现。"致世实用"的学术思想在乾嘉之际发展为以惠栋、戴振等考据大师为代表的乾嘉学派，考据学在这个时期达到顶峰。乾嘉考据学风在诗学上的影响便是主张"以考据为诗"的翁方纲"肌理说"的提出。梁章钜就是在这一阶段开始接受翁氏之说的。如其七律《孟楼》，即开始出现大段的题注，以资考据：

> （孟楼）在江心寺西偏，考《东瓯旧志》，本名"浩然楼"，寺僧相传为孟襄阳遗迹，秦小岘观察因题"孟楼"，并镌跋于石。按，谢康乐《游孤屿》诗，铺陈景物，言不及寺，观图经载唐咸通中始建东塔，宋开宝中始建西塔，至建炎驻跸于此而丛林始盛，则是楼当亦托始宋元间，楼之西为文公祠，盖信国公流寓旧址，拜瞻遗像，正气如生，始恍然于"浩然"之名，实寄尚友之慨，与襄阳两不相涉，观察跋语似未深考，因私辨之而系以诗。
>
> ——《孟楼》①

又如时有具思辨、哲理特征的句读作为点睛之笔：

> 白云不在天，丘陵焉自出？飞泉不到地，溟渤起仓卒。高低汩广漠，太素莽无质。中含一片雨，外漏千丈日。此方山水互，幻境意所悉。亦有支渊渟，真似转难诘。行行百盘落，渐渐濛气失。天容自耀朗，连胜比如栉。处高多所迷，亲下理乃实。转机俄顷间，

---

① （清）梁章钜：《退庵诗存》卷二，道光十七年桂林刻本，第 12—13 页。

允悟君子术。

——《大梨岭观云海》①

静含动者机，寂寓喧之萌。动静有恒理，喧寂感所生。山深群籁远，恰有飞瀑鸣。铁色中黝暗，天绅外分明。千盘势屡移，万道响愈争。巨湍怂砰磕，细激余琮琤。岩壑忽回互，浩浩同一声。坐令山行客，目眩耳复倾。山灵侈广乐，客子生远情。何当少停蓄，葆此在山清。

——《天台岭观瀑布》②

最后是南浦八年所创作的 264 首诗歌，大致由以下四部分组成：纪游诗、怀人诗、写史诗和唱和诗，尤以纪游诗为多。南浦指南浦书院，在闽北浦城县，时为闽北最著名的书院，嘉庆十一至十八年（1806—1813），梁章钜掌该书院，极一时人文之盛。此为其一生中难得的一段稳定而安逸之期，卧山水间近八载，且收入颇丰，故其诗歌感情基调整体呈现一种满足于安适生活的淡泊之情，并时或显现隐逸之心。如：

游人非登天，齐心上天游。危亭倚天半，万象浩一收。名峰三十六，平槛如献酬。九曲溪回潆，厥绪不可搜。兹山蕴秀异，兹峰领殊尤。如披缩本画，如抚盆石幽。不知何鬼工，厥初费雕镂。全局列轩豁，灵踪合庐牟。我来蹑绝壑，万仞凌清秋。逍遥昕夕霁，混合仙凡俦。平生汗漫心，满足无他求。持此傲五岳，庶免轩轾羞。所惜婴世网，凛然难久留。笑谢十三仙，行歌答夷犹。

——《天游峰》③

循溪傃绝壁，冈脊排层层。二分足垂外，所历千崚嶒。嵌空无垠竹，阒步太古藤。冥冥得微径，洞响先呼应。斜光露虚白，石扇

---

① （清）梁章钜：《退庵诗存》卷二，道光十七年桂林刻本，第 11 页。
② （清）梁章钜：《退庵诗存》卷二，道光十七年桂林刻本，第 11—12 页。
③ （清）梁章钜：《退庵诗存》卷三，道光十七年桂林刻本，第 11—12 页。

中开訇。四山各斩截，作势方凌兢。萧椮耸玉版，倚薄悬苍屏。照
眼忽爽豁，缔构初谁胜？洪荒泽水辟，太古颓云崩。衡茅蔚深碧，
芋区间芳塍。润杂春冬气，秀发沙土凝。周旋半魏晋，邂逅相虫冰。
乃知自然境，不必幻武陵。神仙诚渺茫，招隐庶可凭。

——《小桃源》①

参透三三六六关，此身已共白云闲。何期晚出精蓝好，犹见当
年泼墨斑。四日胜游酬夙约，一番良晤又开颜。远公送我情何限？
把臂重期赤石湾。

——《弥陀岩和壁间蓝又航孝廉瑛韵》②

然此种安适、淡泊、隐逸之心，至癸酉年却发生了明显的变化，即
为理想、积极、入世之心所替代。如：

送人作郡也匆匆，笑挈轻裘细雨中。博得扁舟成小聚，春江齐
趁一帆风。

看花那复判苍岑（蓼怀为会试同年），十载邛赕感慨深。今日送
君增意气，闲云也动出山心。

——《洪江登舟示郑松谷太守鹏程林蓼怀进士轩开》（其一、
其三）③

男儿壮志当题桥，怀抱利器谁能料？梦中春草飞千里，笔底青
山接六朝。京洛故人伫相见，江下琳琅争识面。脱颖须为席上珍，
振衣莫使缁尘变……顾我年来守故山，拭目为尔生欢颜。此日南枝
增怅望，他时东道好浃桓。

——《送姜生苍雨澍出游》（节录）④

---

① （清）梁章钜：《退庵诗存》卷三，道光十七年桂林刻本，第11页。
② （清）梁章钜：《退庵诗存》卷三，道光十七年桂林刻本，第13页。
③ （清）梁章钜：《退庵诗存》卷五，道光十七年桂林刻本，第1页。
④ （清）梁章钜：《退庵诗存》卷五，道光十七年桂林刻本，第3页。

并且该年此类怀抱志气的诗句逐渐密集起来，占了本阶段诗歌总量的三分之一强。从表现形式上看，该期歌行体逐渐增多，因其保留着古乐府叙事诗的特点，善于把记人物、记言谈、发议论、抒感慨融为一体，能使诗歌内容充实而生动，便于诗人发挥，故梁章钜选择了该形式，且此后很长的时期内，这种篇幅可短可长，声律、韵脚比较自由，句式比较灵活的体裁，在梁氏诗歌中便扮演了主要角色，甚而至于愈演愈烈，直至归田之际方才有所缓和；与此同时，梁氏之笔力亦日渐雄浑。如《壮烈伯李忠毅公挽歌》《浦城祖司寇师与祝东岩太守修筑全城，大工将竣，诗以纪之》等即为此期代表作。

二、居京时期

嘉庆十九至道光元年（1814—1821），即章钜40—47岁之期。章钜初在仪制司，后入军机处，终升礼部员外郎。此间之诗作主要收录于《藤花吟馆诗钞》卷六至卷九。即始于卷六第22首《七里泷》，止于卷九末题《广仁岭次春庐韵》，合210首。

这段时间对梁章钜诗歌创作影响至深的有两件事，其一为学诗于翁方纲三年，据《退庵居士自订年谱》："乙亥，四十一岁，同刘芙初、吴兰雪、陈石士、李兰卿谒翁覃溪师，为苏斋诗弟子者三年。"章钜在其晚年笔记《浪迹丛谈》中亦谈到这段经历之影响："余弱冠即喜为五、七言诗，而于诗义实茫无所知也，四十岁还京师，游苏斋之门，始得略闻绪论，则悉非旧所得闻者。"① 梁氏所"略闻"之"绪论"，应即翁方纲之"以学为诗""以质厚为本""借诗以资考据"等理论。而翁氏诗歌创作实践中的"精诣"——大量地记叙金石、法书、文物，以及它们的流传过程的题册题画题跋诗，这些几乎全为章钜所接受。因此，以考据为诗之作在此期大放异彩，与唱和之作一同构成了梁诗该阶段的主要内容。以《雁塔题名唐石本》② 为例析

① （清）梁章钜：《浪迹丛谈·续谈·三谈》，中华书局1981年版，第187页。
② （清）梁章钜：《退庵诗存》卷七，道光十七年桂林刻本，第12—13页。

之。该诗前有题注：

> 左拾遗裴休、大理评事柳乘乡贡、进士柳盘，大和四年十二月初四日同登。

诗文如下：

> 永徽塔上富题刻，神龙以来进士科。自唐迄宋积毡蜡，翠墨日费千九螺。烈风黄鹄去不息，枝撑渐圮龙蛇窠。宣和重摹世已鲜，片石谁与搜荒坡。此本犹存唐石旧，九百余载阅逝波。柳盘柳乘系孰考，一例千佛登弥陀。大达碑铭定慧额，想见群从熟经过。大和太和笔疑似，蠹简往往豕渡河。分明一人八千口，借此印证砭其讹（注：有析"大和"字为"一人八千口"者，见唐张读《宣室志》）。章陵初政实奋发，拾遗评事非娿婑。济源儒者合领袖（注：唐文宗称裴休真儒者，见《新书本传》），笔谏旧学傥切磋。大书深刻如有意，区区脚样宁足多。平泉相业自不朽，何苦士类纷操戈。曲江局席尽扫迹，无漏寺址滋新莎。兹题下距十五载，尚免穷相遭谯诃（注：敕禁慈恩题名事在会昌三年）。青云骥尾事非偶，褚楷素草徒依阿。君不见，少陵平原迹灭没，大名终古新义娥。撝言孰补王定保，好事翻嗤柳伯和。

章钜此期诗作喜推究物化，稽诹经史，商榷篆籀，创作了大量的以考据为诗之作，且大致如上首，有题注，有夹注，并往往分为考据和议论两部分。首先对名物的源流证讹作一番考述，然后就此展开，或论史实，或论时事，以显"质厚"。然因贪写正面，欲求其松而不可得；五七古又往往取材奥衍，喜用险韵，用笔较生硬。

其二为嘉庆二十一年（1816）冬加入宣南诗社。章钜在宣南诗社前后近6年，京秩清暇，每旬日一集，每集必有诗，春秋佳日，花开酒香，均拈题课诗。不过，宣南诗社之成员在樽酒流连之间却并非仅限于文字之会，而是于古今之事皆有所商榷。

该诗社之思想倾向即为经世致用之学，考诗社成员陈用光（1768—1835，清代官员、学者）《送苣林出守荆州》一文可知：

> 我国家抗威稜而拓疆宇，凡夫庙谟之禀承密勿之，赞襄有军机大臣之寄，而当其燕闲无事，则综理机务，其制略与唐宋之中书门下等。其为之章京者，军机大臣由此其选也。而其出为郡守、观察者，往往积才望任封疆而跻令仆，非独其地势然也。更事多则才智生，依侍禁廷久则忠荩笃也。苣林仪曹，明敏而朴诚，易良而缜密，其才与学吾党所交推也。甫得京察，未逾月，遽擢荆州府。荆州为楚之上流，国家驻劲旅八千领之，以将军、副都统篦之，以固山达百余人，而军饷之给颁自郡守，交际既繁，协和非易，阳开阴阖，与为风雨。内以著文武之辑睦，外以治吏民之畏爱，理分而窥会，干遂而枝荣，中和乐职之歌，所以克副。夫委任者，吾于苣林企之矣！苣林与吾党八九人，以文字相切劘者有年，今其行也，董侍御国华索孙子和义銮为之图，八九人者皆赋诗，而嘱余为之序。夫聚散不能无感情也，以文字相切劘，艺也；由艺而窥夫道，则体用之学备。苣林他日任封疆而跻令仆，其益懋声誉由今日始，庶几使后之考者谓吾辈之交游，非徒曰艺而已也。是为序。①

陈用光所言应该就是诗社的共同宣言：吟诗谈艺之外，对体用之学的关注，对义理及其在现实中的躬行实践问题的关注。这也为梁氏下一阶段外宦时期诗歌创作之主题——官迹所经历、政事之所展布，自然流露溢为咏吟，打下了基础。

---

① （清）梁章钜：《师友集》卷六，道光二十五年福州梁氏北东园刻本，第5页。

三、外宦时期

道光二年至十一年（1822—1831），近 10 年时间。壬午授湖北荆州知府；癸未擢授江南淮海河务兵备道；甲申调署江苏按察使；丙戌署山东布政使，擢江苏布政使；已丑护理江苏巡抚……这 10 年中，章钜仕途一帆风顺、稳步上升，故其诗兴愈高，作诗益多，且多为五七古长篇，尤以七古有规模。

此期诗作主要收录在《退庵诗存》卷十至卷十九。即始于卷十之首题《壬午闰三月出守荆州，别京中诸同好》4 首，止于卷十九末题《书目送归鸿图后并序》5 首，合 620 首。

此期外宦，深切时事，正是章钜负有用之学以施于有政之时，非同于居京闲暇之际，故以考据入学之诗作渐少，而以述政、论政为主要内容的诗歌开始频繁涌现。这类诗歌以诗述政，用诗歌描写、总结为政之利弊，甚至直接用以治民。如《谕监利士民》，即以诗劝诫士民，平息百姓与百姓、百姓与官府之间的纷争；《甲申仲冬杂诗》，用诗歌叙述其防洪导流治水之本末；《河上杂诗》则以诗总结治水经验等。此类诗歌充分体现了梁诗的纪事、实用之特征，即诗以见志，诗以见人，欲以诗见其生平立朝行事之迹的意图。

以《甲申仲冬杂诗》①为例分析梁章钜这类诗歌的特征：

毗陵驿畔马如飞，火急官书促我归。河伯自仁少女虐，更无人与锁支祈。（注：余于仲冬十日卸署苏臬事，旋舟至常州，即奉孙寄圃节相由八百里飞檄调取回浦，始知为高堰失事。自余官河上两载，黄流幸皆顺轨，此番湖决则一日夜西风所致也。）

——其一

卅六湖头水拍天，邗沟风景忽凄然。更愁东岸滔滔注，吸溜声中一叶偏。（注：高邮、宝应一带湖河相连，东岸各坝齐开，掣溜甚

---

① （清）梁章钜：《退庵诗存》卷十一，道光十七年桂林刻本，第 5—7 页。

急，昭关坝顶漫水尚高两尺余，余以一扁舟深夜过此，危险极矣！）

——其二

盈科随地纳汪汪，归壑刚逢令白藏。毕竟天心仁爱甚，犹容见面有淮扬。（注："倒了高家堰，淮扬不见面"，相传古谚如此，此番湖决幸在冬月，水涸之余，湖河沟渎皆有余地，相容居民集聚，亦可预期迁徙，虽承全湖之注，而盈科渐进，势尚不骤，故祸亦尚不烈，若当夏秋之际，恐难免如谚之所云矣！）

——其三

无恙袁江到眼明，直从鱼腹夺余生。归来差异辽东鹤，满耳悲欢慰藉声。（注：抵袁江谒见两大府，遍晤僚吏军民及本署眷属，咸以重得相见为慰，谓此生已如隔世也。）

——其五

一线荒堤万饿夫，槎枒冰雪压泥涂。攀辕卧辄翻新样，焉得监门着意图。（注：每日官吏往来堤上，辄为灾黎所揶揄："钦使莅止"，拥塞愈甚，余以好语再四慰遣，逾时始得放行。）

——其十

道光四年（1824）冬季，高家堰因大风雨而决堤失事，梁章钜被从淮海河务兵备道任上，急招至高家堰，协助大府安置百姓、修复堤坝。《甲申仲冬杂诗》为 12 首一组之诗，叙述的就是在这襄办大府的三个多月时间内，梁氏所作所为所感。诗中言及危险、言及民怨、言及工作之艰难、言及如何安抚百姓，等等，尤其是运用了大量的注释来表达己意。

于此，梁章钜所追求的并非诗歌本身的审美诉求，而是最大限度地扩充"施政"之内容，至此，诗歌实用功能被发挥到极致。

然此期诗作手腕、境界均达到较高的程度——不尚符采，无假谲诡，而追求深湛之思。当然，该评论是放在嘉道诗坛这一大背景中而言的，当时诗坛主流所追求的并非诗歌自身的艺术性，而是与时弛张，以诗写政。

其友吴慈鹤之论确为梁章钜此期诗作特征之准确评价：

> 古今之雄于诗者，未有不通于政事者也。孔子不云乎"诵诗三百，授之以政，不达；使于四方，不能专对。虽多，亦奚以为？"杜少陵间阕于戎马奔走之间，其论两京治乱及蜀边事最悉，昌黎韩子、香山白公，诗文雄于时，而立朝莅官皆有风采，施设宋之欧阳永叔、眉山二苏，亦皆登宰，执跻侍从，为一时名臣，然则以一丘一壑自娱悦者，乃诗人之诗，而非雄于诗者之诗也。前辈茝林先生以八闽甲门著系，少于书无所不读，于文无所不工，尤恣意于诗。入词馆改官后且夷犹淡定，卧山水之间者十载，故于诗进而益上；洎直枢禁参两制，走笔飞书，观者动色，练达清慎，上结主知；出守荆州，未几擢淮海道，今春陈桌齐鲁，其在楚，以片言息监利士民数年之争，淮海司黄河尾间宣防尤要，公揆度形势，勾覈薪荚，费少而工坚，人和而事举，至于对赭衣点丹笔，一以至诚求之，故狱不冤、情不壅，讼庭空虚，减于前者六七。论今世备经纪文武之才，可以为圣天子方叔、召虎者，必举公为称首。而公于公暇时及翰墨之是亲，而吟咏之不废也。公之在闽也，尝屡为武夷之游；其在京师也，为苏斋诗弟子，集群彦举文字之会，春秋佳日，花开酒香，拈题课诗，每出一篇，必冠侪偶。余入春明最晚，多病，寓居又远，不克追桊敦之后。今年始得从公游济上，偶以一篇挑战，不移时，而公诗已至，亮特奋迅，万不可及，益信才固天授，不尽由学也。公有《藤花吟馆诗钞》十卷，一以杜韩为宗主，而出入于唐宋诸大家以成为。公之诗，理实而气空，才大而心细，不故蹈钩章棘句之习，亦不必为缥缈恍惚之辞，譬之万斛之船，适溟渤而后知其固；百钧之弩，洞犀兕而始信其铦。蒙以为有鞾石、覃溪两先生之典博，而通达浏亮公实过之。盖雄于诗而不独雄于诗，所以施之政事罄无不宜，且继唐宋诸贤而为一代名臣也。叹余于诗虽甚好之，然苦不能工，又不甘为一丘一壑之诗。今读公之诗，益信古今之雄于诗者

未有不通于政事者也。因以是言赘于简。吴县吴慈鹤序。①

四、初归时期

道光十二年夏至十五年春（1832—1835），共三年时间。道光十二年四月，梁章钜因病奏请开缺回籍调养，六月成行，八月抵福州，直至道光十五年五月奉诏复出入都，此间闲居福州将近三个整年。《退庵诗存》卷二十至二十三即为此期之作，即始于卷二十首题《道光壬辰仲夏，由护理江苏巡抚任内，因病具折陈情，仰蒙恩准，开缺回籍调理，濒行，留别吴中诸同人四律》，止于卷二十三末题《鲁庭以玉瓶盛开集同人赏之，翼日复以盆栽见惠，叠牡丹韵赋谢二首》，合250首。此期以酬唱之作和题画、题册诗为主。以文为诗、以学为诗的基本诗风依旧，然相对于前一个时期，由于作者本身境遇的变化，其诗歌的时政味道消退不少，较有闲暇来顾及诗歌的审美方面。这也算是诗之实用性功能被利用到极致后的一种回归吧。

尤其卷二十二之《古瓦研斋所藏历代书画杂诗》95首，以及卷二十三之《古瓦研斋所藏国朝书画杂诗》35首，皆有自注，极具特色。清道光朝正是金石学和碑派书法鼎盛时期，而身为颇有名气的书画家及收藏鉴赏家，尤精小楷、行书、隶书的梁章钜，更是在他诗歌创作的园地中另辟蹊径，以系列诗歌来力穷书画作品之原委、校勘拓本新旧及文字完整情况等，并进而进行审美鉴赏。如：

> 曾入米家书画船，瑶台无恙旧婵娟。南来别有闲勋业，石本夸人定武传。（注：褚临兰亭黄绢本，为米海岳旧藏，有海岳及明代诸名流题跋。本朝归王岩斋，又归查映山，世所传千金本也。此迹未见石本，苏斋师尝以为憾。因重为装治，又摹勒上石，以广其传云。）
>
> ——《古瓦研斋所藏历代书画杂诗·一》②

---

① （清）梁章钜：《退庵诗存》题词，道光十七年桂林刻本，第6—7页。
② （清）梁章钜：《退庵诗存》卷二十二，道光十七年桂林刻本，第1页。

该诗选自《古瓦研斋所藏历代书画杂诗》，是作者为其所藏历代书画作品所题咏之诗作，诗所题咏为唐代书法珍品《褚临兰亭黄绢本》，"曾入米家书画船"句用了北宋书画家米芾常乘舟载书画游览江湖的典故，此处指该书法珍品曾为米芾所收藏。

"瑶台无恙旧婵娟"句，典出唐张怀瑾《书断》："褚遂良……善书，少则服膺虞监，长则祖述右军。真书甚得媚趣，若瑶台青璨，窅映春林，美人婵娟，似不任乎罗绮，增华绰约……"，"瑶台婵娟"即指褚遂良书法作品。此句意即该书法珍品虽历经千余年，依然保存完好。

"南来别有闲勋业"句，勋业即功业，闲勋业意即非关政治经济之大业，而是文人之闲情雅趣。梁氏原为封疆大吏，此时已告老还乡，固有此说。

末句"石本夸人定武传"，"定武传"指《定武兰亭序》石刻碑，因北宋时发现于定武（今河北真定县），故名，传唐欧阳询据右军真迹临摹上石，《兰亭》刻本甚多，此刻浑朴、敦厚，为诸刻之冠。此句意即诗人自夸自己所摹勒之石本的珍贵性。

> 烟雨蒙蒙二月春，酒旗湿尽绿杨津。楼台一霎繁华换，洒涕东风大有人。（注：陈尧峰画《江南春诗意卷》，自书唐人千里莺啼一绝句，张伯起、王百穀皆有跋，而吾闽黄忠端公跋语有"周京黍离之感欤"，署"崇祯后二年丙戌"，书"孤臣忠愤随处触发"，不仅为斯图增重矣。）
>
> ——《古瓦研斋所藏国朝书画杂诗·九》[1]

《古瓦研斋所藏国朝书画杂诗》是诗人鉴玩审视其所藏清代书画作品（含明末清初）的系列翰墨风韵诗作，皆有自注。该诗所咏为明末清初陈尧峰画《江南春诗意卷》。"绿杨津"指长满绿杨树的渡口；"楼台一霎繁

---

① （清）梁章钜：《退庵诗存》卷二十三，道光十七年桂林刻本，第2页。

华换"指朝代更替。全诗前两句咏画,后两句进而咏题跋。诗后所附自注是诗人以精深的文史知识解读该藏画。

这两组鉴玩审视书画藏品的系列翰墨风韵诗作,可成为研究书画艺术的宝贵文献资料。尤其是诗后自注,或补充收藏经历,或指明版本特征,或针砭时评,或以藏品对照评判,或附以自己研究成果……虽都仅有只言片语,然却言必有据,绝无虚话,显示了作者严谨的治学风格。梁氏精深的文学知识、常人难及的经验阅历、独到的鉴赏眼光、丰富的藏品资料、严谨的治学态度与成就等等,共同构成了此期之诗歌特征。

五、复出时期

道光十五年初夏至二十一年冬(1835—1841),近7年时间。道光十五年夏奉诏复出,授甘肃布政使;道光十六年(1836)擢抚广西,兼署广西学政;道光二十一年(1841)调授江苏巡抚,兼署两江总督及两淮盐政……该阶段诗作主要收录在《退庵诗存》卷二十四、二十五,《退庵诗续存》卷一至卷六,以及《师友集》中。载于《退庵诗存》的乙未初夏至丙申七月之作共有113首;载于《退庵诗续存》卷一至卷六的丙申八月至辛丑十一月之作共有154首;另《师友集》收诗264首,合531首。即该阶段之诗始于《退庵诗存》卷二十四首题《道光乙未初夏,恭奉恩招,北行纪事二律》,止于《退庵诗续存》卷六之《辛丑冬引疾得请,纪恩四律》。

此期诗歌,内容丰富多彩,有纪事诗、纪游诗、怀人诗、唱和诗、题跋诗等,值得注意的是以考据入学之诗作几无,仅《喜得关中本华山庙碑,次册中笥河老人韵》①、《商爵歌并序》②两首。此期梁氏功力更深,其才力、学问和诗法能娴熟地综合运用。同时,年来处境的不同也使得其诗歌境界为之一变,不再有早年镂刻峭厉之作,而代之以蕴藉温厚之风。如:

---

① (清)梁章钜:《退庵诗存》卷二十五,道光十七年桂林刻本,第12页。
② (清)梁章钜:《退庵诗续存》卷四,道光二十四年福州梁氏北东园刻本,第1页。

客中病后总关愁，更怕听人说女牛。剩有诗心觑天巧，僧庐风月一身秋。

——《七夕》①

暗中山鬼笑人忙，踏尽危峰夜未央。昏黑不知凌绝顶，忽惊万丈逗霞光。（注：余旧有楹帖在山寺门外，暗中仅辨得"万丈霞光"四字，始知已到岭巅也。）

——《夜渡仙霞岭》②

本阶段代表作有纪事诗《道光乙未初夏，恭奉恩招，北行纪事二律》《修复独秀峰麓五咏堂，落成纪事二首》；纪游诗《郴州大佛寺》《岳阳楼》《莅桂林三年，始遍历城内外诸岩洞，皆郊口近地，可朝发而夕返，先后得诗十六首，并各述其梗概聊当游记，以备他时省观，云尔》；怀人诗《过河南府怀齐大北瀛》《题郑苏年先生抱膝遗像后二首》《舟过宝应，晤朱咏斋尚书》；唱和诗《舟过扬州，李兰卿观察招谒宋三公祠，饮于桃花庵，和兰卿落成韵三律》《过大梁，钱心壶给谏以诗相赠，次韵奉答》；题跋诗《为兰卿观察题其尊甫李研云邑候（鸿瑞）南武奉祠画卷四首》《定慧寺题尤水村所作周种石铫子图》《题落水兰亭卷后并序》等。

六、归田时期

道光二十二年正月至二十九年夏（1842—1849），即退庵老人68至75岁，此期约七年半。道光二十二年（1842）正月章钜引疾归田，六月抵闽北浦城，次年购地筑新宅拟定居，直至道光二十六年（1846）仲春，开始浪迹江浙。先是自浦城移居武林，游吴门及邗江。道光二十七年（1847），其三子梁恭辰捐官浙江候补知府，章钜随居杭州五个多月，后恭辰迁署温州府事，章钜又于该年十月二十六日抵达温州就养。道光

---

① （清）梁章钜：《退庵诗存》卷二十四，道光十七年桂林刻本，第13页。
② （清）梁章钜：《退庵诗存》卷二十四，道光十七年桂林刻本，第2页。

二十九年（1849）六月二十日病卒，十月十五日归葬福州西关外群鹿山
之阳。

此期诗作又可分侨寓南浦和浪迹江浙两个阶段。前期诗作主要录于
《退庵诗续存》卷七、卷八，共114首，另有66首见于《归田琐记》，[①] 合
180首。即此期之诗起于《退庵诗续存》卷七首题《壬寅上元日，留钱梅
溪、杨芸士饮于斋中》，终于《北东园日记诗五十六首》之末题。梁氏此期
诗歌纪实性特征相当突出，且质朴清新，了无之前的那种艰涩板滞如同石
刻碑版般的古残气息，而多代之以颇为清丽灵秀、富于情韵的小诗。如：

> 归田何事不真归，但说无田抑又非。直是有家归不得，三山双
> 塔隔斜晖。

（其一）[②]

> 兼旬朋酒太匆匆，归里翻成踏雪鸿。只有东园闲草木，频年应
> 恋主人翁。

（其七）[③]

> 数百年来一石盆，无端飞入北东园。从来寿世关文字，安得坡
> 公雪浪痕。

（其三十二）[④]

> 天伦乐事萃华堂，绿酒红灯夜未央。如此团圞良宴会，可无诗
> 句压清狂。

（其四十一）[⑤]
—— 《北东园日记诗》

---

① 66首诗包括《叠韵诗》8首、《和卓阁老纪恩诗》2首、《北东园日记诗》56首。
② （清）梁章钜：《归田琐记》卷八，中华书局1981年版，第157页。
③ （清）梁章钜：《归田琐记》卷八，中华书局1981年版，第158页。
④ （清）梁章钜：《归田琐记》卷八，中华书局1981年版，第167页。
⑤ （清）梁章钜：《归田琐记》卷八，中华书局1981年版，第169页。

究其诗风变化之源，则《北东园日记诗》前有一段退庵老人自己的交代：

> 早年向学，中岁服官，日必有记，用资稽考。自归田后，无所事事，遂辍笔焉。而山中岁月，闲里居诸，亦不忍竟付飘风，漫无省纪，间以韵语代之，三年以来，忽忽集成数十首。儿辈喜其语质易晓，而多逸事可传，并乞加注语，以畅其旨，则犹之乎日记云尔。因自题为《北东园日记诗》，附入《归田琐记》之余，以待继此随事增加，仍不以诗论也。①

从中我们可以知道梁氏该组诗的来由及用意，并知其该阶段对诗歌风格的追求是语质易晓、多传逸事，讲求生活情趣。

后期诗作则主要收录在梁氏系列笔记《浪迹丛谈》《浪迹续谈》《浪迹三谈》中，起于《浪迹丛谈》卷一之《别北东园诗》4首，止于《浪迹三谈》卷六之附诗34首之末题《福州急足至儿辈附寄土物各系以诗》（组诗），共202首。

此期章钜游踪遍江浙，写有不少山水纪游之作，且写景颇为细腻，抒情更为酣畅，体现了他特有的文人气质和山水情怀。如：

> 为践寻芳约，游山复看花。绕身习池水，泼眼武陵霞。荷沼还成约，桃庵那足夸。竹西富园馆，让此野人家。
>
> ——《焦山纪游》②
>
> 候潮门外候潮来，临水奇观第一回。万顷云涛驰阵马，满江冰雪杂晴雷。居高但说凭轩稳，狎视终非作楫才。东望茫茫鼋渚畔，更堪妖蜃起楼台。
>
> ——《秋涛宫》③

---

① （清）梁章钜：《归田琐记》卷八，中华书局1981年版，第157页。
② （清）梁章钜：《浪迹丛谈·续谈·三谈》，中华书局1981年版，第36页。
③ （清）梁章钜：《浪迹丛谈·续谈·三谈》，中华书局1981年版，第239页

浪迹清怀只自知，故山在望岂忘归。名流堪笑名心重，尚较朱衣与彩衣。

——《戏彩堂诗》①

章钜晚年之诗，除上述清丽灵秀、富于情韵等特征外，尚有一重要特征——反映近代时政，抒发爱国之情。此类诗作详见下节。

综观梁章钜的一生，与诗歌密不可分，即便在他仕途显赫之时，亦翰墨是亲、吟咏不废。然其诗歌的基本特征，在不同的时期，则各有不同的侧重和体现。出仕之前是其诗歌创作的起步时期，风格在发展中屡变；居京8年是其以学问、考据入诗之作大放异彩的时期；外宦10年是其以诗写政、诗以致用的时期，亦为其创作高峰期；初隐3年是其诗歌由实用性向审美诉求回归的时期；复出7年是其诗风、诗境发生根本变化的时期；归隐时期则是其诗歌纪实性与抒情性特征结合较完美的时期。

第四节 诗作内容与成就

梁章钜现存诗作超过2600首，题材广泛，无所不记，不仅有涉为宦施政、名物考证、师友唱和，而且涉及缅怀古人、书画感悟、生活偶得，甚至包括花开花落等一些生活细节以及对儿辈的勉励等等。

据其所体现的内容及体裁，大致可分三大类：记述生活行踪、宦迹所历、师友交游唱和等的纪事诗；把对经史、金石的考据勘研写进诗中的学问诗；表达个人情感的抒情诗等。

一、纪事诗——亲历亲为的真实写照

梁章钜诗歌，有相当一部分具有纪事诗的性质，其生活行踪、宦迹所历、师友交游等均体现在诗歌创作当中。这类作品比较富有生活气息和

① （清）梁章钜：《浪迹丛谈·续谈·三谈》，中华书局1981年版，第460页。

真情实感。

如述政之作：《护理荆宜施道兼荆关监督》《监利道中》《谕监利士民》5 首、《闻监利疏河已有成局，喜而赋此》《重修沧浪亭前后纪事八首》等。

唱和之作：《东园落成杂诗十二首，索同人和作》《鉴塘招集鳌峰书院啖荔，追步孟瓶庵师鳌峰荔枝六首韵》《舟过扬州，李兰卿观察招谒宋三公祠，饮于桃花庵，和兰卿落成韵三律》等。

记时局之作：《辛丑二月于役梧州》4 首、《七哀诗》《题陈忠愍遗像诗》等。

但就写实纪事而言，梁章钜诗歌前后期也是有所区别的，前期写实比较呆板，缺乏想象空间。考据之作姑且不论，仅就其写景、叙事之诗而言，无论是多么天差地别的题材，在其诗里，读者几乎找不到一句虚笔。写景之作在梁诗中相对较少，但凡有也必是踏踏实实地描绘眼前之景色，而且力求与真实情景相符。

如：

岸阔犹余雪，江清别有光。人家落寒翠，夕照破昏黄。暗觉吟怀换，浑忘客路长。安排今夜醉，攲枕听渔榔。

——《晴》①

早起雪愈大，空中云共飞。暗添帆叶重，斜入浪花微。我欲渡江水，能无沾客衣。连旬苦泥泞，暂息汉阴机。

——《大雪渡江泊汉阳城外》②

镇日笋舆中，冲泥寸步穷。浓云低欲雪，碎雨响兼风。不畏饥寒暂，还怜仆御同。津头定何处，渔火隔林红。

——《潜江道中》③

---

① （清）梁章钜：《退庵诗存》卷十，道光十七年桂林刻本，第 9 页。
② （清）梁章钜：《退庵诗存》卷十，道光十七年桂林刻本，第 9 页。
③ （清）梁章钜：《退庵诗存》卷十，道光十七年桂林刻本，第 8 页。

都是对雪景的工笔描绘，诗人就像一位细致、严谨的画师，一笔一画地描摹所绘之物的形态物相，乃至最细微的动作，作者均实实在在地将它们呈现在字面上，一览无余。这种工笔细描固然能将所绘之物逼真再现，但却关闭读者想象的门窗，使文字失去了暗示的效果，除了流于字面的想象意义之外，再难找出第二层的蕴藉了。也就是说这幅画除了被画出的东西之外，什么也不表示了，甚至也表示不了了。在这些精心描绘的工笔"画卷"里，浑融完整的意境是比较少的。

在梁章钜的诗歌当中，叙事诗是比较多的，确切地说这些叙事诗就是诗人亲身经历的如实记录，尤以翔实见长。如：

> 人言黄天荡，无风三尺浪。我来偏值东风狂，斜挂蒲帆更东向。连朝正苦丝蚕缚，一发聊等韝鹰放。银涛万顷如山倾，大艑舸峨故相抗。逆风顺水亦倒飞，逼我舟行之字样。浪花遮尽金陵山，隐隐蛟龙露情状。须臾瞥过数十里，江北江南失依傍。长年指点且住佳，喜有平沙一片旷。莫笑江潭赋命薄，已共妻孥作豪宕。论古如闻战鼓喧，纪游增我诗怀壮。
>
> ——《大风过黄天荡》①

诗中里，作者翔实地记录了舟过黄天荡时之情状。文字中，故事性的叙述几乎难以找到，反而是说明性质的叙述方式主导了整个过程。

后期手腕则灵活多变，诗格愈高。尤其是描述鸦片战争时局的《七哀诗》，分别哀舟山、哀鹭门、哀望海、哀宝山、哀四明、哀沪读、哀京口，是典型的一组纪事诗。第一次鸦片战争期间，英军发动了进攻定海（两次）、沙角和大角、虎门、广州、厦门、镇海、乍浦、吴淞、镇江的 10 次重要战役。战争初期，67 岁高龄的梁章钜，正以江苏巡抚的身份带兵防守于上海，亲身所历，使其伤心、感慨万分，故以诗作反映

———————————

① （清）梁章钜：《退庵诗存》卷十，道光十七年桂林刻本，第 13—14 页。

了江浙、福建、广东战场上的 7 次战役，其诗景真情切，读之痛彻心扉。通过详细解读这些诗作，我们可以看到一位爱国老诗人的形象跃然纸上。

其一《哀舟山》：

> 孤悬海上一弹丸，一破再破数月间。地险不易扼，兵复不盈额。前明此亦首陷倭，转如见惯轻弃掷（前明倭寇至浙亦首破定海县）。晓峰岭失金鼓訇，彻数昼夜无援兵。但言火轮习水战，谁知登山亦所能。普陀落伽佛地呎，胡不一洒杨枝水（南海普陀山在定海东北）。

舟山战役即定海战役，英军于道光二十年（1840）和二十一年（1841）先后有两次攻陷定海县城，这是英国侵略者第一次以武力侵占长期以来梦寐以求的第一块中国领土，从此，中国开始沦为半殖民地国家。因此可以说英国侵华战争，迫使中国走上了屈辱的半殖民地的发展道路，是从定海被占领开始的。首句指明定海数月之间的两次失守，暗示了统帅的失职与无能；次句言地势的不利与兵力的不足；三句回顾定海在历代战争中屡屡沦陷的不幸；四句描述此次战役的惨烈；五句述英敌不仅擅长水战，而且擅长陆战，从而反衬清军作战能力的低下；六句抒发诗人万般无奈，只得将拯救国土的希望寄托在佛祖身上的悲哀。全诗关键在"晓峰岭失金鼓訇，彻数昼夜无援兵"句，晓峰岭在定海城西隅，为定海之役主战场，晓峰岭失亦即定海失、舟山失！在歌颂我军将士顽强抵抗时，更加令梁章钜扼腕痛恨的是"彻数昼夜无援兵"！该役在经过两天的激战之后，总兵葛云飞曾冲出包围，急请镇海大本营发兵支持，不仅被拒不见，得到的答复竟是："小题何须大做，仰敌大张其辞，为他日论功乎？寄语葛总兵，但当死守，弗复望援，一有疏虞，唯该镇是问。"置定海守军于孤军无援的境地。最终在激战 6 昼夜后，全军覆没，定海失守……

其二《哀鹭门》：

鹭门记忆我，少日侍游地。沧江碣石空，阻深所守非。其人高牙大角如奔口，楼船远驾偏参差（时提督出巡外洋）。仙山楼阁缠氛祲，何况鼓浪屿，绝岛徒崎嵚（夷兵先夺厦门，后据鼓浪屿）。何时重见海境清！

道光二十一年八月，英军 30 艘军舰 3500 余人再次进犯厦门，经激战，厦门本岛及鼓浪屿岛陷落，被占领 10 天，英军撤退时留下军舰 3 艘、军队 500 人强占鼓浪屿达 5 年之久。道光二十二年（1842）清政府与英国政府签订了丧权辱国的《南京条约》，允许英国人在鼓浪屿"暂居"。该诗所"哀"即此，首句表达自己对厦门的深厚感情；次句言有利的地势，然我军却据守不住；三句一方面描述了敌军的凶猛，另一方面则直指我帅的出逃；四句述厦门岛、鼓浪屿的先后被敌军占领；末句抒情，一句"何时重见海境清"将老诗人的拳拳爱国之心坦露无遗！

其三《哀望海》：

城中百万家，城外十万兵。不闻珠江战鼓声，但委金币如山倾。藩篱自毁可痛苦，堪笑登坛人似玉。全无心肝只逐逐，不知坚壁反开门。老谋直等道谋筑，祸首之罪那可赎！

望海即广州城外沙角山顶望海楼，为鸦片战争初期林则徐、关天培所建，道光二十一年（1841）一月，望海楼失守，沙角之战失败，广州失去了屏障；五月，英军对广州进行了大规模的军事行动，清军将领奕山无力抵抗，竖旗投降，同时与英军签订了可耻的《广州和约》。梁章钜在诗中将锋芒直指卖国将领奕山的罪恶！广州城中百万居民就指着城外 10 万士兵保护，然而主帅奕山却不战而降，以金钱事敌，自毁长城！诗人直笔痛斥卖国贼"全无心肝"，是签订不平等条约的罪魁祸首！

其四《哀镇海》：

招宝山头云色改，天街昂毕黯无彩。喑哑叱咤不知悔，庸才那足当长城！将种何曾谙壁垒，轻敌先为敌所轻。一死徒贻偾军耻，炮声隐隐彻重洋。空有故人泪如洒。（注：时余驻兵上海，与镇海洋面正对，是日隐隐闻炮声。）

第五首《哀四明》：

龙头天灶齐欹倾，长驱直入如空城。万松关下甬水赪，明神庙貌尚蹂躏。何况编户愦填膺，吁嗟浙东殷赈地，文物衣冠尽沦弃。太息千秋天一阁，龙威不敌犬羊恶。（注：闻范氏天一阁藏书尽被焚掠。）

这两首诗是相辅相成的，四明即今宁波市，镇海与四明互为表里，镇海一旦失守，四明亦将难保！道光二十一年二月，裕谦被委以两江总督、钦差大臣，驰赴镇海，会同提督余步云专办攻防事宜。同年十月十日，战事最激烈的关头，裕谦率众奋力抗敌，然余步云贪生怕死、临阵脱逃，最终镇海失陷，裕谦投泮池尽节。镇海失陷，直接危及四明，十三日下午，英舰队抵达四明城下，提督余步云、知府邓廷彩等溃逃，城门洞开，英军兵不血刃，攻占四明。诗中不仅表达了对同僚兼好友裕谦的赞美与哀悼，对鼠辈余步云的痛斥，更表达了对掠夺者的痛恨！

其六《哀沪渎》：

满城哭桓桓，陈将军挺立不瞑目。鸟兽散矣鳣鲵蠹，回首铃辕鼙鼓休。三月肝胆空同舟，一腔心血随东流。兜弁掷地甘鼠伏，人人思啖伍参肉（谓某总戎）。

沪渎是上海市的别称（相传吴淞江就是古代的"沪渎"，因而得名），沪渎之战即吴淞之战。道光二十二年（1842）六月英军进犯吴淞口，江南水师提督陈化成孤军抗敌，亲自发炮奋战，率军坚持 7 昼夜，击毁英舰 8 艘，击毙英军 500 余人，但两江总督牛鉴、参将周世荣、崔吉瑞均临阵脱逃，陈化成终因寡不敌众，被炮弹打中胸部，壮烈牺牲，沪渎沦陷。该诗直接歌颂了陈化成将军的忠贞英勇，斥责了参将周世荣等人的贪生怕死、临阵脱逃。同时一句"三月肝胆空同舟，一腔心血随东流"则点明了梁、陈二人一年前的同仇敌忾、共襄防守，以及梁章钜对沪渎最终沦陷的痛心疾首！

其七《哀京口》：

> 昔时劲兵竟何有？可怜虎旅无孑遗。半饲长鲸半瘐狗，北固山颓果非偶（前年北固山大石下坠，正压宝晋书院之后厅，院长某当其厄）。剩有尸居老太守，怃我挈家正南走。倘后三日骨亦枵，锋镝余生梦尚惊。何时更呷苦露酒。

京口即今镇江，是江宁（南京）的屏障。道光二十二年七月二十日，英军到达镇江城下。江宁副都统海龄不畏强敌，领导守军英勇抵抗，坚守两日，终因力量悬殊，镇江失守，守军全部壮烈牺牲，海龄自焚殉国，妻与孙同时死难。镇江保卫战是鸦片战争中的最后一次战斗，也是最惨烈的一场战斗。诗中首一句表达了对抗英将士们全军赴难的同情与悲愤；次句痛斥侵略者似强盗、似疯狗；三句述自己事无可为之下无奈南归故乡；四句表达自己对侵略战争的痛恨；末句抒发伤痛之情。全诗表达了诗人对京口沦陷的哀悼。

这七首诗歌记叙了当时的战事，斥责了卖国者、投降派，言辞激烈，很好地将时局要事与自己的伤心、哀痛、愤恨、绝望之情结合在一起。

再如《题雪舟筹海画卷·其四》：

时君已晋秩，雄总度支府。军储堪挹注，煮海本利溥。通才得
藉手，长袖乃善舞。上纾宵旰勤，下壮风声树。废艘栅可资，捆徒
勇足贾。仍愿备不虞，刍荛幸俯取。①

该诗虽是为友人但明伦（云湖）所作的题画诗，然笔者认为此首应
视作纪事诗，因为诗中所言是实有其事。壬寅年（1842）春，梁章钜归乡
途中为战火所阻，滞寓扬州，当时章钜旧属但明伦任两淮盐运史，坐镇扬
州，但明伦请教梁章钜如何防御英夷的进攻，梁曾详细地为之出谋划策，
本诗所言即此。该诗首句"时君已晋秩，雄总度支府"，是指但明伦手中
有军权；次句"军储堪挹注，煮海本利溥"，言扬州地本富庶，军队中又
有钱，所以有抗击英军的资本；三句"通才得藉手，长袖乃善舞"，是夸
奖但明伦的才干；四句"上纾宵旰勤，下壮风声树"，意为对上能缓解日
夜之勤，对下能鼓舞全民士气；五句"废艘栅可资，捆徒勇足贾"即指梁
章钜为但氏所设计的谋略——把江中千百艘漕船横塞江口，以铁锁联为巨
大的栅栏，船中埋伏士兵；再以重金招集勇夫并力堵御，以废艘为前茅，
以捆徒为后劲，用此两层扼守来抵抗英军对扬州的进攻；末句"仍愿备不
虞，刍荛幸俯取"，"刍荛"为"柴草"之意，是梁氏对自己计谋的谦称，
"仍"是因为梁氏的计谋尚未实施，朝廷就已经与侵略者议和了，但是梁
章钜还是希望但明伦能采纳他的谋划，时刻做好准备。整首诗实为纪事，
阮元曾评价说："此崇论宏议，不当仅以诗论也。"②

章钜此类诗作因纪实性特征显著，几可作为其年谱之佐证，亦可为
章钜他作勘误时间。

如考章钜年谱，有云：

丁丑，四十三岁，四儿映辰生。秋与顾南雅莼、龚季思守正二

① （清）梁章钜：《归田琐记》卷一，中华书局 1981 年版，第 7 页。
② （清）梁章钜：《归田琐记》卷一，中华书局 1981 年版，第 7 页。

同年游西山，有诗纪之。

戊寅，四十四岁，入直军机。是秋扈跸盛京，来往七十三日，登镇海楼，游医无闾及松、杏诸山。以校勘科场条例被议降一级留任，旋以扈从议叙加一级。

己卯，四十五岁，三月，扈跸东陵、南苑、盘山。公余携同人坐山轿登云罩寺，又于月夜上古中盘，饮至晌晨始下入直，各有诗纪之。

查阅梁诗，则《退庵诗存》卷八第9首《朱子名印》至末首《苏斋壁上太白少陵二像合轴二首》为丁丑年所作；卷九第1首《送顾南雅出京》至第42首《寄题陈恭甫所藏伏生授经图》为戊寅年所作；卷九第43首《盘山》至第61首《朱兰坡斋中消寒同作窖钱歌》为己卯年所作。似此，均可补入年谱。

复考梁氏笔记《浪迹丛谈·重阳》，言：

戊寅重阳日，与顾南雅莼、龚季思二同年登西山上戒坛之游，为最奇绝，曾有句纪之云："谁能重九辰，真造大千表。"此外游事皆平平无奇耳。①

此处时间与年谱不符，究竟是丁丑年还是戊寅年游西山呢？据梁氏诗歌的纪实性特征即可判断正误。《浪迹丛谈·重阳》所引之句——"谁能重九辰，真造大千表"出自《退庵诗存》卷八第40首《上戒坛登千佛阁》，故该诗应作于丁丑年（1817）；而卷九所收之诗则起自戊寅年（1818）春，首题即为《送顾南雅出京》，可见顾南雅戊寅年春即已离京，故可推断，《浪迹丛谈·重阳》所言有误，梁、顾、龚应是丁丑年秋游西山。似此，均可详考梁氏诸作之时间。

---

① （清）梁章钜：《浪迹丛谈·续谈·三谈》，中华书局1981年版，第30页。

又，胡毅雄、蔡钰章所撰辑之《梁章钜年谱》①即据《浪迹丛谈·重阳》言：

戊寅（1818 年）九月初九日，（梁章钜）与顾南雅、龚季思游西山。

冬，曾与陶澍、陈石士、朱兰友、刘芙初、李兰卿等人集黄霁青斋中观纪晓岚《砚铭》拓本。陶澍于嘉庆七年成进士，改翰林院庶吉士，根据《陶澍集·诗文卷·黄霁青斋中同陈石士朱兰友梁茝邻刘芙初李兰卿敬观纪文达公〈砚铭〉拓本纪之以诗用昌黎〈石鼓歌〉韵》中的诗句："门墙回首十六载，步趋未能惭婴婴。"可知时为陶澍为官第十六年，即嘉庆二十三年；从诗句"多君嗜好过颠米，更邀吾辈同咏哦。寒风叫窗雪压树，打门未敛诗坛鹅"可知当时为冬天。

则不仅对梁氏年谱推断有误，且其所运用的推断方法亦值得商榷。胡、蔡二人所撰《梁章钜年谱》，该条目依据的是陶澍之诗作，而笔者认为应该依据梁章钜本人之诗作似更合适些。首先，查《退庵诗存》卷八第 43 首《黄霁青斋中题纪文达师九十九砚拓本》，知该诗所言与陶澍诗同，均指"集黄霁青斋中观纪晓岚砚铭拓本"之事，而梁诗所作时间为嘉庆二十二年（丁丑 1817 年），故陶诗应同作于该年。其次，胡、蔡二人依据陶澍的诗句"寒风叫窗雪压树，打门未敛诗坛鹅"推断梁章钜他们这次聚会是在冬天，何须如此麻烦地从他人之诗中寻找依据呢？梁氏自己这首诗的第一句即言"虎坊桥畔雪印鸿，阅微堂上宵贯虹"，则不仅时间具体到冬季之夜晚，而且连地址都有了（虎坊桥在宣武门外，今魏染胡同一带，时福建会馆亦在此处）。

似此，梁章钜诗歌之纪实性特征亦有助于校正他作。

---

① 见福建晋江市文化体育局主办《星光》2006 年第 2、3 期。

二、学问诗——考据勘研的如实体现

这类诗作多为七言古诗或七言绝句，诗前往往有序或题注，这种序、注本身也是经史或金石的考据勘研性文字。对章钜此类诗作，应该客观地进行评价，即有一部分的确因过于强调考据学问，而使得题注过长、夹注过多，读之佶屈聱牙，缺乏诗味。如《吴门七姬权厝志拓本》《汉石经残字册》《琅琊师（狮）子炉歌为陈恭甫作》《周鼎歌笒鞯嘱赋》《商爵歌并序》等。以《琅琊师（狮）子炉歌为陈恭甫作》① 为例，其题注云：

> 铭云：弟子盐铁，出使巡官，主福建院事，检校尚书、礼部郎中，赐紫金鱼袋。王延翰为大王及国夫人铸造师（狮）子香炉壹口，舍入保福院，永充供养。天佑四年九月四日造。

诗云：

> 太邱先生世儒宗，辨证金石精罗胸。小琅嬛馆足古异，突兀示我琅琊铜。身高盈尺口围弱，冠顶高踞狻猊雄。外唇葵叶径强口，黄庭细楷环雕龙（铭字极似颖井黄庭）。上列盐铁出巡使，福建院事稽无从（福建院于志乘无考）。检校尚书赐紫金，结衔未改唐勋庸。次言天佑四年造，九月早过昭宣终（唐亡于天佑四年四月）。纪元犹奉旧正朔，差喜岐李吴杨同。是时国中政俭约，苾刍甘露回炎风。万姓祝王王即佛，保福自现金轮躬。二国夫人本偕老，任黄内治称肃雍。博陵练椎未得逞，何况凤燕争华宫。侧闻四塔一寿岳，乞复车驾祈熊熊（黄滔丈六金身碑载闽王造塔四，其一于寿山，以昭皇帝西巡发誓愿，以祝熊熊乞车驾之复宫阙）。为君为亲等誓愿，克家颂祷非顽蠢。后来坚牢起窣堵，千灵万圣资延洪。惜哉自身语繁渎，那似堂构原恢崇（坚牢石塔，王曦所建，七层皆有题名，而为自身

---

① （清）梁章钜：《退庵诗存》卷二十，道光十七年桂林刻本，第12—13页。

字凡六见，"千灵万圣"亦塔铭中语也）。同光后事且勿论，麂来马去殊匆匆。是炉或自全盛日，一物已足觇夷隆。俸钱直进有余积，想合铴励垆钧红（闽王铸大钱，以五百文为贯，俗名谓之铴励，见《货泉录》）。词无枝叶制弥质，字外朴拙妍其中。三山吉金此第一，恰值志乘搜残丛。天将此物助载笔，团团宝月围晴虹（时恭甫为福建通志局总裁，适获此物）。生砂活翠非近玩，拓我眼福揩双瞳。咸和总章杂瓴甓（皆恭甫新获晋唐各砖瓦），筝琶未许侪钟镛。我藏吴越忠义塔，自诧光怪攒云龙。讵若此物系闽故，如保赵璧得楚弓。八百余载香火闭，六十三字金涂浓。哦诗漫拟周文璞，访古更踏莲花峰。

此诗作于道光十二年（1832），是梁章钜首次归田，与陈寿祺比邻而居于福州黄巷时，为陈氏当年新得到的一件珍贵古董——五代王延翰铸铜鎏金狮钮熏炉题的一首诗。诗人先以题注的形式将熏炉上所环刻的楷书文字加以介绍，明确了这只熏炉的历史来历；然后又以一首392字的七言古诗介绍了古董的主人、外形、铭文、历史、出土、归属、意义等；而在诗中又夹注8条，分别考铭文字体、福建院事、铸造时间、闽王造塔、塔上铭文、闽王铸钱、收藏来历、藏主他获等。全诗取材奥衍，夹注过多，写得佶屈聱牙，毫无诗味，几乎可以作为学术文章来读。然辩证地说，章钜此诗，当时之人，尤其当事之人读之，却未必如我们今天所感，因为这种以考据勘研直接入诗的学问诗，正是那个时代之时尚，何况是赠送给汉学名家陈寿祺的，没准正投合其心意呢！

但除此之外，还有相当一部分此类诗作，形式与内容相称，效果颇佳。如梁章钜《古瓦研斋所藏历代书画杂诗》95首[①]、《古瓦砚斋所藏国朝书画杂诗》35首[②] 系列诗歌。这两组诗，全是梁氏为自己历年所收藏的书

① （清）梁章钜：《退庵诗存》卷二十二，道光十七年桂林刻本，第1—17页。
② （清）梁章钜：《退庵诗存》卷二十三，道光十七年桂林刻本，第1—7页。

画精品而题的七言绝句，每一首后都附有注，且自注所占据的比重远胜于诗歌。这些自注虽亦多属考据勘研文字，但读之不仅不令人乏味，反而能帮助读者理解、欣赏，甚至拓展书画鉴赏知识。如：

> 领袖承平翰墨场，烟云清供乐郊堂。弇山派接华亭派，从此人间重四王。
>
> ——《古瓦砚斋所藏国朝书画杂诗》其一①

后注：

> 王烟客仿古册一、仿黄大痴轴一。本朝画以先生及廉州、麓台、石谷为大家，廉州为先生子侄，麓台即其文孙，石谷由廉州而谒先生，亲承指授，并纵观所藏名迹，学始大进。

本诗如果没有这一注释，一般读者确实不易读懂，非得借助此注，方能明白该诗是梁章钜为自己所藏清初"娄东派"领袖、著名山水画家王时敏（烟客）的《仿古山水册》及《仿黄大痴画轴》所题，且能了解王烟客画册所模仿的是明代弇山派（王世贞）和"华亭派"（董其昌）之山水画，并进而了解清初"四王"——王时敏（烟客）、王鉴（廉州）、王翚（石谷）和王原祁（麓台）在我国绘画史上的地位及其相互之间的师承关系等。

又如前文已选举之诗：

> 曾入米家书画船，瑶台无恙旧婵娟。南来别有闲勋业，石本夸人定武传。
>
> （注：褚临兰亭黄绢本，为米海岳旧藏，有海岳及明代诸名流题

---

① （清）梁章钜：《退庵诗存》卷二十三，道光十七年桂林刻本，第1页。

跋。本朝归王俨斋，① 又归查映山，② 世所传千金本也。此迹未见石本，苏斋师尝以为憾。因重为装治，又摹勒上石，以广其传，云。）

——《古瓦研斋所藏历代书画杂诗》其一③

此诗附注非有不可，若无此注，读者根本不会知道该诗所咏的竟然就是赫赫有名的"唐褚遂良临兰亭黄绢本"（现珍藏于国家图书馆）。且诗人通过注，重点介绍了两项内容，一是弥足珍贵——有宋、明、清三代诸多名流题跋，凡16则④；二是来之不易——该本之流传经历了宋米芾、清王鸿绪、查莹等，最后方为梁章钜所购藏。

梁章钜这两组共计130首题画诗，实实在在是内容与形式的完美结合，每一首诗后均附自注。诗人正是借助了题注的形式，方才拓展了短短一首七言绝句的内涵与外延。所以，不能一概否定把考据勘研写进诗中的"学问诗"。事实上，只有不恰当的使用，没有不好的形式。

三、抒情诗——个人情感的切实发挥

从青年到中年再到老年，梁章钜的诗歌当中都不乏抒发情感之作。

如怀人之作：《题郑苏年先生抱膝遗像后》2首、《随园怀袁简斋先生》4首、《过河南府怀齐大北瀛》《浙江舟中有怀岭西诸君子十六首》等。

记游之作：《同内子挈瑚儿兰女泛舟西湖》8首、《雪后登惠山》《饯春日遍历吴中诸山，杂纪以诗》12首、《潇湘行》《焦山纪游》等。

另外尚有一些吟咏生活细节的小诗，虽无多大意义，然亦不乏文人雅致情趣。其中《浦城八珍咏》，分别咏白菜、冬笋、香菇、红酒、池鱼、乳羊、石鳞、山兔等；《食海物分咏》4首，分别咏黄口、龙肠、江珧柱、

---

① 王鸿绪（1645—1723），号俨斋，清代官员、学者、书法家。康熙年间曾任《明史》总裁。

② 查映山即海宁查莹，清著名藏书家、收藏家。曾督贵州学政。

③ （清）梁章钜：《退庵诗存》卷二十二，道光十七年桂林刻本，第1页。

④ 具体为米芾、莫是龙、王世贞、周天球、文嘉、俞允文、陈仲醇、徐益孙、王穉登、沈咸、翁方纲、梁章钜、内藤虎等13人的题跋、题识、题记、题观，凡16则。

玉筋蛏等；《福州急足至，儿辈附寄土物，各系以诗》分别咏武夷茶、蝤蛑干、龙虱等。

然此类诗作最具价值的是创作于鸦片战争之际至战后若干年间的那些诗歌。如《辛丑二月于役梧州》4 首和《题陈忠愍遗像诗》等。

一涉及中国近代史，人们总是把目光聚焦在林则徐身上，而实际上梁章钜亦是一位政绩突出、胆识并茂的高官，在第一次鸦片战争中是坚定不移的反侵略主战派。人们往往忽略了一点，那就是梁章钜的年龄较林则徐整整大了 10 岁，以 10 年之距离却能与林则徐生死相知至死不渝，怎不令人对梁章钜肃然起敬！故即便年迈归隐，其拳拳爱国之心亦时时显现，这一点虽主要体现在他的笔记中，但其晚年之诗中亦有一些反映时政之作，充满爱国忧民之情，如：

> 病入膏肓岂易甦，嶙峋虎角起长吁。他年若咨卢龙卖，我亦当时士大夫。（注：英夷占据乌石山，大兴土木，虎头生角，形家所最忌也。闻当官已与相安，而我民则重足而立矣。）
>
> ——《北东园日记诗》之五十二①
>
> 出塞不辞三万里，著书须记一千年（借用近人诗句，忘其姓名）。可怜粤麓非屏麓，望断苍茫敕勒天。（昨有传林少穆已赐还入关者，为之喜而不寐，实谣言也。余福州老屋在屏山之麓，与少穆为比邻者数年。）
>
> ——《北东园日记诗》之五十三②
>
> 浪迹原非计，怀居岂谓贤。本来同寄庼，何事不归田。
> 去住无安土，穷通总乐天。莫疑云出岫，漫学地行仙。
>
> ——《别北东园诗》其一③
>
> 东园不能住，何况北东园。时事难高枕，吾生惯出门。

---

① （清）梁章钜：《归田琐记》卷八，中华书局 1981 年版，第 172 页。
② （清）梁章钜：《归田琐记》卷八，中华书局 1981 年版，第 172—173 页。
③ （清）梁章钜：《浪迹丛谈·续谈·三谈》，中华书局 1981 年版，第 2 页。

栖栖竟忘老，耿耿未酬恩。且复添诗料，珍留雪爪痕。

——《别北东园诗》其四①

这些诗作，委婉生动地道出了一位年迈归田的爱国封疆大吏内心真实的感受——在时局动乱中事无可为的愤懑和无奈。第一首是有感于英夷占据福州城中之乌山，作诗抒愤；第二首是表达对林则徐的思念与同情；三、四首则是诗人对其晚年不得不告别故乡、浪迹江浙的无奈、遗憾，以及对故土的难舍之情，表述得自然流露、真诚感人。

此外，梁章钜另有一类抒发慷慨激昂之爱国情感的诗篇，直抒胸臆，情辞豪放。史传梁章钜的性格，沉毅稳重，寡言少语，然非读其此类诗作，你不能想象一位70多岁的老人，尚有着如此强烈的爱国热忱！梁章钜自幼崇拜历史英雄，青年时期还曾率领一班同窗好友（包括林则徐）拜谒宋朝福建抗金英雄李纲祠、李纲墓，并与同窗相约，将来无论是谁，如有出仕之日，定当再到此处隆重祭奠一番，坟墓、祠堂都要好好重修一新，以表对先烈的敬仰。鸦片战争之际，国难当头，梁章钜更是站在了抗英禁毒的前沿阵地上，先后在广西、江苏等地，奋力抗击英帝国主义者的侵略。后因病归养，然仍牵挂时局，对我军民抗击侵略者的壮烈举动充满赞美之情，并以自己的诗作将爱国主义、英雄主义思想加以高扬。其中最富代表性的是《退庵诗续存》卷八之《题陈忠愍遗像诗》。诗文如下：

我与公同乡，而初不识面。同官即筹海，遂属接睐睒。别来数月耳，忽闻公死战。呜呼大星落，使我心胆颤。人生孰不死，死所让君占。愧彼偷活者，尚作草间恋。从兹隳长城，海国局一变。震悼达九重，同仇能无忝。军民有余痛，乡里有余羡。桓桓李忠毅，卅六年再见（公少与李忠毅公长庚同滨海而居，相去十里而近，自入水师营任，即随忠毅立功海上，距忠毅死三十六年）。道光辛丑

---

①　（清）梁章钜：《浪迹丛谈·续谈·三谈》，中华书局1981年版，第2页。

秋，海氛正冥冥。公守吴淞口，我守沪渎城。文武极和衷，旌旗肃连营。促膝坐军帐，并辔巡林垌。我策公必此用，公谋我必行（公密告予曰：闻上海城中有闽商某，雄于财力，能啸聚二三千人，邑人皆畏之。若有外警须防其内讧也。余侦之，果然，立饬县官，设法招致之，假以词色，动以乡情，并令其协和粤商，俾为我用，五日而帖然就抚，佥谓从此城中不虞内变云）。最喜封港议，与公协力求。攘外先靖内，息民乃战兵（二句即公相助语也）。居者免噩梦，归者庆更生。立谈定反侧，欢声匝滨瀛。黙笑肉食者，所测皆私情（去秋前督部奏准封港，上海商民数千向余哀诉，几成罢市。余与公定议，一面批准开港，一面据实奏闻。欢声雷动，三月内吴淞口外商船数千，扫数进关，而夷船踵至，众有更生之庆，时督部由镇海移檄，尚疑我二人庇护闽商也）。忆我初莅军，值公痁未愈。行馆坚不入，常年甘野处。忽闻鹭门沉，妻子消息阻（公家在厦门，去年公长子来省亲，居三日即遣回，闻眷属自厦来苏，复飞书阻之）。此情太难堪，我姑作慰语。万金书欻至，全家脱鱼釜。公病旋霍然，公勇弥足贾。笑谓内顾忧，毕竟妨御侮。公言益平易，公志益激楚。三年一戎幙，飘萧战风雨。但期士心奋，敢惜臣身苦（公莅任不入官署即到吴淞，又不入行馆，所住帐房至不堪蔽风雨，余为饬制一大帐房，公犹以兵帐皆敝不忍独居新帐为辞，余已允为一律更新，旋因卸篆不果办）。公言犹在耳，公神已在天。俯视蜉蝣辈，世态真可怜。束缚复驰骤，文义多拘牵。处常且难恃，临危肯扶颠。双旌已远飏，公犹张空拳（牛督部由海岸奔嘉定，王总戎由内塘奔松江，公遂及于难，总戎名志元，由徐州镇调来防堵者）。鲸鲵已破胆，报国方飘然（夷酋噗鼎喳受抚后与江南官言，宝山之战与公相持至一昼夜，公击沉其数船，复歼其黑鬼千余，该酋令挂黑旗速退，俄闻吴淞岸上哭声震天，侦知公已中炮死，遂挥船复进，咸谓如此好将军自入中华未所见也）。所恨功垂成，旁无一手援。半壁遂瓦解，万口徒声吞。公像尚如生（练刺史廷璜于沙岸中求得公尸已十余日，

面色如生，目尚未瞑，身受火弹百余粒，有洞胸贯胁数处），我诗安
足传。区区幸纪实，留待勒青编。

诗人先以题注"公名化成，字莲峰，同安人，官江南提督，壬寅夏
英夷陷宝山，没于阵"高度概述陈化成之生平，继而以洋洋洒洒一首 400
字的歌行体，不仅追叙了与陈化成将军相识相知的始末，更将陈将军的廉
洁之风与忠贞勇猛尽泄于笔底，抒发了诗人对烈士的赞颂之情。随着梁章
钜的诗句，我们仿佛看到，道光二十年（1840），中英实际上进入战争状
态的那年，梁章钜调任江苏巡抚，亲自带兵到上海，以年近七旬的高龄奔
波于海防第一线。六月下旬，亦年近七旬的陈化成调任江南提督，来到了
松江府，二人自此相识。梁章钜原本就敬佩这位同乡老将军，在他先为陈
安排好的公馆、后为陈赶制好的新帐房，统统被谢绝后，老将军官兵一致
的俭朴的生活方式，及其以防御英军为首务的思想，都令梁章钜十分钦
敬。陈化成的廉洁作风深得梁氏赞赏，而梁章钜为官正派、爱国情深亦得
陈氏尊敬，故两人和衷共事，戮力同心。陈提督有所策划，梁章钜均努力
协作；梁巡抚有所建议，陈化成亦乐于采纳。一文一武，融洽相处，两人
共同制定备战方案，调兵遣将，铸造大炮，筹备船只，为防御英军侵略做
了大量工作。后因梁卸去巡抚之任，改署两江总督而分手。

而关于陈化成之谋略、勇猛，及舍身报国等细节，诗人又通过诗间
注加以体现。如第一条夹注，将陈化成与其福建同安同乡嘉庆年间浙江水
师提督李长庚将军并列，李于嘉庆十二年（1807）在与海盗船战中阵亡，
谥忠毅，此注体现了梁章钜对陈化成将军的高度赞扬；第二条夹注，则述
陈化成提的一条建议，即招致上海城中雄于财力的福建人林某，梁章钜采
纳后，通过县官招致林某，说以利害，动以乡情，果然达到预期效果，消
除了上海城的内讧之虞；第三条夹注，追述陈将军所出之"封港"与"靖
内"两计对自己的帮助；第四条夹注，回忆二人共事的融洽与成功；第五
条夹注，描述陈化成为便于作战，拒绝妻、子随军照顾之事；第六条夹
注，写老将军官兵一致的生活作风；第七条夹注，痛斥两江总督牛鉴等人

的临阵脱逃间接造成了陈将军的阵亡；第八条夹注，描述陈将军的英勇善战与壮烈牺牲；第九条夹注，补叙陈将军尸首的收回，以及从尸首上看其死得英烈！

这种种细节描写，令人唏嘘感叹！可以说，章钜的这首诗，直可视若陈化成之诗传！通过梁氏之笔，一位栩栩如生的英雄形象就屹立在了读者面前！

梁章钜此类爱国主义诗篇不少，既反映了鸦片战争的壮烈史实，又体现了他反对帝国主义侵略的坚定立场，充满爱国主义精神，读之令人气壮，同时亦可作为研究近代文学之史料。

小　结

作为清嘉道间有一定影响的诗人，梁章钜一生耽风雅、笃朋旧、入诗社，诗歌创作一直是其文学成就中的重头戏。梁氏共有 4 部诗集——《藤花吟馆诗钞》《藤花吟馆试帖》《退庵诗存》《退庵诗续存》，另外还有散见于他作之中的不少诗作，现今仍能读到的超过 2600 首，然其诗歌研究现状却几乎是空白。因此，笔者将此章作为本书的一个重点进行探究，从梁章钜的诗友交游、风雅诗事、诗集版本及佚诗、诗歌创作分期、诗作内容等方面去观察与考述。

诗友交游对梁氏诗歌创作有着良好的影响，与传统诗人翁方纲、阮元、郭麟、朱珔等人的唱和，使梁氏诗作有了扎实的古典文学根基；而与近代诗人龚自珍、魏源、林则徐、陶澍等人的唱和，又使梁氏诗作带上了时代先进的色彩。

风雅诗事中，梁章钜中年居京之际加入苏斋诗会及宣南诗社之事，对其一生影响巨大，这种影响，不仅体现在其诗歌创作之中，也体现在其诗学思想上，更体现在对梁氏外宦之后的行政措施上，所以也是应予强调的。

对章钜诗集版本及佚诗的探究，以及对其诗歌创作进行分期，为本章重点，尤其利用了《藤花吟馆试帖诗》及《退庵诗续存》二集。前者很少人关注，后者则从未见他人述及。而后者是梁氏晚年爱国主义思想的最重要的载体，故在议论梁氏诗歌内容之爱国思想时，笔者引用了较多摘自本诗集的诗歌。

梁章钜一生都与诗歌密不可分，即便在他仕途显赫之时，亦翰墨是亲、吟咏不废。其诗歌的基本特征，在不同的时期有不同的侧重。出仕之前是其诗歌创作的起步时期，风格在发展中屡变；居京 8 年是其以学问、考据入诗之作大放异彩的时期；外宦 10 年是其以诗写政、诗以致用的时期，亦为其创作高峰期；初隐 3 年是其诗歌由实用性向审美诉求回归的时期；复出 7 年是其诗风、诗境发生根本变化的时期；归隐时期则是其诗歌纪实性与抒情性特征结合较完美的时期。

第四章　诗话编纂　度人金针

中国传统诗学有着深厚的历史底蕴，特别是到了清代，诗歌这一古老的体裁继唐宋之后再度取得了辉煌的成就，有清一代不仅出现了许多诗歌大家，也形成了诸多成熟的诗歌理论。

如前章所述，书香世业、家风流长，而学养深厚的梁章钜，以本色文人的身份出现时，在福建文坛上便占有重要的地位。他不仅诗作蔚为大观，更有丰富的诗话，这些诗话由许多互不相关的论诗条目连缀而成，其内容或论诗及人，或论诗及事，或论诗及辞。从阅读那一条条或以历史考辨见长，或以理论阐述取胜的短小精炼，且极具个性的评论中，后学者可以看到梁章钜的诗学思想在闪烁。

赫赫有名的梁章钜藏书楼——小黄楼（摄影：林长生）

纵观梁章钜的一系列诗话，编纂时间跨度很长，从中年时期直至暮年，正好与其诗学思想的发展与成熟过程相一致。其论述已经涉及诗歌理论的诸多层面，如诗歌创作、诗歌功能、诗歌鉴赏等方面。梁章钜前期诗话主要着意于网罗旧闻，零星掇拾，意在抱残守缺，订志乘之误，助一方掌故，因此虽然资料采集丰富，出处注释详明，但是诗学思想尚未成熟，仅能从若干论诗条目中窥见，故其价值主要体现在文献整理方面。到了中期诗话，情况有所改变，其诗学思想日渐成熟，在编撰体例、辑录诗人诗作以及历代各家评述之外，有了比较多的评论，如评论诗人的品格与诗歌的质量、格调之间的关系，重雅轻俗，推崇情景兼至、韵味醇厚的风格等。后期诗话撰作更多，该阶段梁章钜诗学思想更加成熟，文笔也更加老练，信笔写来，娓娓而谈，文笔能驾驭思想，已不拘于"意在一邦文献之征"的抱残守缺似的资料搜集了。尤其《退庵随笔》中"学诗"二卷更是其晚年诗学观的总结，在修正清代各大诗学主张的基础上，梁章钜兼采众长，注重学养，风骚并举，表现出对诗教传统的回归，并总结了诗歌创作的一些基本经验，给予后学者一定的理论指导，体现了清代学者理性求实的经世精神。

第一节　撰辑与理论

诗话是中国古代诗歌理论批评的一种重要形式，作为一种论诗文体，它有狭义与广义之分。狭义的诗话，是指诗歌故事；广义的诗话，是指以诗歌鉴赏与批评为主的著作形式。诗话体式，是诗歌繁荣发展的产物，肇始于南朝文学批评家钟嵘的《诗品》，成于北宋文学家欧阳修的《六一诗话》。写诗话之风，宋朝最盛，明清两代次之，尤其清代诗话在理论批评方面取得了令人瞩目的成就。然而以往学界提到清代诗话，却大都只留意王夫之的《姜斋诗话》、叶燮的《原诗》、王士禛的《带经堂诗话》、袁枚的《随园诗话》、沈德潜的《说诗晬语》、翁方纲《石洲诗话》、赵翼的《瓯北诗话》、潘德舆的《养一斋诗话》等，忽略了嘉庆道光朝还有一位诗话大家，那就是梁章钜。

梁章钜一生著述甚丰，其中诗话撰作占了不少。欲分析梁章钜的诗学思想，除了离不开诗歌创作之外，也离不开那些梁章钜记叙诗人故事、议论他人诗作、记录他人论诗见解，或者阐述自己诗学理论的诗话之作。事实上，梁章钜的诗学思想也常常如同草蛇灰线，伏脉于他对他人诗歌的评论中。

《四库全书总目》将诗文评大致分为五类："究文体之源流，而评其工拙""第作者之甲乙，而溯厥师承""备陈法律""旁采故实""体兼说部"，后人所论者，不出此五种体例。对于诗话，梁章钜有其个人的追求，即具有较强的理论自觉精神。

梁章钜在诗歌创作方面有着丰富的实践经验，先后作诗超过 2600 首，这使得他对诗歌创作的过程和特点获得了许多直接、亲切的感受和体悟，并且在长期多种文学样式的创作实践中，培养起了对文学艺术的敏感，这些都为他撰辑诗话创造了良好的条件。

前文已言，梁章钜的文学成就之一体现在其诗歌创作上，这里我们还可以进一步补充说，梁章钜学术成就之一亦体现在他的诗话撰辑上。其诗话系列出自他的理论自觉精神，隐含着他的诗学观念，并能够遵从诗歌自身规律来把握其艺术特征，往往提出一些令人深思的问题，得出一些使人耳目一新的结论。因此，要想了解梁氏的诗学思想，就必须对其所有的诗话进行考察。

一、诗话撰辑

梁章钜诗话甚多，现今有具体刻本、钞本可查，直接以"诗话"（含"诗传"）命名的就有 8 种：《长乐诗话》《南浦诗话》《东南峤外诗话》《三管诗话》《闽川诗话》《乾嘉全闽诗传》《雁荡诗话》《闽川闺秀诗话》。再加上内容与诗话相仿或有涉之作，如《试律丛话》《读渔洋诗随笔》《退庵随笔·学诗》《浪迹丛谈·诗话》《读随园诗话随笔》（存目佚传），以及《楹联丛话》《楹联续话》《楹联三话》中有关诗话者，则数量更为可观，甚至可以毫不夸张地说，嘉庆、道光朝，无出其右。更难能可贵的是，梁章钜诗话著作不仅数量多，而且质量高，有创新、有特色，他特别关注区域诗话、家族传承、女性诗学。当代学者蒋凡曾如此评价梁章钜的诗话纂作贡献：

> 其诗话著述之富，有清一代，世罕其匹。上述诸多诗话，虽然质量不一，但都具有很高的学术参考价值。即就其已佚的《读随园诗话随笔》而言，单日诗坛的正统之论，无不批评袁枚《随园诗话》"非邀誉达官，即称艳闺媛"，抨击肌无完肤。但梁章钜读后，却能独立思考而一扫传统偏见。军伟（王军伟，《传统与近代之间》作者）称引梁氏《退庵文钞》（仅存上海图书馆稿本）中的《随园诗话序录》云："见其中标隽之言、持平之论，实有足以砭讹订惑、启发后生者，乃知先生之独契精微，唾弃凡近，金针之度，具见编中。余生也晚，未获接先生馨欬，而先生之书则无一不寓目。及之官江南时，以事小住金陵，曾寻随园一览，有诗云：'六代风骚到此园，过江坛坫半推袁。只今饱看林泉好，其学期人且漫论'。时吴门耆旧见此诗者，皆以为蕴藉恰好。及兹反复是编，乃至昔日知先生也尚浅，口口以随声附和，没先生提倡之盛心。因费旬余日之力，精取若干条氛围上下两卷，以质当代之学诗者，当不以余为无知妄作也。"其取于自我反省的真知灼见，正见梁氏实事求是而非随人脚跟的批判精神。仅就诗话写作，已可见其巨大学术贡献之一端。①

研究梁章钜，他在诗话领域里的辛勤耕耘是不可忽视的。但是因为这些诗话流传无广，所以需要介绍一下它们的具体情况。梁章钜的诗话，依撰辑时间顺序，可划分为前期诗话（嘉庆年间之作，时间大致与诗歌分期之"出仕之前"相当）、中期诗话（道光二十二年归田之前，时间大

---

① 蒋凡：《传统与近代之间》序，齐鲁书社 2004 年版，第 3 页。

致与诗歌分期之"居京时期"至"复出时期"相当）、后期诗话（道光二十二年归田之后，时间大致与诗歌分期之"归田时期"相当）。

（一）前期诗话

《补萝山馆诗话》，早年之作，实为梁章钜第一部诗话，但似最终未能成书，未见传本，仅于《长乐诗话》及《南浦诗话》中有所称引。该作今虽仅见寥寥 13 组文字，内容亦仅涉及 13 位闽籍诗人，然已能初步显示梁章钜诗学思想之端倪。另，因该作为梁氏诗话系列第一部，又因丁福保《清诗话》、郭绍虞《清诗话续编》、蒋寅《清诗话考》均未言及，故笔者对该诗话将于下文专节探究。

《长乐诗话》，辑于嘉庆十一年（1806）家居福州之时。该作所录为有关福建长乐一县诗学的历史发展，共录自唐迄清 62 位诗人的诗歌创作活动。或因人存诗，或因诗存人，为长乐地方重要之人文历史文献。该诗话据梁氏年谱及《已刻未刻书目》均言 8 卷，应是梁氏误记，据上海图书馆所藏清手抄本实为 6 卷，6 卷之后，又附"闺秀""方外及先祖"两门。前 6 卷录 53 人，体例为以人立目，因人存诗，以时为序，行迹与诗事并行，即围绕一位诗人，搜集与其相关的资料，或诗作，或逸闻趣事，以展示该诗人的总体创作风貌。

首记之人为晚唐林慎思，至林鼎复、林豫吉、郑任钥、吴文焕诸人时已至清朝；"闺秀"录 3 人，自晋至清；"方外及先祖"录 6 人，自唐至清，并多记章钜祖上事。另，因蒋寅《清诗话考》中将梁氏《吴航诗话》列为佚失之作，而经笔者考证，《吴航诗话》实际上就是《长乐诗话》，故于附录中作《〈吴航诗话〉考证》1 篇。

《南浦诗话》，辑于嘉庆十五年（1810），时梁章钜在浦城南浦书院讲席任上，梁氏年谱言 4 卷，实存 8 卷，应该是梁氏误记卷数。该诗话有浦城祖之望（刑部尚书）序及清溪刘瑞紫跋。诗话中间偶加按语或夹注，或考证是非，或品评得失，诗人与诗事互补互现，且搜罗详尽。因该部诗话区域性特征显著，故笔者下文有《〈南浦诗话〉的区域特色》专节论述。

（二）中期诗话

《东南峤外诗话》，此书专录闽省明代诗人，同时也是首部地方断代诗话。该诗话以诗人立目，一目之下，先叙作者传略，间或考证生平、探讨集子版本，次辑诸家诗话评论，最后是梁章钜本人的按语和意见。共选录明代福建籍诗人207人，其中较著名的有林鸿、杨荣、郑善夫、徐𤊹、徐火勃、谢肇淛、俞大猷、曹学佺诸人。据《梁公墓志铭》中言"《东南峤外诗话》三十卷"；而《已刻未刻书目》则言"《东南峤外诗话》二十卷，未刻"；今存之福建省图书馆藏清刻本则只有10卷。该书是梁章钜编撰《东南峤外诗钞》之副产品。梁章钜有《榕风楼》诗曰：

> 园中本无榕，何以名我楼？我钞闽海诗，榕风一楼收。区区敬共意，孟晋希前修。我志岂在楼，此楼亦千秋。

该诗题下自注云：

> 家居多暇，搜辑闽诗，自唐五代至国朝，合为《东南峤外诗钞》，缀以诗话，将脱稿矣，而是楼适成，喜以纪之。①（"是楼"指榕风楼，非黄楼，黄楼修葺于道光十二年，而榕风楼建于道光十三年。）

据此，则《东南峤外诗话》当与《东南峤外诗钞》同时成书于道光十三年（1833）间，地点在福州三坊七巷之黄巷梁章钜新居。另，谢章铤《赌棋山庄余集》云："芷林中丞《东南峤外诗钞》，予所见至宋而止。近又见其《明诗钞》五十卷，体例与前书同，胪列一切，殿以《退庵诗话》，钩稽旧籍，编摩不苟，犹是考据家实事求是之遗则。"②此处之《明诗钞》或为《东南峤外诗钞》之续补，而此处之《退庵诗话》亦即《东南峤外诗

---

① （清）梁章钜：《退庵诗存》卷二十三，道光十七年桂林刻本，第8页。
② 据福建通志局纂《福建通纪·福建艺文志》集部三。

话》也。若果如此，则可以解释《东南峤外诗话》卷数矛盾之问题了，应该是随着《东南峤外诗钞》辑录朝代的增多，《东南峤外诗话》的卷数亦拓展，惜未能见 20 卷、30 卷本。然此亦有待考证。

《读渔洋诗随笔》，上、下二卷，是书无目录，亦无序跋及凡例。王渔洋，即王世祯（1634—1711），原名王士祯，字子真，号阮亭，自号渔洋山人，山东新城人，清初杰出的诗人、文学家。主持诗坛半个世纪，创立"神韵说"，被誉为一代诗宗。王世祯杰出的诗歌成就使得梁章钜对其诗歌创作与理论极为关注，因此就有了这部编纂。该书记述师友对于王士祯诗作的评论，是研究一代诗宗王渔洋的重要文献。撰辑时间不详，完稿时间大约在道光十三、十四年（1833—1834）间。上卷存诗话 71 则，下卷存 125 则，合 196 则。首则曰：

> 余尝问诗于文达纪师、苏斋翁师之门，二师皆令熟读王渔洋诗，而议论风旨，微有不同。文达师之论平而允，苏斋师之论精而严，要旨皆于渔洋有深契，而不惜以金针度人者也。今仅就所闻绪论，参以他家之说，略为编次，俾读渔洋诗者，有所折衷焉。①

可视为本书之绪论。该诗话以诗事为纲，述师意、表己见，谈体会、发议论，挥洒自如，是梁氏诗话中的精品。

《三管诗话》3 卷，道光二十一年（1841）初夏刊刻于广西。三管即广西，唐朝为便于控制少数民族地区，在广西地方设立了桂管、容管、邕管三经使略，故称三管。梁章钜于道光十六年（1836）三月任广西巡抚，至二十一年（1841）二月调任江苏巡抚，在广西任上近 5 年。5 年中，公事之余，梁氏整理、编撰了《三管英灵集》，该书是自古代至清朝的一部广西诗歌总集，又于每位诗人条目之下，缀附诗话若干则。后将诗话部分自集中析出单行，即为《三管诗话》。编撰时间是《三管英灵集》在前，

---

① （清）梁章钜：《读渔洋诗随笔》上卷，国家图书馆藏道光年间刊本，第 1 页。

《三管诗话》在后，但刊刻时间却相反，据《三管诗话》中梁氏自序：

> 余抚粤西将五年，随时访录都人士旧诗，已得数百家，约可编成四十余卷（最后实成五十七卷）。闲缀诗话若干条，附于各家之后……惟所缀诗话，好事者皆以先睹为快，乃复略加删润，别为三卷，先付梓人。昔秀水朱氏编《明诗综》，缀以《静志居诗话》，近人即有专取诗话别订成书者。今亦窃仿其例。楮墨无多，则时地限之。而区区抱残守缺之心，当亦都人士所不忍听其湮没者。拾遗捃逸，尚望同志者扩而充之云尔。①

《已刻未刻书目》言此书 4 卷，②实上、中、下 3 卷，似乎是梁章钜误记卷数。该诗话有三大成就：一是进一步反映了梁章钜品评诗作之情趣与观念；二是发现与保存了一些重要历史文献；三是体现了梁章钜对少数民族文学创作与成就的重视。

（三）后期诗话

《试律丛话》，道光二十二年（1842）辑于自江浙归闽途中，有章钜同年吴廷琛作于道光二十二年端午日之序，然其时并未定稿；又据《退庵诗续存》卷八作于道光二十三年初之《著书》诗，诗间夹注"近辑《试律》七卷（有误，应为八卷，又附首一卷《诗题汇录》）、《制义》二十四卷，并脱稿矣"可推断脱稿时间应在道光二十二年底。该诗话是为研究科举考试之应试内容和答卷情况之著作，选录乾嘉间各科会试及顺天乡试的试律，也扼要叙述了试帖诗源流、体裁、命题诸事。其撰作目的，梁氏于《例言》中有述："《试律丛话》之作，继《制艺丛话》而成，皆为举业家导源溯流，为村学究发聋振聩也。"卷首有序曰：

---

① （清）梁章钜撰，蒋凡校注：《三管诗话》序，广西人民出版社 1996 年版，第 1 页。
② （清）梁章钜：《归田琐记》卷六，中华书局 1981 年版，第 121 页。

　　诗律于诗为末务，然功令以之取士，第一场次时文，后至于庶常馆课、大考翰詹，皆以是觇其所学，故未可薄而不为也。国朝名公巨卿多工是体，曩吾师纪文达公有《庆庚集》选本，上下六十年，鸿篇价制无美不备，注释详明，评论剖析一归精密，一时应举之士及馆阁诸公无不奉为圭臬。故乾隆、嘉庆间，和声鸣盛，能手辈出。大约根柢必深厚，理法必清真，然后斟酌章句，斧藻群言，推陈出新，雕琢之至，归于自然。吾乡王惕甫先生尝云："有杜、韩百韵之风力，乃有沈、宋八韵之精能。"洵知言也。迩来风气渐变，词藻不寻本原，对仗务取纤巧，偭越规绳，第求速化，剽袭割裂，词意乖舛，鲜有能讲明而切究之者。同年长乐梁茝林中丞，素好为诗，于诸体无不工，以其余绪辑为《试律丛话》八卷。其所征引，得之家庭传习、师长渊源，口讲指画，皆有法度，足以续古人之慧命，标后学之津梁。尝以稿本见示，余亟称之，嘱其刊板行世。为是体者，诚能沿流讨源，务反乎今时之所尚，骎骎乎不懈而及于古，庶可无笃于时而拘于墟矣。道光二十二年岁次壬寅端午日吴廷琛序。①

　　吴廷琛（1773—1844），字震南、公君，世称"吴公君"，号棣华，江苏元和（今苏州）人。嘉庆七年与梁章钜同榜进士，该科状元，官至云南布政使，诗人、书法家。吴廷琛所作的这篇序言，首先指明了试律的重要性，然后说明乾隆年间选本情况，再论及道光年间之衰退，最后指出梁章钜此书给予后学金针度人的价值意义。试律是八股文之外的另一种科举考试应用文体，从乾隆二十二年（1757）丁丑科会试开始，科举考试中增加了试律，这是清王朝科举的一项重要改革，此后140余年的科举考试中，试律都是重要的内容，要求也越来越规范、越来越严格。因此如何熟悉试律基本的规则和禁忌，就有助于写好试律诗。实际上，清代中后期亦

---

①　（清）梁章钜撰，陈居渊点校：《制义丛话、试律丛话》合订本，上海书店出版社2001年版，第493页。

产生不少试律名家，如纪昀、翁方纲等人，他们在清代诗歌领域均自成一家，因此在某种程度而言，试律的推行对于清代诗歌的兴盛亦有一定的积极作用和影响。综上，梁章钜的这本书具有一定的借鉴价值，不可因其应试作用而蔑视它。

《闽川诗话》，成书时间不详，据梁氏年谱、《已刻未刻书目》等均无记录，可推断应辑于章钜晚年，且很可能是道光二十四至二十五年（1848—1849）间。今存之残本为谢章铤《赌棋山庄钞本》，无序，然有谢章铤跋语，记叙了残本的来历与谢章铤的解读：

> 从市肆堆中搜得梁芷邻中丞诗话稿一本，零星蠹烂，首尾不相属，"卷三"二字尚在，亦不知其若干卷。因多遗闻逸事，假归，命小史录存之。中丞收藏极富，著述殷阜，其专及闽中者如《东南峤外文钞》《诗钞》，予皆未得见，其付梓与否，问其家亦未能详。近浙江书局所刻《二思堂丛书》有《闽（川）闺秀诗话》四卷，想与此卷相连属，而此卷又何以不刻也……吾于此卷，安忍听其湮没哉！然又安能使之不湮没哉！光绪癸未药阶退叟谢章铤记于芝南讲舍。①

是书不分卷，然分初编、续编、又续编三部分，体例为以人立目，存59人，初编25人，续编12人，又续编22人，大多是乾嘉诗人，起自乾隆年间莆田郑王臣，至道光年间侯官郭柏苍，或因人言诗，或点评诗歌。作为闽省地方诗人遗存，对于研究当年诗歌创作及文学发展面貌大有裨益。

尤其是对其师孟超然、郑光策、祖之望、林茂春、陈望波，其友陈登龙、伊秉绶、游光绎、曾奋春、萨玉衡，以及其父兄等之诗事的叙述，因熟知其人其事，故叙述详细生动、亲切有味。如《孟瓶庵师超然》条：

---

① （清）梁章钜：《闽川诗话》跋，清谢章铤赌棋山庄残钞本，第1页。

……余髫龄即逢陆耳山学使考送鳌峰书院，肄业瓶庵。师本父执，晋谒之日，就池栏设几，面试小课。有“诗心同水澈，书味与花和”之句，师亟赏之，告人曰：“此子必践清华，但吾不及见耳”……①

《雁荡诗话》，上、下二卷，今存。书前有赵光及魏源二序，又有梁氏自序，详述该诗话之缘起为门下生魏源所建议；后又有章钜小门生任俊之跋。该诗话专为雁荡一山创设，颇有创意，人文地理及自然胜景二美并兼，自有其价值所在。其条目之下，偶加按语，则考证大多精当，兴会流于笔端，见其笔力老而弥健。但惜其体例之立目，或人或景，自乱其制；且篇章中佳作无多。据该书《自序》末题：“道光二十八年岁次戊申，重阳日，福州七十四叟梁章钜撰于东瓯郡署之树德堂”，可知该书成书时间与地点。

此书亦是考证梁氏与魏源之交游的史料。据魏源序：

……吾师长乐梁夫子，生长武夷之乡，持节桂林，晚又就养温州郡署，皆山水奇绝地。慨雁荡僻处天末，既题咏之，又辑诗话表章之。于是峰壁、洞壑、泉石，无不云滃瀑飞于墨素间，真可卧游而众山皆响。且生平文学政事，轶谢客、柳州而上。他日话东南山水者，以武夷属朱子；以匡庐属太白、东坡；以雁荡属长乐梁公无疑也。独是“桂林山水甲天下”，而至今无所专属，且图志寂寞，视雁荡缺憾尤甚。骚人韵士多有欲卧游神往其间而不可得者。吾师驻节数载，何以补山川千古之憾，亦如雁山遭遇之幸乎？谨书所怀，以质左右，盖又将请益于将来也。②

① （清）梁章钜：《闽川诗话》，清谢章铤赌棋山庄残钞本，第4页。

② （清）梁章钜：《雁荡诗话》序，道光二十八年温州刻本，第1页。

《闽川闺秀诗话》，4卷，成书于道光二十八年（1848）至道光二十九年（1849）之间，地点在温州。清中叶后期，文坛出现大量的地域性诗话与女性诗话，其中福建地区的女性诗话就以《闽川闺秀诗话》为最早。在《闽川闺秀诗话》里，可以发现梁章钜是有目的地借助《闽川闺秀诗话》之撰辑来形成福建地区的女性诗学史与家族文学史。梁氏亦以自己的价值观来选录福建女性诗作，或许可以说这部诗话是男性价值观下的女性诗话。

全书以人立目，共选录 104 名女诗人。书首有章钜堂妹梁韵书所作之序。此书是章钜依靠亲友广收闽川闺秀之诗歌诗事，最后亲手编撰而成的。其最大的价值在于着眼于女性文学，不仅保留了许多女诗人的作品和资料，具有一定的文献价值，而且大多评赏精当，能给人以启迪。同时也可见章钜的文学思想具有一定的开拓精神。缺陷是录家人之作所占比例过大，全书仅 4 卷，然卷三尽录梁家之人，直同家乘，虽不乏清辞丽句，究不免标榜之嫌。

《乾嘉全闽诗传》，12 卷，残本，创作及成书时间不详，然据梁韵书《闽川闺秀诗话》序所言："（吾兄）尝辑唐以来《闽川诗钞》数十卷，并仿秀水朱氏《明诗综》文例，间缀诗话，而于国朝诸诗事尤详，已有十二卷成书"，可推韵书所指应即《乾嘉全闽诗传》，由此亦可推断其创作及成书时间应在道光二十四至二十五年（1848—1849）间，与《闽川闺秀诗话》《闽川诗话》互为先后。是书有目而无序跋，全书以人立目，共选录 104 人，且目录中于各位诗人名下，均有言选诗多少首，然今之残本仅存 59 人，且未见所附之诗。诗话体例是先小传，后缀以诗话，同时以录诗作为主，体现了梁氏欲以诗存人之意图。

《读随园诗话随笔》2 卷，道光二十六至二十八年就养东瓯期间撰。见载于林则徐所撰《墓志铭》与《二思堂丛书目录》，然今仅存目而无见传书。《退庵文钞》（仅存上海图书馆稿本）中有《随园诗话序录》1 篇。

除上述 12 部诗话外，梁氏尚有《退庵随笔·学诗》2 卷、《浪迹丛谈·诗话》1 卷、《制艺丛话》《楹联丛话》《楹联续话》《楹联三话》等有涉诗话者。

二、诗话理论

（一）清代诗话理论的成就与特点

清代诗话在理论批评方面取得了令人瞩目的成就。如王夫之在《姜斋诗话》中，对诗的情与景互生互藏的辩证关系，诗的"体物""会景"与生活积累的关系，诗的"意"和"势"的关系及"咫尺写万里"的特点等等，都有精湛的论述和独到的见解。叶燮的《原诗》，不仅具有严整的理论体系，对诗歌与现实，诗歌与时代发展的关系，诗歌本身的发展规律，作家所必需的"才、胆、识、力"诸条件等等，都有系统的、精辟的论述；而且在对于诗歌的特点及其与理论著作区别"定位"与"虚名"的关系等等方面的论述，识见更加精辟。王士祯的《带经堂诗话》则反映了他的神韵说主张。袁枚的《随园诗话》卷帙浩繁，代表着明代公安派的性灵说在清代的余响。其中对沈德潜强调封建纲常的格调说大加讥贬，具有一定的反封建礼教的意义；针对以翁方纲为代表的提倡学问诗等主张，强调诗歌创作要出自真感情，亦有不少可取的意见。其他如赵翼的《瓯北诗话》、潘德舆的《养一斋诗话》等，也具有一定的理论价值。

清代诗话的一般特点是：多数并不以系统、严密的理论分析取胜，而常常以三言五语为一则，发表对创作的具体问题以至艺术规律方面问题直接性的感受和意见。而它们的理论价值，通常就是在这些直接性的感受和意见中体现出来的。①

（二）梁章钜诗话理论自觉性

梁章钜本身是个诗人，作诗之人自然会更加明白诗歌的创作理论，或者也可以说作诗之人撰写有关诗歌的创作理论或品评诗歌美学会较常人更为生动。在梁章钜的诗话理论中，就融合了诗人对诗歌的认识，同时以

---

① 此节据敏泽《中国文学理论批评史·诗话》，人民文学出版社 1982 年版。

学者的学识来支撑，从而使得梁氏诗话系列具有较高的学术价值。在《退庵随笔·学诗》中梁章钜是这么说的：

> 诗话莫盛于宋，今《四库》所录，自《六一诗话》以下二十余家，求其实系教人作诗之言则不可多得。国朝吴景旭撰《历代诗话》至八十卷，嗜奇爱博，而尚非度人金针。余尝欲就宋人各种中，精选其可为诗学阶梯者，盖以明人及我朝名流所著，都为一编，庶几为有益之书。未知此愿何日酬耳。①

从上文中可明确看出梁章钜撰作诗话具有理论自觉精神——注重作诗的方法，即属于《总目》中"备陈法律"一类。故其在《学诗》卷中，常常直言作诗之法：

> 窃谓今人学诗者，只须将《毛诗》句句字字尽得其解，再将白文涵咏数过，于诗诣而不能精进者，吾不信也。②
>
> 苏斋师教人作诗："结语有用尖笔者，有用圆笔者，随势用之。"此亦从三百篇出来。③
>
> 李文贞教人学诗："先将十九首之类句句摹仿，先教像了，到后来自己做出，自无一点不似古人，却又指不出是像那一首"云云。此最是初学一妙诀。④
>
> 苏斋师论诗最严，有口授之二语，则谓"手腕必须灵活，喉咙必要宽松"。盖喉咙宽乃众妙之门，百味皆可茹入。王渔洋喉咙最宽，所以一发声即奄有诸家之长。又云："作诗言大章法，固是要义，

---

① （清）梁章钜撰，乐保群点校：《退庵随笔》卷二十一，文物出版社 2019 年版，第 531 页。
② （清）梁章钜撰，乐保群点校：《退庵随笔》卷二十，文物出版社 2019 年版，第 482 页。
③ （清）梁章钜撰，乐保群点校：《退庵随笔》卷二十，文物出版社 2019 年版，第 483 页。
④ （清）梁章钜撰，乐保群点校：《退庵随笔》卷二十，文物出版社 2019 年版，第 487 页。

然学者多熟作八股，都羡慕大章法之布置，而不知五字七字之句法至要至难。句法要整齐，又要变化，全在字之虚实双单，断无处处整齐之理。能知变化，方能整齐也。"①

古诗纯乎天籁，虽不拘平仄，而音节未有不谐者。至律诗，则不能不讲平仄矣。乃不知何时何人，创为"一三五不论"之说，以疑误后学，村师里儒靡然从之。律诗且如此，则更何论古诗乎？不知律诗平仄固严，即古诗不拘平仄，而实别有一定之平仄，不可移易。即拗体之律诗，而其中亦有必应拗之字，及必应相救之字。唐宋大家之诗具在，覆按自得，皆非可以意为之者也。②

……

再如《浪迹丛谈·诗话》卷，成书于道光二十六年（1846）梁氏浪迹江浙吴会之时，具体地点当在邗江（扬州）。其开篇犹如序言，略谓：

寄庑邗江，长夏无事，儿辈每喜听余谈诗。余谓论诗要旨已具《退庵随笔》中，兹复记忆旧闻若干条应之。积日又成卷帙，不敢言诗话，仍附之《丛谈》，以备遗忘云尔。③

在浪迹途中、寄寓之时，仍然不忘给儿孙辈说诗，并撰作诗话，由此可见梁氏对诗话的重视与喜爱。此一卷可视为《退庵随笔·学诗》卷之续篇，该卷之论诗的基本观点，亦与《退庵随笔·学诗》卷之观点一脉相承，然毕竟是浪迹途中匆匆而做，其学术质量及理论水平，似显逊于《退庵随笔·学诗》，但仍有可采之处。

《诗话》所列 23 条分别从各个角度阐述作诗的方法与技巧：《叠字

---

① （清）梁章钜撰，乐保群点校：《退庵随笔》卷二十，文物出版社 2019 年版，第 496 页。
② （清）梁章钜撰，乐保群点校：《退庵随笔》卷二十一，文物出版社 2019 年版，第 501 页。
③ （清）梁章钜：《浪迹丛谈·续谈·三谈》，中华书局 1981 年版，第 179 页。

诗》《倒用成字》《旗字押韵》《中兴》分述如何使用叠字、倒用成字以及押韵、平仄等；《太白诗》言作诗不必等同于考据；《温飞卿诗》借他人之口言"凡诗意之隐僻者，词多迁回婉转，必须发明"，并倡作诗应怨而不怒；《徐筠亭说唐诗》言诗若起于力量气魄之句，则应继之以索寞幽渺之情，此为作诗定法；《陈午亭说杜诗》亦论作诗的章法和句法；《李文贞公说杜诗》肯定"凡诗以虚涵两意见妙"是为"诗家法也"；《苏斋师说杜诗》释翁方纲作诗之法——"阴阳收放"及"真放在精微"；《苏斋师说苏诗》借翁师之说，解析苏轼诗作的结构方式；《刘宫保说杜诗》析杜诗之根底经术、专取神会、绝妙机锋等；《王东溆论诗两则》述作诗应呼应题中字、诗贵含蓄蕴藉；《禅语翻进一层》介绍作诗一诀——如何借助禅语令诗作之意翻进一层。

笔者认为其中尤其《太白诗》《温飞卿诗》《徐筠亭说唐诗》和《苏斋师说苏诗》等条，对理解梁章钜的诗话理论甚为重要。如《太白诗》条：

> 客有语余曰："太白《早发白帝城诗》云：'两岸猿声啼不住。'考《水经注》，瞿塘峡多猿，不生北岸，非惟一处，或有取之放著北山中，初不闻声，将同貉兽渡汶而不生矣，然则白诗误。"余曰："此考据固精，然诗家则不应如此论也。"①

虽是简单一例、简单一评，但却体现了梁章钜论诗不墨守成规、更注重意境的开明思想。

再如《温飞卿诗》条：

> 吴修龄乔曰："凡诗意之隐僻者，词多迁回婉转，必须发明。如温飞卿《过陈琳墓》，诗意有望于君相也。飞卿于邂逅无聊中，语言开罪于宣宗，又为令狐绹所嫉，遂被远贬；陈琳为袁绍作檄，辱及

---

① （清）梁章钜：《浪迹丛谈·续谈·三谈》，中华书局1981年版，第182页。

曹操之祖先，可谓刻毒矣，操能赦而用之，视宣宗何如哉！又不可将曹操比宣宗，故托之陈琳，以便于措词，亦未必真过其墓也。起曰：'曾于青史见遗文，今日飘零过古坟。'言神交以叙题面，引起下文也。'词客有灵应识我'，刺令狐绹之无目也。'霸才无主始怜君'，怜字诗中多作羡字解，因今日无霸才之君，大度容人之过如孟德者，是以深羡于君耳。'石麟埋没藏春草'，赋实境也。'铜雀荒凉起暮云'，忆孟德也，此句是一诗之主意。'莫怪临风倍惆怅，欲将书剑学从军'，言将受辟于藩府，永为朝廷所弃绝，无复可望也。怨而不怒，可谓深得风人之意矣。"①

此则充分体现了梁氏注重温柔敦厚的传统诗教的诗学思想。

而《徐筠亭说唐诗》和《苏斋师说苏诗》，又分别体现了梁氏在诗法上即宗唐、亦宗宋，博采诸家的特点，正呼应了翁方纲对梁诗风格的评价："不名一家而能奄有诸家之美。"

当然，梁氏诗话虽注重诗法及技巧，但实际情况却复杂得多，讲究诗法，希望自己的诗话能成为学诗之人的阶梯，只是梁章钜诗话内容的一个方面，其他四类在梁章钜的诗话中同样得到体现，也就是说，在具体的诗话创作中，诸体往往是交融在一起的。梁章钜本身在其大部分诗歌创作过程中，往往自觉地套用了他的诗学理论，而当他看他人诗作的时候，也往往会自觉地用他的诗学观念来衡量。

在章钜诸多诗话之中，除去《退庵随笔·学诗》二卷是纯粹的理论论述、《浪迹丛谈·诗话》一卷亦以理论论述为主之外，其余各本，则是以实例去体现梁氏之诗学思想。

---

① （清）梁章钜：《浪迹丛谈·续谈·三谈》，中华书局 1981 年版，第 182 页。

第二节 区域特色

一、闽人区域诗话述略

诗话是一种漫话诗坛轶事、品评诗人诗作、谈论诗歌作法、探讨诗歌源流的述作，它是在诗歌高度繁荣的基础上产生的。在中国文学发展史上，诗歌源远流长，特别兴盛，相应的诗歌评论也比较发达，自宋以后，各地诗话纷纷出场。在此基础上，清人对文学区域性的关注更直接导致了区域诗话纂辑和编写的活跃。清顺治到道光中，闽人所著的诗话不下20种，如郑方坤的《五代诗话》《全闽诗话》，郑王臣的《兰陔诗话》，郑杰的《注韩居诗话》，叶矫然的《龙性堂诗话》，林昌彝的《射鹰楼诗话》等。其中以区域为特征的占半数以上，闽人论闽诗，成为这一时期闽人诗话的重要特征。尽管这些诗话多偏重于资料的搜集整理，理论上建树不大，但仅就编撰对资料的广泛收集、认真整理及缜密排比的工作而言，对区域文学的承传与研究亦是很有意义的。

梁章钜的诗话，区域特色就相当显著，其区域诗话是同一时代诗话中极富特征之作。梁氏诗话中直接以"诗话""诗传"命名的八种——《长乐诗话》《南浦诗话》《东南峤外诗话》《三管诗话》《闽川诗话》《乾嘉全闽诗传》《雁荡诗话》《闽川闺秀诗话》，不论是有关福建的诗话，抑或是有关外省的诗话，都属于区域诗话的范畴，区域特色显著。

《长乐诗话》是梁章钜编纂的第一部诗话（此前还有一部《补萝山馆诗话》未成书），长乐是梁氏祖籍所在地，该诗话共录自唐迄清62位诗人的诗歌创作活动，或因人存诗，或因诗存人，所搜集的资料广泛、具体、客观，作者力求刻画出一个个性格鲜明的诗人形象，从中可以看出长乐一县诗学的历史发展，为长乐地方重要之人文历史文献。

《南浦诗话》是梁章钜编纂的第二部诗话，南浦即闽北地区的浦城县，梁章钜从33—39岁，亦即从嘉庆十二年至十八年（1807—1813）在这里工作生活过7年，他对浦城这块土地是非常有感情的。该县地方虽小且偏远，但自唐至宋却人才辈出，千百年来，文教兴盛，仅就诗歌创作而言，历史上就出现过很多优秀诗人。因此梁氏为浦城这块诗学土地，倾情纂写了这部极具特色的区域诗话。

《东南峤外诗话》是梁章钜编纂的第三部诗话，也是一部区域诗话，"东南峤外"指闽越之地，亦即指闽省（福建省），此书专录闽省明代诗人，尤其可贵的是这部诗话似可断为首部地方断代诗话。梁章钜非常关注福建地方文学与文化，其著述中冠以"东南峤外"的有3部——《东南峤外书画录》《东南峤外诗文钞》《东南峤外诗话》；冠以"闽"的有6部——《闽诗钞》《闽文复古编》《闽文典制钞》《闽川诗话》《乾嘉全闽诗传》《闽川闺秀诗话》。

其余如《三管诗话》是广西一省之诗话，《闽川诗话》《乾嘉全闽诗传》《闽川闺秀诗话》均为福建一省之诗话，《雁荡诗话》是专为风景名胜雁荡一山而创设的诗话。

或许可以说梁章钜是较早关注区域文学的一位文学家，况且8种中除去《三管诗话》和《雁荡诗话》外，又有6种属于福建区域诗话，因此关注这一点，对研究福建地方文化是有一定意义的。而6种中又以《南浦诗话》的区域特色最为显著，故以其为例进行分析。

二、《南浦诗话》的区域特色

《南浦诗话》区域特征十分鲜明，其撰辑缘起于梁氏对浦邑诗学的关注，所列论的对象范围，仅限闽北浦城一邑之诗人诗事，展示了该邑自唐至明数代诗歌盛衰革替的面貌。蔡镇楚《中国诗话史》云：

> 地方性诗话最突出的特点，一是地域性，论诗的对象与范围只限于一定的区域之内……二是通于方志，或以诗存人，或以人存诗，使数以千百计的地方诗人特别是无名诗人及其诗歌赖以仅存，为编辑地方人物志提供了极其丰富的宝贵资料……三是博于诗事，寓诗

旨的探求于考述诗事之中。①

　　而通读《南浦诗话》，则优秀地方诗话的共同特点，该诗话无不具备。

　　（一）撰辑缘起

　　南朝大文学家江淹曾被贬为吴兴（浦城旧称）令三年，其《别赋》云："春草碧色，春水绿波，送君南浦，伤如之何！"这里的"南浦"指南浦溪，南浦溪流经浦城，梁章钜的《南浦诗话》即得名于此。

　　该编撰辑于嘉庆十五年（1810），时梁章钜正任浦城南浦书院主讲。该书可谓梁氏早期优秀之作，亦为其诗话系列中第一部已刻之作，此前梁氏尚有另外两部诗话：《补萝山馆诗话》及《长乐诗话》，均未刻，足见梁氏自己对此作亦较满意。该书的撰辑缘起于梁章钜对浦城区域诗学的关注。

　　浦城虽仅为一县邑，但却自古即为"名贤区薮""文献名邦"，鸿儒硕辅、经济文章，北宋已盛极东南，以至真德秀称："有宋南方人物之盛，实始于浦城。"宋理学家杨时亦曾说过："浦城之为邑，盖东南士大夫之材薮。"五代至清，登进士第有 171 人，其中状元 4 人，探花 3 人，再中博学宏词科 4 人。尤其两宋，北宋，中进士者多达 98 人，其中状元 3 人，而政林尤为士林所荟萃，有 3 人任宰辅，2 人任副宰相；南宋，中进士者 25 人，累官至宰辅者 1 人，副宰相 2 人，还出现了一批理学家。其中见载于《二十四史》和《清史稿》的就有 31 人。可以想见浦城一邑读书风气之久盛，教育事业之兴旺，诗文创作之繁荣。

　　仅就诗歌创作而言，历史上有名的浦邑诗人，唐代有诗作被编入《全唐诗》的张令问；五代有留下著名残句"竹影横斜水清浅，桂香浮动月黄昏"的江为；宋代更是浦邑诗人诗歌创作的高峰期，其中名家辈出，有《文苑英华》总纂杨徽之、"西昆体"诗派倡导者杨亿，以及真德秀、

---

① 蔡镇楚：《中国诗话史》，湖南文艺出版社 2001 年版，第 313 页。

叶绍翁、谢翱、黄铢、真山民等；元代有"元诗四大家"之一的杨载；明代有翁白、吴中立，以及楹联高手潘赐等等。

小小一县，诗学竟如此悠久且繁盛，而梁章钜本人也是一位诗人，又任该地最高学府——南浦书院之山长，据其晚年回忆云："忆嘉庆十余年间，余掌南浦讲习，其时邑中士大夫尚讲究读书，院中肄业生，亦欣欣向荣，日以诗文相质证。"①

因此，在这样的背景之下，本着对浦邑诗学的关注：

> 浦邑自两宋时，文物之盛，颉颃中州。入元而其风稍替，然仲宏一老，犹堪雄长东南。明代则文献缺如，寂寥无考。故兹编前繁后简，详古略今，亦势使然也。至我朝作者，如沈石云之清丽，潘雪僧之瘦削，固足远追谷城，近媲梅庄；而孙师孔、翁士日、刘箬村、孙汝西诸人，亦莫不缔章绘句，照耀时辈。但本集多未梓行，通儒复鲜评骘，尚俟留心风雅者广为续编。是编意在抱残守缺，不专论诗，故零星掇拾，细大不捐，亦间有美文轶事，弗忍舍置，及蒙识所及，足以订志乘之误者，虽于诗无取，仍附为按语于后，将以助一方之掌故，非敢矜一己之见闻。惟是胸无宿学，家鲜藏书，偶以栖迟，成兹荟萃，既不免裨贩之陋，更难逃挂漏之讥，伏念丹山碧水，灵淑攸钟，醴陵侯文雅之遗，怀玉仙钓游之地，流风所被，未沫于今。后进之贤，其无好事，卯须我友，齐恢玉海之奇，敢拜下风，奚啻珠船之觊。②

梁氏花了不少心血，"迟之又久，裒然成编"，辑此一部《南浦诗话》，以体现在浦城这个具体的文学环境中诗学的繁盛。这一撰辑缘起，首先就决定了该部诗话的区域性特色。

---

① （清）梁章钜：《归田琐记》卷六，中华书局 1981 年版，第 112 页。

② （清）梁章钜：《南浦诗话》例言，嘉庆十五年长乐梁氏刊本，第 1 页。

（二）裒辑诗人诗作之区域性

《南浦诗话》仅以一县为囿，专论浦城一邑之诗人、诗作、诗事（另有宦游一卷亦与浦地诗事有关）。将考述范围收束得如此狭小，梁氏是有意而为之的，其全书之《例言》有云：

　　吾乡自郑荔乡先生辑《全闽诗话》，林苍岩先生辑《榕海诗话》，荔乡兼收全省，苍岩例止福州，此后无继响者。章钜于嘉庆丁卯来主南浦讲席，自为占毕之学，鲜裨于人，而网罗旧闻，表扬前哲，本为性之所喜。因于训课余暇，搜采邑中志乘，旁及四部之储，一室赏心，百家在诵。迟之又久，裒然成编。坐销炎暑，敢云博弈犹贤；偶踏雪泥，仍笑东西莫辨矣。《全闽诗话》以郭璞、谢朓与薛令之欧阳詹并列，未免部居混淆。今专标举浦产，自唐迄明，约得九十余人。或以人而存诗，或以诗而存人，其他邦名人投赠往来之什，以次相附，并各注明所引之书。群书所逸者无可录，群书所略者不能详也。间注《补萝山馆诗话》者，以无书可据，聊借章钜比年所辑书名，附列各部之后。盖沿徐兴公《榕阴新检》注《竹窗杂录》，郑荔乡《全闽诗话》注《诗钞小传》之例。至如非浦人诗，无可类附，而实与浦地浦事相关者，别为"宦游"一门，以意纂录而论辩之云。①

《例言》中的这段表述，显见梁氏编撰此书，乃仿郑荔乡《全闽诗话》之例，唯地域仅限一邑，较《全闽诗话》范围更小，因而搜罗更密，阐发更详尽。

该诗话前七卷收集介绍浦城自唐迄明历代共 95 位诗人的诗作诗事及有关他们的"美闻轶事"②，前七卷所记之人从唐代张令问始，至明代宏济

---

① （清）梁章钜：《南浦诗话》例言，嘉庆十五年长乐梁氏刊本，第 1 页。
② 《南浦诗话》目录仅 94 人，在"林寀"与"翁白"之间遗漏"张爵"1 人，故实为 95 位诗人。

（方外）终；卷八则收录了非浦城籍文士赞咏浦城的诗作及与浦地相关之掌故轶闻，区域性特征一目了然。可以毫不夸张地说该诗话几乎涵盖了浦城历史上从唐至明所有之重要诗人及诗事。

诗话所录以两宋诗人最多，共有60位（按：不含闺媛及方外）。其中如杨亿、真德秀、叶绍翁、谢翱、真山民等在有宋一代都属于全国性的重要诗人，经梁氏归整，使后人对浦邑之诗学渊源有更深刻而全面的了解，这对于浦城地方诗学的研究与发展是不无裨益的。

（三）通于方志

《南浦诗话》不仅搜集汇总了那些名闻全国的浦城籍诗人之诗作、诗评、诗事，而且还使得一些名不见经传的地方诗人及其诗歌赖以仅存，正如祖之望《南浦诗话序》所云：

> 余唯诗话与史志相表里，以诗存人，以人存诗，以诗纪事，艺文、人物、宦迹、列女其彰彰矣……洵足为史乘之权舆，备辎轩之采择者也。①

肯定其为编撰浦城地方人物志提供了宝贵的资料。

据该书《例言》：

> 章钜于嘉庆丁卯来主南浦讲习，自维占毕之学，鲜裨于人，而网罗旧闻，表扬前哲，本为性之所喜。因于训课余暇，搜采邑中志乘，旁及四部之储，一室赏心，百家在诵。迟之又久，衰然成编。坐销炎暑，敢云博弈犹贤；偶踏雪泥，仍笑东西莫辨矣。②

说明编者是本着"网罗旧闻，表扬前哲"的宗旨，再从浦城历代县志和其

---

① （清）梁章钜：《南浦诗话》序，嘉庆十五年长乐梁氏刊本，第1页。
② （清）梁章钜：《南浦诗话》例言，嘉庆十五年长乐梁氏刊本，第1页。

他史集中采集有关资料，经过对照考证，订正遗误，撰成《南浦诗话》一辑的。

因前代人物不能登名于正史者，往往于方志中存其姓氏；遗文佚事散在它部者，又往往赖方志然后能以区域为纲有所统摄，且方志多翔实，往往可与其他史实互补证，所以梁章钜十分注重对方志的利用。该编前七卷共从148部史籍、文献中摘录289段文字，其中涉及多部方志，如《闽书》《建宁府志》《武夷山志》《赤城志》《广东通志》《吴郡志》《杭州府志》……更有两部直接属于浦地方志：《浦城旧志》和《浦城新志稿》。全书共有26段文字摘自《浦城旧志》；另有两段文字摘自《浦城新志稿》。

这些摘自《浦城旧志》的内容或为诗人生平事迹补遗，如卷五《徐应龙》条，补其不惧权相韩侂胄，勇于祭奠为韩所迫害的忠臣吕祖俭之事：

> 徐应龙，字允升，尝知高安县。吕祖俭以言事忤韩侂胄，谪死高安。应龙为之经纪其丧，为文诔之。或劝避祸，应龙曰："吕，吾所敬，缘此谴死，荣矣。"朱子遗之书曰："高安之政，义风凛然。"①

卷七《黄至》条，补其乐善好施之行径：

> 黄至，字诚甫，性孝友，乐施予，精医。岁大疫，捐资施药，全活者千百计。年六十，忽进诸朋辈于前，作偈曰："浩气无亏缺，幻躯有生灭。乘化还太虚，皎皎秋空月。"飘然长逝。②

卷七《潘赐》条补其出使日本之事：

> 潘赐，字文锡，号容菴，登永乐二年进士，授行人。出使日本，

---

① （清）梁章钜：《南浦诗话》卷五，嘉庆十五年长乐梁氏刊本，第3页。
② （清）梁章钜：《南浦诗话》卷七，嘉庆十五年长乐梁氏刊本，第19页。

深得使臣体外国卑词纳款。太宗览之称善，命入史馆，擢鸿胪少卿。再使日本，称职，擢江右参政。仇家摘其诗句以为妖言，坐落职。洪熙初起为南宫刑部主事，宣德年间除鸿胪左少卿，赐织金麒麟罗衣一袭，实钞三百锭。自赋诗云："品制未还金孔雀，荣光先着玉麒麟。"仍使日本，全节而归。①

或为诗人所作诗篇补遗，如卷二《杨亿》条补其《留别》诗（此诗杨亿《武夷新集》中无）：

> 下沙桥轫于宋，圮于元，杨文公《留别》诗云："梦笔山前君别我，下沙桥下我思君。黄昏更过西阳岭，满目青山与白云。"②

卷五《徐清叟》条补其佚诗《题仙霞岭》半首：

> 籍田一疏真堪羡，见说西山屋畔人。③

《徐荣叟》条补其遗诗《赠江羽士》一首：

> 曾跨金牛入帝乡，归装金薤富琳琅。唤回客枕邯郸梦，涧草岩花亦自香。④

卷三《潘中》条，以按语的形式提到潘中所作之诗不传，只有《浦城旧志》中仅存二句云：

---

① （清）梁章钜：《南浦诗话》卷七，嘉庆十五年长乐梁氏刊本，第16—17页。
② （清）梁章钜：《南浦诗话》卷二，嘉庆十五年长乐梁氏刊本，第22—23页。
③ （清）梁章钜：《南浦诗话》卷五，嘉庆十五年长乐梁氏刊本，第4页。
④ （清）梁章钜：《南浦诗话》卷五，嘉庆十五年长乐梁氏刊本，第5页。

二帝蒙尘事北征，小臣疾首泪如倾。①

或叙关于诗人之奇闻逸事，如卷三《陈师锡》条：

陈师锡目睛有绿色，将卒之前，梦谒上帝取一大册至云："即卿奏疏也，赐名仙籍矣。"师锡顿首谢。次日沐浴别亲知，端坐而逝。②

卷三《萧颥》条：

萧颥字子庄，事母至孝，母亡庐墓终丧，有灵芝生几筵间，人叹异之。③

当然，更多的是生平事迹、佚事、遗诗杂而有之的内容，如卷三《黄鉴》条：

黄鉴修三朝宝训，书未及上而卒，仁宗特官一子以旌其劳。欧阳文忠公以诗哭之，其二云："自古兰衰早，因今蕙叹深。书遗茂陵稿，病下越乡吟。万里无春色，闽山蔽夕阴。空嗟埋玉树，赍志永沉沉（沉沉）。"少游杨文公之门，集记平时所闻名曰《谈薮》，宋元宪公后加校正，厘为十五卷，更名《谈苑》云。④

卷三《黄贲》条：

黄贲字仲实，震曾孙，父尝与客饮，命贲为诗。伯父戏之曰：

① （清）梁章钜：《南浦诗话》卷三，嘉庆十五年长乐梁氏刊本，第24页。
② （清）梁章钜：《南浦诗话》卷三，嘉庆十五年长乐梁氏刊本，第19页。
③ （清）梁章钜：《南浦诗话》卷三，嘉庆十五年长乐梁氏刊本，第27页。
④ （清）梁章钜：《南浦诗话》卷三，嘉庆十五年长乐梁氏刊本，第7页。

"汝叔祖讳鉴者，七岁赋《栀子诗》，为世传诵，汝能之否？"贲曰："彼亦我族耳，岂天人不敢望耶？"言毕诗就，有"黄栀姑且饶他咏，丹桂行须见我攀"之句，满座称赏。①

而两段摘自《浦城新志稿》的内容则分别叙述了潘赐一夜题联 848 幅之佳话，以及闺媛黄淑庭之生平事迹等：

潘少卿赐奉使日本，道经故里，适有南浦桥成，作为楹帖分题桥柱，流连往迹，凭吊古人，其警句云："上相名邦百族自知朝北阙，真儒继统千秋谁复并西山；乔木参天半点云香生大石，悬岩笼雾千寻瀑布出高泉……"柱凡八百四十有八，悬联俱遍，相传以为一夕所作，次日即乘船南行。人咸叹其敏捷云。

——潘赐②

黄宜人淑庭，晋江黄侍御岳牧女，幼闻庭训，习书史通鉴纲目，岁必周览一遍。长适涿州牧吴世臣，随任之楚之秦，多所赞画。子光祖宰粤东香山，以吴氏先祖曾官此，额署斋为"再至堂"，戒以诗云："四代衣冠荣有自，万家性命虑须周。"合署奉为名言……

——黄淑庭③

同时，该部诗话亦弥补了浦城方志之不足。正如蔡镇楚先生所说：

许多无名诗人乃至名气不大的诗人，不仅正史无传，连地方志亦无立足之地，他们的诗名早以湮没无闻，而在地方性诗话的字里行间，却能见其人而闻其声。特别是封建社会的妇女，地位低下，即便是大家闺秀、扫眉才子，也很难进入正史与地方志的历史王国，

① （清）梁章钜：《南浦诗话》卷三，嘉庆十五年长乐梁氏刊本，第 23 页。
② （清）梁章钜：《南浦诗话》卷三，嘉庆十五年长乐梁氏刊本，第 17—18 页。
③ （清）梁章钜：《南浦诗话》卷七，嘉庆十五年长乐梁氏刊本，第 34 页。

　　然而诗话却给予了她们以一席之地。①

　　梁氏之《南浦诗话》正是如此，或以人存诗，或以诗存人，不仅补录了不少名不见经传的诗人之诗事诗作，更了不起的是该书卷七专立"闺媛"一门，记录从宋至明之吴徐氏、吴安持妻、孙道绚、徐彩鸾、真氏女、李智贞、黄淑庭、孙若孟、孙兰如等 9 位浦邑女诗人之诗事诗作，使地方诗话真正得以完善，为今人研究和编写乡土文学史提供了很大的帮助。

　　（四）考述诗事之区域性

　　《南浦诗话》广泛记述了地方诗人的生平事迹和诗歌创作活动，描写了他们的家世和爵里，仕宦和交谊，品德和风格，欢快和愁苦，以及诗事本末等等，或详或略。从这些角度论诗，寓诗旨的探求于考述诗事之中，亦是其区域特色之体现。

　　《南浦诗话》收录了众多地方诗人的美闻轶事，充实了地方文坛，丰富了区域文化。如有关章德象的掌故，章惇的掌故，章质夫的"一曲杨花词，名人竞相和"的掌故，吴氏三贤五进士的掌故，第一个武学博士何去非的掌故，徐氏兄弟（徐荣叟、徐清叟）宰相父（徐应龙）尚书的掌故，詹体仁的掌故，真德秀的掌故，谢翱的掌故，杨载的掌故，黄寔与苏轼及米芾交往的掌故，祖浩然千里寻母的掌故，兄弟（林藻、林蕴）题名折桂岭的掌故，杨亿轶事，章友直"一笔篆"的掌故，王安石和女诗的掌故，潘赐一夜题联 848 的掌故等等。与其他一些诗话有别，《南浦诗话》不专论诗，亦记掌故，甚至直接有事而无诗，如卷一《杨文逸》条，这似显体例不纯，但梁氏在该书的《例言》中就已明确表示：

　　　　是编意在抱残守缺，不专论诗，故零星掇拾，细大不捐，亦兼有美闻轶事，弗忍舍置。及蒙识所及，足以订志乘之误者，虽于诗

① 蔡镇楚：《中国诗话史》，湖南文艺出版社 2001 年版，第 313—314 页。

无取，仍附为按语于后，将以助一方之掌故。

因此，梁章钜史海钩沉，在《南浦诗话》中详录了许多浦地故事，正如他自己在此书编成后所说的："此邦掌故，八九在胸。"《续修四库全书总目》亦言该诗话："遗文逸事考证极详，盖意在一邦文献之征，非以一吟一咏之得失为事。"①

（五）关注家族创作

《南浦诗话》还有一个较为独特的视角，即关注家族诗歌创作史、探究对浦邑家族诗人群，从某些望族诗歌创作的兴替及其家学来窥视该区域诗学之盛。浦城历史文化名人甚多，且往往家学渊源有自，梁章钜对此甚为关注，在《南浦诗话》中他就刻意将不同家族之诗歌创作史的脉络梳理出来。如吴氏家族，从父亲待问到儿子充（兄）、育（弟），再到孙子安持（充之子）及孙媳安持妻（王安石长女）；黄氏家族，从叔祖鉴到侄孙贲；另一黄氏家族，从父辈孝先、孝恭两兄弟到子辈好信（孝先子）；詹氏家族，从父亲慥到儿子体仁；徐氏家族，从父亲应龙到儿子清叟（兄）、荣叟（弟）；何氏家族，从父亲去非到儿子远（弟）、束（兄）；真氏家族，从祖父真德秀到子志道再到孙山民等。

除上述诸家族外，梁氏对浦邑家族诗歌创作史的关注更集中体现在对章氏家族的关注上。据王明清《挥麈录》载，浦城章氏于北宋即为邑中望族，一百多年间，出了24位进士，其中还有一位状元，章氏一门进士数甚至超过了许多县历代进士的总和。浦城章氏可谓一门桃李，簪笏满庭，族人或在政治上，或在学术上，或在艺术上都颇有成就，仅列入《宋史》的就有章得象、章惇、章质夫、章谊、章衡、章绰、章频等7人，其中章得象更贵为北宋仁宗朝自宝元元年至庆历五年（1038—1045）宰相，章惇于哲宗朝任宰相，章质夫亦于哲宗朝任副宰相。其家族之盛，甚为罕见。《挥麈录》载浦城章氏尽有诸元，说的就是章氏家族科举盛事。而梁

---

① 中国社会科学院图书馆整理：《续修四库全书总目》，齐鲁书社1997年版，第353页。

章钜对章氏一门是相当欣赏的，甚至可以说是心向往之，因此他用了整个第四卷来辑录章德象以下一族 15 人的诗作，以见浦城章氏一族家学之有自。并且，不只录诗作，还大量辑录与之相关的典故及史事。如《章德象》一目就很有代表性。该目记叙了信州玉山县数豪僧为章德象偿还债务的故事，章德象与穷书生交往的故事，两朝皇帝对章德象的尊崇等。尤其是在这一目的结尾，梁章钜做了两条按语：

　　章钜按：《宋史》"章德象初封郇国公，谥文宪，皇佑中改谥文简，故后人或称郇公，或称简公也。"德象在中书八年时称简重之相，本以德望着，今《浦城旧志》不称其德望而列之功业门，失其真矣。（笔者按：指出《浦城旧志》对章德象其人最显著成就判断的错误）其轶事数条错见《能改斋漫录》者，附辑于此，以资谈助云。章郇公守洪州尝因宴客掷骰赌酒，乃自占："如异日登台辅，即成贵彩。"一掷得佛（面）浮图，遂缄秘其骰，至为相，犹在。又章郇公初入枢府，以所赐鞍绣文疏略，命市工别绣之，既就，视其花乃宰相所用，不旋踵即大拜。又章郇公作正字日，寒食，与丁晋公会博，胜且厚，丁翌日封置所负银数百两归公。明年寒食，复博，而郇公却负于丁，丁督索甚急，郇即出旧物以偿之，而封缄如旧，尘已昏垢，丁大服其量。又章郇公在中书，欧阳文忠公初自夷陵县令贬所，回复关职，通判滑州，以书与公求一郡，公答之无可意，文忠不悦，俄而擢知谏院直龙图为学士，河朔都转运，文忠始服公非卖恩者。又章郇公在翰林十二年，当刘太后时，人多侥幸以希大用，公乃中立不倚，晚迁承旨最为久，次及副枢，李公咨卒，公始代之，时有亲吏闻命，即径造斋阁报庆，公厉声曰："无妄语！"乃叱出之。（笔者按：辑录章德象生平五件轶事，以见章之为人处世。）①
　　又按：《淳熙三山志》载郭璞《迁城记》云："南台沙合，河口

----
① （清）梁章钜：《南浦诗话》卷四，嘉庆十五年长乐梁氏刊本，第 7—9 页。

路通，先出状元后出相公。"此吾郡谣谶也，而《能改斋漫录》载：
"晋郭璞迁城时言：'南台沙合，必出宰辅'。元和中闽人潘存实为省
郎，自负王佐之才，每遇乡人必问南台江可褰裳过否？或云未，则
色不乐。迨章郇公入枢府之明年，沙始交，遂大拜。寻而吴丞相育、
曾侍中公亮、陈丞相升之、吴枢密充皆相继辅弼，惟曾公泉人也，
他皆建人。吴、章又皆浦城人，其后如章子厚诸公，继踵而起，盛
哉！"南台今属福州，故宋景公撰《章郇公墓志》亦云："闽江南台，
古传沙合者出相，比年遂溃为洲，盖名世责弼殆天启然？"或云福州
无预建州，殊不知《闽中记》云："南台者，在闽县南五里，江畔有
越王钓龙台，故云南台，其源出于建溪，东流四百里至台，又东南
流三十里与东西峡江合流入海"云云。由此观之，岱云遍九州岛，
河润及千里，扶舆灵秀一脉相通，今人动为畛域之分者，徒成为乡
曲之儒，拘墟之见而已。（笔者按：以典故传说来评论人物，以助一
方之掌故。）①

梁章钜又从《武夷新集》中钩沉八则以补《章氏谱》之缺：

　　《武夷新集》更有《送章安世赴举诗》《次韵和章子美对雪诗》
《送章频得解后之陕府诗》《送章顿归乡诗》《送章群下第东归诗》，又
有《送武宁茂才章四十舅翁东游诗序》《送章四十舅翁东归诗》《寄章
征君诗》，而《章氏谱》中皆未及载，附识于此。②

　　梁章钜治区域文学态度严谨如此。因此，从《南浦诗话》中，我们
还可以窥探浦城一邑章氏这一旺族诗歌创作的兴替及其家学，并进而体会
浦城一邑整体诗学之兴盛。

①　（清）梁章钜：《南浦诗话》卷四，嘉庆十五年长乐梁氏刊本，第9—10页。
②　（清）梁章钜：《南浦诗话》卷四，嘉庆十五年长乐梁氏刊本，第19—20页。

综上,《南浦诗话》之区域特征显见,其对浦城地方诗学、文学及史学之影响亦自不待言,正如耐公士洁在《重刊〈南浦诗话〉题词》中所言:"文通南浦已千年,此地风骚迹渺然。何幸芷林继湘畹,艺林佳话遂流传。"①

第三节　诗学思想

梁章钜青年及中年时期几乎都是在闽省度过的,特别是他 28 岁之前的大部分经历都是在福州城这个理学重镇中。在这里打下的理学基础对他后来的诗以言教,以及对传统诗教的回归等诗学思想有着极大的关联。为此,本节拟从梁章钜所处之时代背景、其诗学思想的导师,以及章钜本人对其诗学思想的描述等方面,探讨梁氏诗学思想的渊源,并进而对其诗学思想进行分析。

一、以学入诗

（一）渊源

"以学入诗"之思想在清代诗坛的一度兴盛,应该说是有着历史根基的。王国维在《沈乙庵先生七十寿序》中论及清代学风时曾经说过:

> 我朝三百年间,学术三变:国初,一变也;乾嘉,一变也;道咸以降,一变也。顺康之世,天造草昧,学者多胜国遗老,离丧之后,志在经世,故多为致用之学。求之经史,得其本原,一扫明代苟且破碎之习而实学以兴。雍乾之后,经纲既张,天下大定。士大夫得肆意稽古,不复视为经世之具,而经史小学专门之业兴焉。②

清代学术以考据最为兴盛,知识代替思想的时代学风盛行。在这种

---

①　见蒋凡《南浦诗话》校注本之题词。
②　见《王国维遗书》第四册,上海古籍书店 1983 年影印本。

学术风气的深刻影响下，不可避免地形成了清代乾嘉时期远唐近宋的诗歌批评与欣赏倾向。无论是纪昀，还是翁方纲、阮元等等，几乎显赫于乾嘉诗坛的所有诗人都持有"以学为诗"的思想。

对梁章钜的诗学思想影响至深的是翁方纲，翁方纲的诗学思想极为成熟，自成体系，在清代有着很大的影响力，章钜在其门下，为苏斋诗弟子者三年，较为全面而系统地接受了翁氏的诗学思想，故在《退庵随笔》之《学文》《学诗》卷及《读渔洋诗随笔》中，均多次引述翁师论说。

翁方纲的诗学思想极富创造性，嘉庆二十年（1815）撰成的《志言集》，标志着翁氏肌理说的确立。《志言集序》有言：

> 言者，心之声也。文辞之于言，又其精者；诗之于文辞，又其谐之声律者。然则在心为志，发言为诗，一衷诸理而已。理者，民之秉也，物之则也，事境之归也，声音律度之矩也。是故渊泉时出，察诸文理焉；金玉声振，集诸条理焉；畅于四支，发于事业，美诸通理焉。义理之理，即文理之理，即肌理之理也……为学必以考证为准，为诗必以肌理为准。①

不难看出翁氏所谓的肌理，是义理和文理的统一，即肌理说的内涵包括两方面，内容上，通过学习儒家经典及前贤诗法精诣，积养深厚的学理，从而在诗歌思想内容上表达中和、风雅之旨，符合儒家传统思想性情；形式上，以学力为基点，在结构、声律、字词等形式的表达上结合求真务实的创作精神，力求脱化，从而建构缜密的诗歌意境，形成质实诗风和雅丽的审美风范。

翁方纲诗学思想之内容与形式方面的观念对梁章钜都有很大的影响。思想内容方面，翁氏推崇雅正，其《韩诗雅丽理训诂理字说》中对"雅"的解释是：

---

① （清）翁方纲：《志言集》序，嘉庆二十年未刊手稿本，第1页。

近有疑此篇理字者，故不得不为之说，曰：理者，综理也，经理也，条理也。《尚书》之文直陈其事，而诗以理之也。直陈其事者非直言之所能理，故必雅丽而后能理之。雅，正也；丽，葩也。韩子又谓："诗正而葩"者是也。凡治国家者谓之理，治乐者谓之理，治玉者谓之理，治丝者谓之理。故曰"国史明乎得失之迹"，得与失皆理也。

而梁章钜对此一点的接受与继承则不仅体现在他的诗歌创作与诗话评论当中，而且更于《退庵随笔》卷二十《学诗》篇中明确总结云：

汉魏之诗，无意于学三百篇，而神理自合，时代本近也。六朝而后，刻意学之者，以杜、韩为最。杜之言曰："雅丽理训诂。"韩之言曰："诗正而葩。"三百篇之词华格调，尽此二语矣。窃谓今之学诗者，只须将《毛诗》句句字字尽得其解，再将白文涵泳数过，于诗诣而不能精进者，吾不信也。①

这显然与其师观点一脉相承。

在形式方面，即诗法上，翁氏主张求儒复古，他的复古不是尊唐而是崇宋，特别推崇江西诗派的黄庭坚，强调诗歌的考证作用和史学价值，尤其到了翁氏晚年，把诗与经史、金石混为一谈，致使金石考证，填塞于其诗作之中。素以"学者型诗人"著称的翁方纲，力倡"以考据入诗"，其本人即十分重视从读书问学中获得创作帮助。他说过："宋人精诣，全在刻抉入里，而皆从各自读书学古中来，所以不蹈袭唐人也。然此外亦更无留与后人再刻抉者，以故元人只剩得一段风致而已，明人则直以格调为之。"②宋人的书卷学问，在他看来恰恰是超越唐人的关键所在。而梁章钜正是在这个时期投入苏斋学诗的，因此翁氏此期诗歌理论最突出的特点——"以

---

① （清）梁章钜撰，乐保群点校：《退庵随笔》卷二十，文物出版社 2019 年版，第 481—482 页。

② （清）翁方纲：《石洲诗话》卷四。

考据入诗"，强调质厚的学人之诗，就自然而然地传承给了梁章钜。

且章钜所处的正是考据之风日炽之乾嘉时代，在这种背景下，章钜本就很难不受此风之影响，何况又是覃溪门下之得意门生。因此，翁方纲的诗学思想对梁章钜的"以学入诗"观念的形成是有很大影响的。而梁章钜对翁师诗学思想的概括则更能体现其对翁师诗学思想之精髓的准确而深刻的理解：

> 吾尝谓苏诗亦有一句可作通集总序，曰"始知真放在精微"，真放即豪荡纵横之才力也，即此上七字所云能事也；精微即细肌密理之节制也，即此下七字所云阴、何苦心也。①

在梁章钜晚年所作之重要作品《退庵随笔·学诗》中，梁氏这样写道：

> 古人不朽之作，类多率尔造极，不可攀跻。钟仲伟有"吟咏性情，何贵用事"之语。严沧浪亦言："诗有别才，非关学；诗有别趣，非关理。"此专为三百篇及汉魏言之则可，若我辈生古人之后，古人既有格有律，其敢曰不学而能乎？且诗兼赋、比、兴，必熟通于往古来今之故、上下四方之迹，而多识于鸟兽草木之名，既不能无所取材，又敢曰何贵用事乎？余在枢直，每公暇则与程春庐谈艺。春庐为余述其友方长青之言曰："诗必以造语为工，而造语必以多读书、善用事为妙。试取三百篇读之，'沔彼流水，朝宗于海'，用《禹贡》也；'燎之方扬，宁或灭之'，用《盘庚》也……将三百篇无一字无来历可知也。盖钟、严所言，专以性灵说诗，未为过也，乃言性灵而必以不用事、不关学为说，则非矣。桓野王抚筝而歌其诗曰：'为君既不易，为臣良独难。'安石为之嘘唏。谢康乐之诗曰：'韩亡子房奋，秦帝鲁连耻。本是江海人，忠义动君子。'孝静为之流涕。彼

---

① （清）梁章钜：《浪迹丛谈·续谈·三谈》，中华书局1981年版，第188页。

> 诗之感人至于如此，亦可谓有性灵语矣，而皆出于用事，本于学古。
> 然则以学古用事为诗则性灵自具，以不关学、不用事为诗，虽有性
> 灵，盖亦罕矣。"①

我们不难看出这段话的意思很明显，梁章钜对于"以学入诗"是持明确支持立场的。

非但从理论上，就是在梁章钜具体的诗歌创作与诗话撰辑中，也可以看到"以学入诗"的学者风气不时流露于笔端。尤其《退庵诗存》中，更是论书、论画、论印、论名物，多管齐下，充分体现了其深厚的学养。在这些学养的支撑下，加上自己"汉学为用"的态度和恩师翁方纲的影响，梁章钜的"以学入诗"之思想，可以看作是各种因素共同作用下的必然结果。

（二）创作体现

虽然章钜之诗，"不名一家而能奄有诸家之美"（翁方纲语），然继承宋诗传统，以学入诗，却是其诗学思想之一，同时这一思想亦外化为梁氏诗歌典型的艺术特征。梁诗以学入诗的特征具体而言可以归为三方面，一为"事"，即重用典，取材奥衍、质实不佻；二为"议"，即直接以议论入诗；三为"考"，即讲究功力，以考据入诗。

1.重用典，取材奥衍，质实不佻

章钜作诗喜用典，故其诗作中题注、夹注的形式运用较多。仅以《退庵诗存》卷十二为例，用典即多达44处。如《喜闻海运竣事，寄和陶云汀中丞望祭海神韵四首》其二即两处用典：

> 朱张初计本粗疏（宋季朱清、张瑄始建言海运事，见《辍耕录》），远见何曾到积储。甫就会通先罢役，更摇剿说别开渠（元代畏海运之险，遂听姚演议开胶莱河，两年累死丁夫六、七万人，迄

---

① （清）梁章钜撰，乐保群点校：《退庵随笔》卷二十，文物出版社 2019 年版，第 486—
　487 页。

于无成)。胜朝拾唾夸牙慧,几辈探源识尾闾。勘破银潢南北贯,往来灵口互吹嘘。①

而章钜诗作的这一特点,其诗友们早已于《藤花吟馆诗钞》序言中有所总结和评论。如曾燠(宾谷)即称赞道:

> 五七古取材奥衍,用笔生健,其选韵虽险,而控制自如,则尤非深于韩苏者不能。近体亦质实不佻,具徵功力之纯,末卷《监利喻民》《河上杂咏》诸篇不惟深切时事,乃是仁人之言,钦佩无已。

叶绍本亦肯定道:

> 诸作学博才赡,而复气息古厚,格律浑成,闽中诗派当于在杭、石仓后位置一席,非余子所能学步也。

而郭麟之序则更加细致地指明了这一点:

> 《藤花吟馆诗》十卷,茝林梁先生之作也。其取法也,自三谢而下以至苏黄,罔不有其为言也。驰骋阖辟,磔卓排奡,舂容和雅,刻饰靓庄,亦罔不极其致。原本人纪,推究物化,稽诹经史,商榷篆籀,傅而不杂,深而不窒,大篇短章,文字识职,合古风格而不为状貌,与时驰张而不为弟靡,岂非所谓神明回斡于体与变之中,而卓然自见者乎?②

2. 以议论入诗

在梁章钜的诗歌中,诗人的看法与感触等,往往在叙事或描写之后,

---

① (清)梁章钜:《退庵诗存》卷十二,道光十七年桂林刻本,第7页。
② (清)梁章钜:《藤花吟馆诗钞》序言,道光五年苏州吴学圃刻字店刻本,第1—2页。

以议论性质的语言直接表达出来，即具有浓烈的议论色彩。

宋人另辟蹊径以议论入诗，清人将它演绎到极点。在梁诗里可以强烈感受到这种时代潮流。梁诗经常在写景或叙事后直接切入议论。如：

> 昨日行春趁午晴，今朝四望匝祥霙。不妨老屋连间漏，已卜新畴上尺生。人说岁华堪纪丽，我惭心迹可同清。迎年饯腊寻常事，最喜绥丰兆渐成。
>
> ——《立春日喜雪》①

梁诗议论的特点不仅在于议论方式切入的直接，还在于议论内容表达的直接，往往以直抒胸臆的方式进行，这几乎成为梁诗抒发怀抱感慨，提出观点看法的主要方式。

如：

> 水利系河防，澄怀作作芒。旷官吾有愧，抵掌子非狂。畿辅需舟楫，江湖急稻粱。书生能报国，不独在文章。
>
> 但以文章论，犹应时辈惊。仙心觑天巧，健笔轧霄峥。合作千秋想，珍兹片玉清。升沉身外事，不必问君平。
>
> 斯世怜才少，文人得识难。如斯浮宦海，何似守骚坛。递雁流音远，荒鸡短梦寒。京华多旧好，待尔一披肝。
>
> ——《送陈小云郡倅（裴之）赴选入都四首》之二、三、四②

该诗从乍喜转为感叹的情感脉络清晰可见，诗中诗人宦海沉浮之叹、报国为民之声，犹闻在耳，真实可感。然这种方法使诗歌遭受的损失在于少了诗意，诗歌的语言容易流于浅白，耐人寻味的诗韵消失了。正如翁方

---

① （清）梁章钜：《退庵诗存》卷十，道光十七年桂林刻本，第8页。
② （清）梁章钜：《退庵诗存》卷十一，道光十七年桂林刻本，第2页。

纲所指出的:"茝林之失在贪写正面,欲求其松而不可得。"①

但此种方式亦有运用得恰到好处的,这主要体现在梁氏《师友集》中之诗作上。该集于每位诗友之后各附诗一首,往往议论其人。如其赞孟瓶庵诗:

> 突兀鳌峰座,回顾五十年。辞荣名益重,颐志守弥坚。其有肝脾入,毫无意气偏。馨香身后事,真不愧乡贤。②

赞郭麟诗:

> 江南老名士,举世识灵芬。迟我成今雨,怜君似懒云。交游自潇洒,谣诼谢纷纭。他日论诗派,东乡合瓣熏(余评君诗,谓可与吴兰雪合成二妙,闻者以为知言)。③

赞陈寿祺诗:

> 伟抱才如海,雄谈口似河。断断汉经学,鼎鼎宋词科。魏阙心犹赤,乡关鬓易皤。此生不卿相,将奈地灵何!④

由此可知,梁章钜以议论入诗之作,即有其生硬之处,亦有其得路之处。

3.讲究功力,以考据入诗

在"以学入诗"思想指导下,梁氏认同诗可补史,别具价值,因此在诗歌创作实践中,还作有相当一部分"借诗以资考据"的学人之诗,几占其全部作品的六分之一。此类或题图,或题画,或题拓本的诗歌,内容

---

① (清)梁章钜:《退庵诗存》序,道光十七年桂林刻本,第2页。
② (清)梁章钜:《师友集》卷一,道光二十五年福州梁氏北东园刻本,第1页。
③ (清)梁章钜:《师友集》卷九,道光二十五年福州梁氏北东园刻本,第14页。
④ (清)梁章钜:《师友集》卷三,道光二十五年福州梁氏北东园刻本,第5—6页。

上主要是描述金石、法书、文物，并进而记述或考述它们的流传过程，往往前有序或题注，诗句中又有夹注；形式上因讲究才识、学问和诗法之功力的综合表现，故多选择五七古长篇，尤以七古有规模。如《李兰卿太守寄示智诚洞碑拓本》：

> 万岁通天未两年，神功已改九月秋。无虞县隶岭南道，史有澄州无廖州。岂宜图经亦漏略，或藉金石相校雠。今之上林智诚洞，古碑剥蚀盘螭虬。思恩太守雅好古，手剔金薙披银钩。丁酉四月辛卯朔，推笐衍算非谬悠。刺史县令若伯仲，宰相系表名难诹（碑为刺史韦敬辨立，县令韦敬一制文）。检校员外合官制，玉铃金谷穷旁搜。宗秦客书见者六（"日、月、星、天、地、年"字皆新制），当时文字多从周。雕镌质厚异伪造，坛椎不到荒厓陬。刘欧宋辈未入眼，地理阙略书徒修。是年登封始神岳，是月九鼎成精镠。牡朝秽德那屑道，盈廷谀颂文章羞。此碑屹然峙蛮服，模范山水翻清幽。推锋陷阵阋墙讼（碑中语），史亦失记天南酋。穿窬绝患沟洫利（碑中语），似述美政言非偷。来钳吉网正肆酷，彼何人哉能仕优。并遗姓氏循吏传，幸托翠墨千秋留。诸家集古弃弗录，俞儿夜泣山灵愁。讵知旧物有显晦，一朝声价逾琳球。缄题郑重远持赠，谊取证析资朋俦。惜哉苏斋久宿草，疑义孰与深研求。①

此类诗作虽显艰涩板滞，缺乏诗味，然却亦显古朴质厚。其友杨文荪即言：

> （茝林）先生幼承庭诰，世守椠书丹铅，浸淫朱蓝湛染。早践禁闼，不废下帷；贵至监司，犹勤发箧。网罗文献，诹诹典彝，根于默深，积为闳达，故以鸿黄窈窕之学，骏厉腾踔之才，蔚涵古腴，铿耀奇采……

---

① （清）梁章钜：《退庵诗存》卷十五，道光十七年桂林刻本，第12页。

又况皋牢金石，斟甦邱坟，乙肖辛彝，姒戈姬鼓。崖题壁划，摩挲苔
剥之文；雲云雷回，商榷薶垂之体。岱顶之篆新剔，般若之刻旧全，
以及未央瓦当、建武泉范、碑存刘令，塔记钱王、文琴流传、谢砚转
徙、诂经订史、参籀补苍，语环玮以陆离，义噩厚而渊奥……①

杨文荪为梁氏诗集所作之序言，可以说是将章钜考据类诗作之内容、特点
概括详尽矣！

二、诗以言教

如果说"以学入诗"还仅仅是涉及了诗歌创作的文字表述层面，那
么"诗以言教"，则是深层次地开掘了梁章钜诗学思想中关于诗歌功能的
问题。"诗以言教"，即是把诗歌当成了伦理教化的载体和工具，以利于人
们"温柔敦厚"品格的养成，从而有利于维持封建统治。

笔者认为"诗以言教"是梁氏诗学思想之一，是以梁氏思想根源为
依据的。梁章钜历乾隆、嘉庆、道光三朝，此期汉宋之争并未让他陷入过
多的烦恼之中，章钜对汉学与宋学的基本看法始终是"宋学为本，汉学为
用"。这个基本立场，在很大程度上对梁章钜的诗学思想产生了影响。梁
章钜对汉宋两学的态度归于调和，这也使得梁章钜晚年越来越意识到经世
致用之学的重要性。但是，作为一个受过严密整饬的理学系统教育的文
人，其内心还是不可避免地会留出一大块空地，用来自觉保护对封建传统
价值观念的笃信。因此，就诗论而言，梁章钜更多地接受了"诗以言教"
的观念，认同诗歌具有厚人伦、美教化的功能。

我们从梁章钜的几次为政之策来看，可以发现他身上还是具有浓厚
传统文教色彩的，首先，道光二年（1822），章钜初次外宦出京，前往湖
北荆州府任知府职，就遇到了下辖之监利与沔阳两县士民因争夺水源而相
互仇杀，官不能治，大府命他前去查办这样一个大难题，文人而诗意的梁

① （清）梁章钜：《退庵诗存》序，道光十七年桂林刻本，第9页。

章钜竟然运用了一个令谁都想不到的方法，先以诗歌代为文告劝谕士民，再亲莅水滨议清界址，孰料效果奇佳，"两境士民悉服，其患遂平"（《退庵居士自订年谱》）。以下就是那组独具特色的劝谕文告诗：

　　朝承大府檄，萆为监利行。大江东南流，送此扁舟轻。舟中颇无事，却顾南纪城。讼徒待我释，积牍须我清。迫此岁凛凛，增我心怦怦。速去且勿道，一身难兼营。即事费踌躇，远迩同此情。中夜不能寐，如闻怨咨声。

　　读书苦不多，更事复太浅。农田水利务，未能洞原本。半年坐郡斋，德薄才更短。未信而劳民，奚由致恳款。敢矜吾舌掉，所恃寸心展。斯民直道行，何分潜与沔。保赤在诚求，不中庶不远。

　　省檄一何厉，危词惕因循。谓事倘不集，重咎加其身。一官身外物，得失安足论。但念守兹土，何以谢我民。既务民隐达，复期民气醇。徒凭吏打门，焉能化如神。莫疑大府严，莫怨县官嗔。大府势阔绝，县官法必伸。斟酌恩威间，老守当谆谆。

　　乐利自在民，于官本无与。而必官为谋，民亦当有悟。官民本一体，况属巨室慕。先畴食旧德，名器非轻付。如何昧前车，不为导先路。尔自保田庐，尔自泯祝诅。时哉弗可失，念念春雨注。自非木石心，焉能悍不顾。

　　感人徒以言，所持本区区。未能剔鼠蠹，焉得孚豚鱼。以此排众议，不携一吏胥。喜仗丞尉贤，为我先声敷。十室有忠信，矧兹古名都。挺身任义举，方不惭绅裾。导之使尽言，尔我无诈虞。我诗代文告，莫哂迂儒迂。

　　　　　　　　　　　　——《谕监利士民》五首①

　　全诗就是在叙述其平息两境士民纷争水源的经过，诗歌本身的主旨

---

① （清）梁章钜：《退庵诗存》卷十，道光十七年桂林刻本，第6—7页。

亦只在平息纷争，不要说与常规诗歌要求的审美功能无关，与理学家赋予诗歌格物致理的追求亦无涉，而只是非常单纯地希望解决实际的纷争问题，"诗以言教"的实用功能被以最直白的方式体现出来。在这里，诗变成了一种最实用、最便于接受的文体，类似于应用文，此时属于诗歌本身的审美诉求被压抑到最低程度，以便最大限度地容纳"政"之内容，至此诗歌实用性功能被发挥到极致。

接着，道光三年（1823），章钜在江南淮海河务兵备道任上，又作了一首五古《河上杂诗》，在这首篇幅相当长的诗作里，诗人以一个主持梳理淮海者的身份详实地记录了当时治理淮海水患的真实情况。从初去时所遇到的情况——"既须黄济运，又须淮敌黄。或资擎托势，旋虞倒灌强。理河兼理漕，所系非寻常。捍患复因利，何由两无妨"，到用什么策略来治理——"海口利用束，河身利用深……修防百政举，经费严酌斟。填塞力督促，堤障增崎釜……埽根刷始深，石质重乃固。刚柔互为制，水土永相护……"，甚至到这些策略原理何在、效果如何等，均叙述详细，字里行间洋溢着梁氏为官意欲造福一方的理想和实践。

再到道光十七年（1837），章钜在广西巡抚兼署学政任上，在独秀峰下重建"五咏堂"，并将久随行箧的珍藏本《黄庭坚书五君咏》真迹刻石立于堂中，又作《修复独秀峰麓五咏堂落成纪事二首》以彰其事。梁章钜此举的目的，是想规范广西文闱，号召三管人民勤学苦读，究其实质，还是属于推崇"诗以言教"的传统思想。

后至归田家居之际的《喜雨》诗：

> 听彻通宵浙沥声，一春民望慰怦怦。不须说到篝车满，已报街头米价平。
>
> 无田似我且眉轩，何况田家笑语喧。麦陇秧畦齐渗漉，自然波及到东园。

——其一、其二①

----

① （清）梁章钜：《退庵诗存》卷二十三，道光十七年桂林刻本，第18—19页。

　　这组诗是梁章钜典型的"喜"诗之一，梁氏内心欢喜，流露到笔端之后，往往表达的是为黎民而喜，这是其典型的"言教"心态。他在作诗时往往不知不觉便从传统价值体系出发，试图尽力开启诗歌的感化、德化功能，他的不少诗歌也因此带上了一定的教化色彩。

　　综上，可以看到梁章钜为政过程中常常运用诗歌的形式作为辅助行政的手段，在《退庵诗存》及《退庵诗续存》中，不时可以见到类似的带有"言教"色彩的诗歌。除上述诸首外，它如《监利道中》《闻监利疏河已有成局，喜而赋诗》《擢淮海河务道，留别荆州僚友》等，均为言教之诗作。《监利道中》有感于"邑中书院久不整，志书亦百余年未修"；《闻监利疏河已有成局，喜而赋诗》抒发欣喜之情，并言"他时毕功宜大书，焉得大笔如椽粗"；《擢淮海河务道留别荆州僚友》一句"堤防所系非租赋，案牍无功愧俸钱"，既是对自己亦是对同僚的鞭策。

　　章钜此类诗作，诗味较淡，亦无甚意境可言，然我们不能因此而否定梁章钜"诗以言教"的诗学思想，及其在此种思想指导下的诗歌创作。梁章钜所处的时代，正是一个传统与现代相碰撞的时期，确切地说，这也是一个近代化的时期。但是梁章钜作为一个文人个体的存在，显然不可能也没有必要与历史的进程完全同步，他身上的传统色彩没有像他的好友林则徐、龚自珍、魏源那般被完全"近代化"掉。

　　梁章钜不独以"诗以言教"来指导自己的诗歌创作，同时还用以指导自己的诗歌批评。如《退庵随笔·学诗》中即引孟超然之言来表达自己的诗教观念：

　　　　古人不轻作裙钗之词，惧其亵也。少陵陪李梓州泛江，有女乐在诸舫，题曰《戏为艳曲二诗》，可谓艳矣，然"清江歌扇底，旷野舞衣前"，何其蕴藉！"立马千山暮，回舟一水香"，何其豪爽！篇终乃正言之曰："使君自有妇，莫学野鸳鸯"，是正所谓止乎礼义者。大家身份如此。①

---

① （清）梁章钜撰，乐保群点校：《退庵随笔》卷二十，文物出版社 2019 年版，第 490—491 页。

又如《闽川闺秀诗话》卷三《先妣王太夫人》条，述其母亲"能诗而不甚注意，故所作无多，今仅存遗稿数首，然情深于文，戚党读之，鲜不为悚然起敬。"这里章钜所谓之"情深于文""为悚然起敬"者，即是就其母亲之诗作的教育意义而言的，故章钜选择了其母的《送儿子入学》诗：

> 养儿不读书，不如豚与犬。能养不能教，所生岂无忝。况我贫贱家，差幸书香衍。迢迢十五传，儒门泽已远。先业不废耕，读书此为本。过时而后读，事劳效益鲜。读且未可恃，不读奚解免。成人基在初，如农服畴亩。抚兹娇痴者，增我心悚愬。强之入书塾，威董兼爱勉。夫君在京华，频岁劳望眼。尊章各垂白，所居矧隔远。我责曷旁贷，我心日转辗。倘稍入旷废，俯仰有余脑。晨光扶书出，夜色烧烛短。循环无已时，课此亦自遣。①

并言母亲此诗"语语沉挚，章钜每读此诗，无不汪汪泪下，不能止也。"

道光八年（1828）梁章钜在江苏布政使任上，曾建其祖汉高士伯鸾公祠堂，立碑记之，并辑《梁祠纪略》两卷；后又作《述祖德诗三十首》。这些都为学界所熟知，然众人却未必了解梁章钜所为之事及所作诗文的渊源。这一切均源于其母亲的诗教影响。梁章钜有言：

> 先太夫人尝语章钜曰："日来汝父与汝曹讲吾宗故事，并蒙翻史传相示，颇有会心。因学作《述德诗》四首，一为周先贤叔鱼公，一为汉威侯叔敬公，一为汉高士伯鸾公，一为唐补阙敬之公。"其《伯鸾公诗》末联云："秦关与吴会，何地荐蘩苹。"盖伯鸾公生于秦，

---

① （清）梁章钜：《闽川闺秀诗话》卷三，道光二十九年瓯郡梅姓师古斋镌本，第1—2页。

而寓于吴，遂终于吴，乃两地并未闻立有祠宇，殊为缺典，故太夫人此诗尚作疑词。及章钜官吴中，屡寻公祠墓，不可得，乃就阜桥近地，建祠立碑，并辑《梁祠纪略》两卷。吴人又从而咏歌之，传为盛事，实太夫人之诗，有以教之也。①

从以上论述来看，梁章钜的"诗以言教"是早期的家风家学与青年时期接受的理学熏陶注定的，虽然后来的社会环境可以允许他弱化这种价值观，但是，梁章钜最终还是没有这样做，他不像他的好友林则徐、龚自珍那样，借鉴西方之学来反思中华传统文化，而是选择继续维系传统价值观。

三、对传统诗教的回归

（一）源自传统诗教

诗学思想是梁章钜学术思想的一个重要组成部分，有清一代学术领域中汉学与宋学无休止争斗，然梁氏却始终抱定其宋学为体、汉学为用，汉宋兼容，而旨归于"用"的思想，以闽学的实践理性精神为主线，以人格养成为重点，以明体达用为旨归，积淀了明末清初以来经世派学以致用和汉学家求真务实的学术精华，将知与行、学与用融为一体，体现了中国传统学术思想所达到的一种新境界，是为先进。而梁章钜后来在其诗论中之所以热衷于回归传统诗教，宋学为体的思想是起了很大作用的。

中国传统诗教即为"温柔敦厚"，它是儒家古典诗歌理论的重要范畴，对我国古典诗歌产生了极大的影响。要弄清楚所谓的传统诗教，应该溯源到孔子的诗论里去。《礼记·经解》篇提出："温柔敦厚，诗教也。"其核心就是要求以封建道德来规范文学创作。兴、观、群、怨这四个字，就是孔子的诗论。孔子称："诗，可以兴，可以观，可以群，可以怨。迩之事父，远之事君。"可以这么理解，传统诗教即以为诗应具备教化作用，

---

① （清）梁章钜：《闽川闺秀诗话》卷三，道光二十九年瓯郡梅姓师古斋镌本，第2页。

这才符合"温柔敦厚"的诗教原则，亦即把诗歌当成政治教化的工具，强调利用诗歌这一形式为统治阶级服务。传统诗教既要求诗歌具有美刺讽喻的功能，又要求诗歌具有诗乐合一的作用，还须具有一种雍容的风度，而其根底正是孔学所倡言的"发乎情，止乎礼"。

梁章钜在其《退庵随笔》卷二十《学诗》开篇即言：

> 古人言诗，必推本于三百篇，或以此言为迂者，浅人之见也。古人言语之妙，固非今人所能几，无论今人，即汉魏以迄三唐所谓直接三百篇之作者，亦差之尚远，此时代限之也。然三百篇之宗旨，"思无邪"三字尽之，则人人所可学也。三百篇之门径，"兴、观、群、怨"四字尽之，则人人所同具也。三百篇之性情，"温柔敦厚"四字尽之，则人人所当勉也。此不可以时代限之也。但就此三层上用心，源头既通，把握自定，然后再学其词华格调，则前人言之详矣。①

《退庵随笔》辑于道光十四年（1834）在梁章钜福州家居之际，当时退庵老人年已 60，这个时期应该说是梁氏思想成熟而稳定的时期，所以这一段文字可视作梁氏诗学思想的总结。也就是说，对于传统诗教，梁章钜是持以推崇态度的。在梁章钜具体的创作中，传统诗教的要义也是充塞其中的，比如在其笔记中曾记录过一则《首县十字令》：

> 一曰红，二曰圆融，三曰路路通，四曰认识古董，五曰不怕大亏空，六曰围棋马钓中中，七曰梨园子弟殷勤奉，八曰衣服整齐，言语从容，九曰主恩宪德，满口常称颂，十曰座上客常满樽，樽中酒不空。②

这则《十字令》全文通篇虽然只有 55 个字，但却包含着极为深刻的

① （清）梁章钜撰，乐保群点校：《退庵随笔》卷二十，文物出版社 2019 年版，第 481 页。
② （清）梁章钜：《归田琐记》卷七，中华书局 1981 年版，第 137 页。

内容，将封建官场的腐朽黑暗刻画得淋漓尽致。虽然是属于批评不良政治现象的"怨"之范畴，然而这首宝塔诗却做到"怨而不怒"，通篇没有直白的批驳，但是读来却讽刺意味浓郁。可见梁章钜认为，诗歌在述"怨"的同时，也应讲究温柔敦厚的中和之美，这恰恰就是传统诗教的要求。

（二）源自纪昀的诗学思想

纪昀提倡的是"温柔敦厚"的诗教原则。他在《月山诗集序》中说：

> 诗必穷而后工，殆不然乎。上下二千年间，鸿篇巨制，岂皆出山泽之痕。然谓穷而后工者，亦自有说。夫通声气者鹜标榜，居富贵者多酬应。其间为文造情，殆亦不少；自不及闲居恬适，能愉然自抒其胸臆，亦势使然类。惟是文章如面，各肖其人，同一坎坷不偶，其心狭隘而刺促，则其词亦幽郁而愤激，"东野穷愁死不休，高天厚地一诗囚"。遗山所论，未尝不中其矢也。其心淡泊而宁静，则其词脱洒软俗，自成山水之清音。……斯真穷而后工，又能不累于穷，不以酸恻激烈为工者。温柔敦厚之教，其是之谓乎？……平心而论，当以不涉怨尤之怀，不伤忠孝之旨，为诗之正轨。昌黎《送孟东野序》称"不得其平则鸣"，乃一时有激之言，非笃论也。①

从这段话中可以看出，纪昀是明确反对"诗穷而后工"和"不平则鸣"说的，因为这两种说法都明显不符合儒家诗教典范。纪昀以"温柔敦厚"论诗，首先主张温厚和平之音，反对激烈愤懑之语。然纪氏虽然力主诗文缘情而作，却绝不赞同"情性"任意驰骋。在纪昀的观念中，诗人的情性必须受制于社会伦理规范，就范于"安宁、优美、平衡和理性"的古典艺术精神的范畴，这就是"发乎情，止乎礼"概念的全部内容。

我们从这里可以推论出：纪晓岚尊崇的是儒家传统诗教，这对梁章钜的影响是较为深远的。章钜《读渔洋诗随笔》《退庵随笔》中屡屡提及纪

① 《纪文达公遗集》卷九。

氏的诗学思想，而梁氏作诗、论诗皆崇尚雅正，其意正同于纪氏之"温柔敦厚"说，即强调有教化功能的、保持"无邪""温柔敦厚"的中和之美。

梁章钜在《退庵随笔》中或直抒己见，曾言：

> 真西山《文章正宗》，大意主于论理而不论文，遂与古来选本宗旨迥异，虽所持之理甚正，而其说终不可行。故自宋以来，罕有诵习之者。后人宗其意而成编者，惟吾乡蔡文勤公之《古文雅正》，然以理为根底，而体杂语录者不登，以词为羽翼，而语伤浮艳者不录。其意主于文质相辅，而不废修词之工，故谓之《雅正》，又与真氏之书各别。①

此言虽是针对作文而论，但实质上亦通于作诗，他如赞赏"缠绵委折而节拍更紧，遂极情文之妙""诗贵淡雅，亦不可有村野气"等，亦是如此。

又或引述他人的诗论来表示自己的观点，如：

> 魏道辅（泰）曰："诗者述事以寄情。事贵详，情贵隐，故能入人之深。如盛气直述，更无余味，则感人也浅，乌能使其不知手舞足蹈，又况能厚人伦、美教化、动天地、感鬼神乎？'桑之落矣，其黄而陨''瞻乌爰止，于谁之屋'，其言止于桑与乌尔，及缘事以审情，则不知涕之何从也。后人'采薜荔兮江中，搴芙蓉兮木末''沅有芷兮澧有兰，思公子兮未敢言''我所思兮在桂林，欲往从之湘水深'之类，皆同此意。唐人乐府述情叙怨，虽委曲周详，而言尽意尽矣。"②

这些都体现了纪昀的"温柔敦厚"的诗学思想对梁章钜的影响。同时，梁氏在具体实践中亦奉行"温柔敦厚"之旨，在他晚年为其堂兄梁际昌校编遗

---

① （清）梁章钜撰，乐保群点校：《退庵随笔》卷十九，文物出版社2019年版，第459—460页。
② （清）梁章钜撰，乐保群点校：《退庵随笔》卷十九，文物出版社2019年版，第486页。

集时，即自行做主，将际昌之感慨愤世之作统统删除，而保留其笃于情、深于学之作。事见《曼云先兄家传》：

> 越十余年，章钜再归田，从福州老屋中检取遗稿，其孤儿乃出《秋竹斋吟卷》两帙相示，则皆公所手录，涂乙之痕满纸。因费旬余日之力，抄一副本，而删其愤懑率易诸篇，次为八卷，附以馆课试律一卷，合成两帙，已足以存公之生平。然非笃于情，复深于学者，未易觇其底蕴，惜苏年先生不及见其成也。①

（三）时代的反作用力使然

不过，我们也要看到，梁章钜之所以这样热衷对传统诗教的回归，也是有其更广阔的社会背景的。嘉庆、道光年间，正是清王朝由盛转衰的一个重要历史阶段。传统观念与现代思想不时碰撞，维系统治的理学受到冲击，封建统治者为了巩固自己的地位，必定要在思想文化领域加强控制。而梁章钜因其身份是朝廷高官，所以对传统诗教的提倡和尊崇，也应该看作是他有意识地要借助传统诗教来维护封建统治。

梁章钜生命的后期，正面临着英帝国等势力的入侵渗透，这样的局面，或者说这些"夷务"，是完全不同于传统伦理的价值体系的，这对年迈的退庵老人而言绝对是一种新的挑战。而这个外力的驱使，容易导致两个结果，一种是顺着这种外力，学习并试图利用其文明先进之处，来达到维护和巩固自身统治的目的，如林则徐和魏源等人即属于此类，他们提出了"师夷长技以制夷"之主张；另一种便是逆着这种外力，回归到自身的传统中，相信传统秩序的力量，并试图从传统价值体系中寻找可以治国平天下的"药方"。从梁章钜晚年的为政之策还有所作之诗文来看，他最终选择的是后者。在这种思想主导下，他诗学思想上的回归到传统诗教也就不足为奇，甚至是一种必然了。

---

① （清）梁章钜：《归田琐记》卷二，中华书局 1981 年版，第 36 页。

小　结

　　有清一代是诗话这一诗歌批评样式异彩纷呈的时期，而在此领域中，梁章钜无疑是相当突出的一位，其诗话之多，清嘉庆、道光朝无出其右，现今有具体刻本、钞本可查，直接以"诗话"命名的就有7种：《长乐诗话》《南浦诗话》《东南峤外诗话》《三管诗话》《闽川诗话》《雁荡诗话》《闽川闺秀诗话》。如果再加上内容与诗话有涉之作，如《乾嘉全闽诗传》《试律丛话》《读渔洋诗随笔》《读随园诗话随笔》《退庵随笔·学诗》《浪迹丛谈·诗话》，以及《文选旁证》《楹联丛话》《楹联续话》《楹联三话》中有关诗话者，则数量更为可观。

　　梁章钜学识渊博，能诗善评，故其诗话有比较多自己的看法和意见，形成了自己的诗话理论，价值较高。首先，梁氏诗话有着显著的区域特征，在其诸多诗话中，属于区域诗话范畴的就有8部之多（含《补萝山馆诗话》），且又以福建区域诗话为主，达到6部，闽人论闽诗，成为其作之重要特色；其次，梁氏诗话撷拾丰富，又都注明出处，有些出处甚至是仅见之记录，有文献整理之功，甚为难得；其三，梁氏是较早关注家族诗歌创作的兴替及其家学之人，其诗话诸作中的这一部分内容对研究家族文学或诗学都有着史料价值；其四，梁氏亦是较早关注女性诗学之人，其作保存了不少福建闺秀诗作，对当代研究福建地方女性文学或诗学有一定的史料参考价值；其五，梁氏诗话还具体体现了梁氏之论诗风格，如重雅轻俗、反对刻意模仿、推崇情辞兼至的篇什等，其评点之名章秀句，往往画龙点睛，不无可采之处①，并进而体现了梁章钜的诗学思想。

　　梁章钜的诗学思想主要体现为以学入诗、诗以言教、对传统诗教的回归三个方面。这种思想的来源，有年轻时期接受的家学熏陶，有嘉道年间的特殊时代背景，也有在鳌峰书院受到郑光策的启蒙，以及与师友交游

---

① 　参考陈庆元《福建文学发展史》第六章第四节"区域文学总集和区域诗话"。

带来的影响，还有就是他自身较为传统保守的性格因素。笔者较关注梁章钜学诗于翁方纲的经历，翁氏诗学思想对梁章钜诗学思想的影响，以及梁章钜对自己诗学观念的阐述——以学入诗、诗以言教，对传统诗教的回归等等。我们现在看来，其实梁章钜的诗学思想并无独创之处，他的诗学思想大部分早在清朝之前就有人专门提出。值得注意的是，梁章钜晚年时候，清朝已经处于可以"开眼看世界"的时代了，经世致用，西学为用的新学潮正在兴起。在这种背景下，梁章钜把自己的诗学思想归结为以上三个方面，就需要我们超越文学层面来思考了。正如我们知道的，一个人的价值观可以影响他的方法论，梁章钜出于维护清朝统治的立场，不仅影响了他的为政之策和处世方法，甚至也影响了他的诗歌创作和诗话。

总之，梁章钜所撰辑之诗话，无论是数量还是质量，在福建地方文学史的发展过程中都远超前人，至今亦无他人能比。因此，梳理梁氏之诗话诸作，并探究其诗话系列的特色等，就显得比较有价值意义。

第五章　随笔琐记　博大精深

梁章钜一生赓续不断所创作的多种笔记更使他为后世所瞩目，并在清代笔记作家中占有一席之地，堪称清末史料笔记大家，其笔记内容无所拘束，涉及面甚广，对于了解当时的历史及社会都有很大帮助。

本章重点研究梁章钜的笔记之作，包括梁章钜笔记的性质、内容及其分类，梁章钜笔记的价值，以及梁章钜笔记的缺点和不足等。梁章钜的笔记，性质较杂，记叙随宜，大体上属于杂记丛谈类；内容颇为广泛，无所不包，涉及生活的方方面面；其价值主要包括三个方面：史料价值、文学价值，以及一定的医学价值。但梁章钜的笔记也存在一些缺点和不足，主要是内容过于庞杂，有些篇目价值意义不大，还有的转抄自他人之作，缺少个人主观创见。总之，本章拟从多方面探讨梁章钜的笔记诸作，力求给予其以文学史上相应的地位。

知鱼乐处——梁章钜以文人诗意营造的芝南山馆景致（摄影：林长生）

第一节　笔记述略

　　梁章钜平生纵览群籍，学识渊博，谙于掌故，善作笔记，其笔记有《枢垣纪略》《古格言》《退庵随笔》《楹联丛话》《楹联续话》《楹联三话》《楹联剩话》《巧对录》《巧对补录》《归田琐记》《退庵金石书画跋》《浪迹丛谈》《浪迹续谈》《浪迹三谈》《称谓录》《南省公余录》《国朝臣工言行纪》《吉安室书录》《农候杂占》等，这些极具特征的笔记，奠定了梁氏清末笔记大家的地位。

一、《枢垣纪略》——军机处档案史

　　道光二年（1822）成书于湖北荆州，次年秋刊刻。是书系辑清雍正至嘉庆间军机处用人、行政、典故、制度，末附诗文杂记等，分类排纂，详细介绍了军机处之源起流变、典章职掌。为嘉庆二十三年至道光二年（1818—1822），梁章钜担任军机章京时依军机处的档案材料，历时 5 年辑录而成，具有较高的史料价值，是今人研究清代政治制度史和档案史之必不可少的资料。其序曰：

　　　　自雍正庚戌设立军机处，迨兹九十余年，纲举目张，人才辈出，而载辑稽故实尚缺成书。章钜于嘉庆戊寅选充章京，僚直余闲，翻审九档，辄思辑为一书。随笔甄综，日有所积，至道光壬午春季奉命守郡，匆匆出直，此后遂无由再缀一词。因思五年以来，手不停批，在方略馆宿直时常彻夜为之，或屡代人夜直为之。以用力之勤，窃喜稍存梗概，因于簿书之隙，重加勘汇，阅月而成编，为门七，为卷十有六。卷首恭录训谕，次列除授，又次纪恩叙，又次详规制，又次考题名，而以诗文及杂记附末。适补章钜缺入直者为李侍读彦章，因以稿本寄之，拾遗正误。又经年而稿还，时章钜已为淮海盐司，遂付梓人。书中艮限仍以壬午春季为断，俟好事者续增焉。军

机处为我朝政府，考官制者谓即唐、宋之枢密，因题为《枢垣纪略》云。道光癸未秋仲，梁章钜识于清江浦之以政学斋。①

序中不仅言明该书的撰作源起与成书经过，还体现了梁氏在资料编排上的良苦用心，所有资料分为7类，每类按年月日的顺序排列，便于查阅；书中诸多条目后面均加按语，与正文相辅相成。亦体现了梁氏治学态度之严谨，稿本并非即出即刻，而是又特意寄示时任军机章京的好友李彦章，委托其拾遗正误，经年稿还，方才付梓。凡此种种，恰成就了此书的价值。

后又有同年朱士彦序：

> 茞林之敏于撰述，而复义例详明，捃拾周备，辟前修所未开之境，成内直所必需之书，厘然为掌故所存，隐然为法戒所系……闻茞林此编最难着手者，为满汉大臣题名一卷、满章京题名一卷、汉章京题名一卷，皆前无所承而创为之。盖钩稽载籍，咨访故老，而证以方略馆册档，孜孜矻矻，多得之夜直官烛之余，可谓勤且笃矣……道光十五年八月年愚弟朱士彦撰。②

朱士彦，著名考据学家朱彬长子，谥文定，扬州宝应人，嘉庆七年（1802）壬戌榜探花，《清史稿》有传。该序对章钜此书成就的肯定是相当准确的。

二、《古格言》《退庵随笔》——学术思想的总结

二书为姊妹篇，前者辑于道光六年（1826）山东按察使任内，内容据郭麟《灵芬馆杂着》云："茞林先生采取先秦、两汉，下逮唐人，掇其菁英，凡有益于身心、性命、家国、天下者，命之曰《古格言》。"

---

① （清）梁章钜：《枢垣纪略》序，道光十五年刻本，第2页。
② （清）梁章钜：《枢垣纪略》序，道光十五年刻本，第3—4页。

又据章钜属吏刘鸿翱（后官至福建巡抚，署理闽浙总督）所序：

> 长乐茝林梁公集《古格言》为十二卷，曰道体、曰治术、曰德隅、曰学殖、曰仕进、曰交际、曰家常、曰尊生、曰文笔、曰兵机、曰女诫、曰名理，前引圣贤遗言，次择子史之最要者，间附以己意，所集皆唐人以上，而程朱陆王之奥秘，无不毕贯于其中，有所尊，无所谓薄也，更无所谓斥也……吾读是编，上之为天道，下之为人事，约之为一己，广之及于家国天下。公之学得于古者可知，公之得于古，自淑以治世者可知，盖六经之体用在焉，是以观天地山水之大也。①

序中除介绍该书之体例，更重要的是指出了该书所体现的梁氏兼取汉宋的学术态度。梁章钜从小多方面接受家学熏陶，从祖先继承闽学传统，从父辈接受经世致用之学，出闽居京之际又接受汉学，并最终形成汉宋调和观、进而追求经世致用之学的学术思想。而作为属吏兼弟子的刘鸿翱，是比较了解其师的，因此能对该书所体现的学术思想做出正确判断。

较之《古格言》，则《退庵随笔》无论是内容，抑或表述，都更加完整成熟。《退庵随笔》道光十四年（1834）撰于福州，先后有陕西关中及广西桂林刊本。是书内容及创作目的据其自序：

> 《退庵随笔》者，随所见之书而笔之，随所闻之言而笔之，随所历之事而笔之，而于庭训师传尤所服膺，藉以检束身心、讲求实用而已，初无成书义例也。日月既积，楮墨遂多，里居多暇，方取而整比之，以类聚、以卷分，则凡可以劝善黜邪、订讹砭惑者咸具焉。囊有古格言之刻，以唐、五代前为断。兹编则自有宋以迄今兹，时代愈近，其辞愈费，而其旨益畅，其境亦益新。乙（未）夏奉召

① （清）梁章钜：《古格言》序，道光四年苏州刻本，第1页。

复出，乃以稿自随。去岁过关中，遽为友人付梓。携至日下，同人皆以为有用之书，非说部杂家比。爰质之仪征师相，承为增删数事，题字卷端。既抵桂林，公余复有勘补，扩为十五门二十二卷，重付手民，因纪其缘起如此。道光十七年退庵居士自记。①

此书所记，或为仕途阅历所经，或读书所得，又时有揭示时弊，发抒见解，征文考献之说。详之，则卷一《躬行》、卷二《交际》、卷三《学殖》、卷四至五《官常》、卷六至八《政事》、卷九至十《家礼》、卷十一《家戒》、卷十二《摄生》、卷十三《知兵》、卷十四至十五《读经》、卷十六《读史》、卷十七至十八《读子》、卷十九《学文》，卷二十至二十一《学诗》、卷二十二《学字》。

是书最具价值处有三：一是《学诗》两卷具体阐述了梁氏的诗学思想；二是《读经》两卷具体阐述了梁氏所持的汉宋调和的学术态度，如谓：

> 治经者不拘汉学、宋学，总以有益身心、有裨实用为主，否则无论汉学无益，即宋学亦属空谈。说经者亦期于古圣贤立言之旨，愈阐而愈明，方于学者有益。乃今之墨守汉学者，往往愈引而愈晦，抱残守缺，远证冥搜，每一编成，几与秦延君之释"尧典"二字二十万言，汉博士之书驴券，三纸尚未见驴字。②

三是具有征文考献之功效，如卷七《政事·二》引陈鳣论嘉道时社会崇洋风尚称：

> 古言国奢示之以俭，今日风俗之弊，非徒禁其奢已也，必先去其邪。夫居处之雕镂，服御之文绣，器用之华美，古之所谓奢也。

---

① （清）梁章钜撰，乐保群点校：《退庵随笔》自序，文物出版社 2019 年版，第 1 页。
② （清）梁章钜编撰，乐保群点校：《退庵随笔》卷十四，文物出版社 2019 年版，第 321 页。

今则视为平庸无奇，而以外洋之物是尚。如房室舟舆无不用玻璃，衣服帷幕无不用呢羽，甚至什物器具曰洋铜，曰洋瓷，曰洋漆，曰洋锦，曰洋布，曰洋青，曰洋红，曰洋貂，曰洋獭，曰洋纸，曰洋画，曰洋扇，遽数之不能终其物……其始达官贵人尚之，浸假而至于仆隶舆儓，浸假而至于倡优婢嫔。外洋奇巧之物日多，民间布帛菽粟日少，以致积储空虚，民穷财尽，可胜叹哉！①

类此资料，随笔中尚多有可采者。

三、《楹联丛话》系列——创立楹联学

提及梁章钜的《楹联丛话》，严格来说应该是《楹联丛话》系列，包括 6 部，合构成梁氏楹联系列，开创了联话文体，为梁章钜赢得了楹联大师、中国楹联学鼻祖之称誉。该系列可分为四部分：

第一部分，包括《楹联丛话》《楹联续话》《楹联三话》3 部。

《楹联丛话》十二卷，道光十九至二十年（1839—1840）在广西巡抚兼署学政任上花两年多时间编撰而成，分为 10 门：故事、应制、庙祝、廨宇、胜迹、格言、佳话、挽词、集句，附以集字杂缀及谐语，共收录联话 600 余则，有桂林陈继昌序。

《楹联续话》4 卷，道光二十二年（1842）辑于福建浦城，有次年南浦寓斋刻本，收录联话 300 余则卷一故事、应制、庙祀，卷二廨宇、胜迹、格言；卷三佳话、挽词；卷四集句、杂缀，收联话 330 则，余应松校阅，卷首有梁氏自序。

《楹联三话》2 卷，道光二十三年（1843）辑于福建福州，收录联话 100 余则收入联话 130 余则，所辑联话未标门类，仅系以小标题，并排序，卷首有梁氏自序。

即《巧对录》一部，共 8 卷，道光二十二年（1842）辑于福建浦城，

---

① （清）梁章钜编撰，乐保群点校：《退庵随笔》卷七，文物出版社 2019 年版，第 153 页。

道光二十九年（1849）刊出，各卷未标门类，卷首有梁氏自序。包括《归田琐记》第六卷中收入的《楹联剩话》1篇和《浪迹丛谈》第七卷中收入的《巧对补录》1篇。

《楹联剩话》道光二十四年（1844）辑于福建浦城，收录联话42则。

《巧对补录》道光二十六至二十七（1846—1847）年间辑于温州，收录巧对336对。包括《浪迹丛书》中散见的联话材料13则、《浪迹续谈》中散见的联话材料12则、《浪迹三谈》中散见的联话材料4则。其中尤以《楹联丛话》和《巧对录》影响深远。

《楹联丛话》自序曰：

楹联之兴，肇于五代之桃符。孟蜀"余庆""长春"十字，其最古也。至推而用之楹柱，盖自宋人始，而见于载籍者寥寥。然如苏文忠、真文忠及朱文公撰语，尚有存者，则大贤无不措意于此矣。元明以后，作者渐夥，而传者甚稀，良由无荟萃成书者，任其零落湮沉，殊可慨惜！我朝圣学相嬗，念典日新，凡殿廷庙宇之间，各有御联悬挂。恭值翠华临莅，辄荷宸题；宠锡臣工，屡承吉语。天章稠叠，不啻云烂星陈。海内翕然向风，亦莫不缉颂剬诗，和声鸣盛。楹联之制，殆无有美富于此时者。伏思列朝圣藻，如日月之经天，自有金匮石室之司，非私家所宜撰辑。而名公巨卿，鸿儒硕士，品题投赠，涣衍寰区，若非辑成一书，恐时过境迁，遂不无碎璧零玑之憾。窃谓刘勰《文心》，实文话所托始；钟嵘《诗品》，为诗话之先声。而宋王铚之《四六话》，谢伋之《四六谈麈》，国朝毛奇龄之《词话》，徐釚之《词苑丛谈》，部列区分，无体不备，遂为任彦升《文章缘起》之所未赅。何独于楹联而寂寥罔述！因不揣固陋，创为斯编。博访遐搜，参以旧所闻见，或有伪体，必加别裁。邮简遍于四方，讨源旁及杂说，约略条其义类，次其后先。第一曰故事，第二曰应制，第三、第四曰庙祀，第五曰廨宇，第六、第七曰胜迹，第八曰格言，第九曰佳话，第十曰挽词，第十一曰集句，附以集字，第十二曰杂缀，附以谐语，分为十门，都为十二卷。非敢谓尽之，而关涉掌故，脍炙艺林之作，则已十得六七，粲然可观。方之禁扁，似稍扩其成规；比诸句图，亦别开生面云尔。道光庚子立春日，福州梁章钜撰于桂林抚署之怀清堂。①

梁章钜的自序，回顾了楹联的历史，表达了自己对历代优秀楹联的重视、欲开创联话文体的思想，以及此书之体例等。

又有陈继昌所作之序。陈继昌（1791—1849），广西临桂人，清嘉庆二十五年（1820）状元，有"三元及第"之称，是中国科举史最后一位连中"三元"者，后官至江苏巡抚。陈氏本人亦是能诗善文者，其序在先全面概括了梁氏的文学与学术之成就之后，具体肯定梁氏的楹联成就：

而公暇搜罗，孳孳未已，乃复以所辑楹帖见示，诹遍八方，稿凡三易，每联辄叙其所缘起，附以品题，判若列眉，了如指掌。夫道体之罔弗该也，文字之罔弗喻也；语其壮则鲲海鹏霄，语其细则蚊睫蜗角。须弥自成其高也，芥子不隘于纳也。楹帖肇自宋、元，于斯为盛。片辞数语，着墨无多，而蔚然荟萃之余，足使忠孝廉节之恫，百世常新；庙堂瑰玮之观，千里如见。可箴可铭，不殊负笈趋庭也；纪胜纪地，何啻梯山航海也。诙谐亦寓劝惩，欣戚胥关名教。草茅昧于掌故者，如探石室之司矣；脍炙遍于士林者，可作家珍之数矣。一为创局，顿成巨观。惟公以蓬山耆宿入直枢垣，扬历大邦，叠膺重寄，虽官书林立，而几案尘清。偶当诗钵文坛，辄复露垂泉涌。兹则秉节全圻，总宏纲而理庶政，犹是思艰图易，举重若轻。雍容乎礼法之场，翔泳乎文艺之圃。烛武所谓智深勇沈，颍滨所称神止气定者，非欤！故于前所著诸集，见公之综贯百氏，取精用宏，而于斯集有以见公心源治法，好整以暇，殆为天授，非人力所能及也。道光二十年庚子春正月，陈继昌谨序。①

《巧对录》自序曰：

余辑《楹联丛话》，多由朋好录贻，而巧俪骈词，亦往往相连而及。余谓是对也，非联也。语虽通而体自判，因别载而存之箧。衍积久裒，因复搜取说部诸书及前后所记忆，汇次成帙。昔宋人诗话，喜言巧对，然不过数联而已。其专以对语成书者，始于隋杜公瞻之《编珠》。今其书已不存。明杨升庵所作之《谢华启秀》，人人皆知其书。唯中多偏枯割裂，又或注出典，或不注出典，不免为通人所讥。兹编虽亦草草而成，都无体例，而每条皆从原书录出，所采对语，配隶悉能匀称，斐然可观。唯限于见闻，殊惭漏略。客有见而喜之者曰："书虽不多，而甚可启发文心，旁资谈助，不可不公诸同好。"因稍加厘订，付之梓人。尚望博雅君子，广为录寄。则又可编辑成书，比诸《楹联》之有《续话》云尔。②

《石遗室书录》评价《巧对录》云："浑成而工巧者十居八九。有可作骈文材料者，有可作楹帖用者，可谓极沉博绝丽之观矣；尤佳在句句载明出处。"

应该说，楹联创作与研究亦是梁章钜文学与学术方面的一个突出成就，而且是一个独特的成就。楹联发端于五代，普及于明，兴盛于清，尤其清代，正如梁氏自序中所云："天章稠叠，不啻云烂星陈"，"楹联之富，殆无有美富于此时者"。梁章钜率先注意到楹联为举世所喜闻乐见，遂仿效古已有之的文话、诗话、词话，首创"联话"体例，确立了联话分类原则，总结了对联创作成果，保存了珍贵史料，为中国楹联筚路蓝缕，是名

① （清）梁章钜：《楹联丛话》序，道光二十年桂林初刻本，第1页。
② （清）梁章钜：《巧对录》序，道光二十二年福州梁氏家刻本，第1页。

副其实的楹联学开山始祖。同时梁章钜本人亦精于对联创作，有数十副题署、酬赠、庆挽联传世。

归纳一下梁章钜在楹联学领域所做的工作，主要有四个方面：

第一，搜集保存了大量历代联作。楹联自唐、五代肇始，千余年长盛不衰，但历代文人、学者囿于传统观念，视为"小道"，故联家、联语殊少见于史籍。梁章钜在自序中感叹说："元明以后，作者渐夥，而传者甚稀，良由无荟萃成书者，任其零落湮沉，殊可慨惜！"于是他"钞纂楹联，附以记述。"全书中，上起宋代，下迄清中叶，他广泛搜集了大量资料，初步统计，涉及联家、联人数百，作品逾万。宋代如朱熹、苏轼、楼钥、蔡司理、洪俞，元代如赵孟頫、杨元诚，明代如朱元璋、刘基、解缙、杨慎、祝允明、唐寅、海瑞、李东阳、王守仁、徐渭、李贽、金圣叹、左光斗、史可法、董其昌、夏贵溪、袁文荣、邱岳、张延登，清代自清初至道光年间，则名家名作，几无一遗漏。其中朱彝尊、袁枚、李渔、翁方纲、梁同书、纪昀、郑板桥、蒲松龄、阮元、彭元瑞、齐梅麓、程春海、陶澍、林则徐等人，所录作品最为丰富。还有大量普通文人及无名氏作品。显然，这对于保存我国楹联艺术遗产，意义是十分重大的。

第二，对楹联发展的源起、演变作了一些有价值的考证工作。

第三，初步建立了楹联分类体系。

第四，初步涉及了楹联美学理论。

四、《归田琐记》——雅俗共赏情趣盎然

《归田琐记》8卷，为梁章钜退归林下初期之作，亦是该期第一部作品，在梁氏笔记系列中不仅属于质量较高之作，且有着重要意义。该书作于道光二十三至二十四（1843—1844）年间，成书于道光二十五年（1845），地点在闽北浦城寓所——北东园之池上草堂，刊刻于同年十二月（浦城首刻本），卷首有梁章钜门生许惇书序。时英政府强迫清政府订立了中英《五口通商章程》和《五口通商附粘善后条款》，清政府被迫开放广

州、福州、厦门、宁波、上海等五处为通商口岸，准许英国派驻领事，并准许英商及其家属自由居住。身为封疆大吏的梁章钜深以家乡沦于侵略者铁蹄之下为耻，又闻英夷竞相挈眷入福州，且与省城大小官吏相互通谒，故不愿回故乡，不得已侨寓闽北浦城。关于该书之创作源起及命名，在卷一第一条《归田》中即已言明：

> 余于道光壬辰引疾解组，虽归田而实无田。越四年，奉命复出。又七年，复以疾引退，则并不但无田可归，竟至有家而不能归。回首双塔三山，如同天上，因侨居浦城，养疴无事，就近所闻见，铺叙成书，质实言之，亦窃名为《归田琐记》云尔。①

是书内容较杂，如卷一既记园林、坊巷、草木虫鱼、藏书楼及器物等，又多记民间医学验方；卷二则以述时事、评朝政、刺现实为主，兼述书札、家传等生活琐事；卷三记有历史人物、碑帖、书板、典章制度等；卷四记闽籍历史名人黄宗周、洪承畴、李光地、陈梦雷等人事迹，并及当地科第盛事；卷五记鳌拜、葛礼、隆科多、年羹尧、和坤等帝国前期人物的逸闻轶事；卷六记师友之趣闻逸事及读书作序、诗歌楹联等事，并记自我著作；卷七品评章回小说、俗事俗语及谜语等；卷八附录撰者晚近所作诗文及他人和作。

从全书编排上看，除第四、五、八卷外，其余五卷似显杂乱无章，但就内容来看，确实是见闻所及，无所不录，充分体现了随笔记录的文体特征，呼应了作者的创作意图：

> 大抵古人著述，各有所本，虽小说家亦然，要足资考据，备劝惩，砭俗情，助谈剧，故虽历千百年而莫之或废也。②

---

① （清）梁章钜：《归田琐记》卷一，中华书局 1981 年版，第 1 页。
② （清）梁章钜：《归田琐记》卷一，中华书局 1981 年版，第 1 页。

梁章钜的《归田琐记》突破了以往"归田"的名书，善于运用发现的眼睛，记录下广博的所见所闻、所思所感，在记述园林、坊巷、生活琐事、名人佚事、酒食谜语的同时，不仅写了文人的雅趣，而且记载了丰富多样的民间风俗，如饮食、偏方、剪纸、楹联等，创造了一种雅俗共赏的文学形式与情趣。

另外，此书卷末附有《退庵自订年谱》，详细记载了梁氏自出生至70岁期间重大经历及著述，是为研究梁章钜的第一手材料。

五、《退庵金石书画跋》——鉴赏家杰作

梁章钜共有两部题跋作品，一为《退庵题跋》，上下二卷，撰作时间不详；一为《退庵金石书画跋》，为道光二十五年（1845）撰于闽北浦城。考两部作品之内容，则《退庵题跋》收录44篇跋文，《退庵金石书画跋》收录481篇跋文。前者之内容除末一篇《集王右军书西藏足本心经跋》外，余43篇均录入后者，又据后者藏品增加十余倍，故可推知《退庵题跋》撰作时间当在《退庵金石书画跋》前，而且是前好多年。而林则徐为梁章钜所撰之墓志铭中，则言"《退庵题跋》二十卷，《退庵续跋》二卷"，有误，林氏所言之《退庵题跋》，实际上应是《退庵金石书画跋》，而《退庵续跋》则是《退庵题跋》，顺序亦有误，应该是《退庵题跋》在前，《退庵金石书画跋》在后。

因《退庵题跋》基本上都收入到《退庵金石书画跋》中，故此处仅介绍《退庵金石书画跋》。

是书以题跋形式，著录自藏金石书画。前五卷录金石藏品，共录古铜器11件、古砚2件、碑碣拓本90件；卷六至十录书法藏品，共120件，卷十一至二十录绘画藏品，258件。每件作品附小传及品评，所题重在考证，对作品之真赝、收藏源流及作者生卒年考核甚详。尤其所记书画多为传世精品，且评述颇为精到，其精审程度时胜于画，间附有自作诗或友人题诗、题跋。总体来看，对于书法的鉴评详于绘画。

是书撰作源起章钜于自序中已有详细交代：

　　余少治举子业，无他俗嗜，稍长始知好书画，乾隆末以公车诣京师，日诣琉璃厂肆，纵观古近人墨迹，心焉慕之。然本寠人子，徒饱眼福而已。通籍后，先叔父九山公方视东漕，以曲阜、任城各汉碑拓本寄赐，始知好石墨。既与伊墨卿、吴荷屋、朱茮堂诸君子游，兼讲金石之学，最后入苏斋谈艺。吾师于金石书画靡不精究，有叩者无弗应，余亦喜得问津，逮由流溯源，于是始稍节廉俸，偶有购收，而其为寠人子如故也。道光初治河，袁浦陈枲齐州，禄入渐丰，所得亦渐夥。适擢藩苏州，处地大物博之区，有弹见洽闻之乐，精粗真赝，杂然而前陈，自惭眼力短浅，不足以判断妍媸，又不能如古人所谓有力而强者，未免多所弃、少所取，故合前后数年所得仅此。而耳食者已遽目为收藏家，实不称也。

　　乙未岁奉召复，五年岭右，再莅吴中，墨缘日增，绝无巧偷豪夺之为，而居然有贫儿暴富之概。趋公之暇，亦辄思料检所有，条举而件系之，以窃追吾乡黄长睿之后尘，而簿书迫促，羽檄倥偬，实鲜余力。尤记苏斋师告余曰："我朝之以金石书画成书者，惟孙退谷、高江村、卞合之、吴山夫数君，吾最惜前明之项墨林及我朝之梁焦林，皆收藏极富，而迄无著录可稽，好事者盍勉之。"余甚愧期许之意而不能无动于衷也。壬寅秋再引疾归，养疴南浦，山居从容，乃尽发行箧所藏，第其甲乙，付诸儿分守之。顾念古今长物无聚而不散之理，即诸儿所分得亦难必其长聚，若能以一编荟萃之，则散者仍聚，而分者犹之未分也。惟局于见闻，窘于文笔，抱残守缺，无以孟晋前修。适逢儿自南来，恭儿自北返，各有新获，复助余搜讨而扩充之。弹十阅月之勤，甫得成书，而缕述其颠末如此。闻京中祁春圃尚书曾呼恭儿诘之曰："近知尊公自编题跋，就所寓目乎，抑皆所自藏乎？"对曰："寓目者多不胜记，皆自藏也。"曰："约有若干书？"对曰："可分二十卷。"尚书曰："难哉，盛哉！当先读为快耳。"呜呼！天上仙曹尚系心人间蠹简乎！因感其意，谨附书之。

　　道光乙巳中秋既望，退庵居士梁章钜撰于南浦新居之北东园，时年七十有一。①

是序所言涉及三个方面,其一,梁氏爱好及学习收藏的经历;其二,自己所有藏品的来历;其三,是书撰作的源起(既是对当年翁方纲师之期许的回应,又是恐"古今长物无聚而不散之理")。

该书内容丰富,或考证名物碑帖之年代,或记叙与藏品相关的奇闻轶事,或据碑文校订史书之讹误,不一而足。在文字表达上,融记叙、说明、议论、抒情于一炉。其记叙多随笔点染、详简得当,其议论多客观公允、切中肯綮,其抒情多由心生、真挚深厚,尤其体现了梁氏"不以人废书"的书法观,及推崇"淳古与腴厚"的帖学审美观等。总之,退庵题跋诸篇,记叙抒情,往往随物赋形、情因而立;议论说理,虚实相衬、明晰透彻。通观全书,不仅有极高的艺术价值,而且亦有相当的文学价值。

六、《浪迹》三谈——浪迹余生的写照

浪迹系列包括《浪迹丛谈》《浪迹续谈》《浪迹三谈》三部一脉相承的笔记之作,作于梁氏晚年浪迹江浙期间,创作源起及书名渊源于卷一首条《浪迹》中言明:

> 余于道光丙午由浦城挈家过岭,将薄游吴会,问客有诵杜老"近侍即今难浪迹,此身那得更无家"之句以相质者,余应之曰:"我以疆臣引退,本与近侍殊科,现因随地养疴,儿孙侍游,更非无家可比,惟有家而不能归,不得已而近于浪迹。"或买舟,或赁庑,流行坎止,仍无日不与铅椠相亲。忆年来有《归田琐记》之刻,同人皆以为可助谈资,兹虽地异境迁,而纪时事,述旧闻,间以韵语张之,亦复逐日有作。岁月既积,楮墨遂多,未可仍用《归田》之名,致与此书之例不相应,因自题为《浪迹丛谈》。"浪迹"存其实,"丛

---

① (清)梁章钜:《退庵金石书画跋》序,道光二十五年浦城北东园刻本,第1页。

谈"则犹之琐记云尔。①

此一则开宗明义，可作为《浪迹》系列之总纲。

《浪迹丛谈》11 卷，作于道光二十六至二十七年（1846—1847）年间，刊刻于道光二十七年冬。杂记清末时事、人物、典章制度和扬州一带的名胜掌故等，还涉及古代名物、史事的考订，古代诗歌、碑铭、书画的评介，甚至旁及方药、师友唱和诗作等。内容较丰，有裨参读。

《浪迹续谈》8 卷，作于道光二十七至二十八年（1847—1848），刊刻于道光二十八年冬。内容与《浪迹丛谈》相近，然较少记述时事，而多记温州、杭州、苏州等地的名胜、风俗和物产，及明清两朝有关某些戏曲、小说的旧闻和掌故。

《浪迹三谈》6 卷，作于道光二十八至二十九年（1848—1849），然直至咸丰七年（1857），方由其三子恭辰刊刻而成，时章钜老人已经辞世 8 年！内容多杂考古代的名物、年号、饮食，以及古书的文字讹误等。本书记载翔实，考订精当，文笔颇佳。

"近侍即今难浪迹，此身那得更无家"，此般浪迹之无奈写在《浪迹丛谈》卷一的开篇，也写出了梁章钜晚年的浪迹人生。梁章钜长期在外省任职，而在官至封疆大吏之后因病引退，却由于福建的战乱、晚年的病疴等原因而"唯有家而不能归，不得已而近于浪迹"。浪迹是"存其实"，更合其实，浪迹正是梁氏晚年生活的本来面目，也让他真正扮演了一个流浪于风雨飘摇的晚清社会的悲剧角色。

梁章钜曾是一位清醒干练的封疆大吏，又是一位学识渊博的学者，他主张"经世之学"，并很自觉地将其政治理想溶于其笔记中。他的《浪迹》三谈中就有不少篇章寄希望于朝廷的改革之上，如《请铸大钱》《请行钞法》《开矿议》《行贝议》等。透过梁氏的笔触，我们似乎可以感觉到年迈的梁章钜是多么希望通过他耗尽三年心血创作的笔记能起到唤醒国

---

① （清）梁章钜：《浪迹丛谈·续谈·三谈》卷一，中华书局 1981 年版，第 1 页。

人、经世救国的作用啊！

然而，梁章钜终究是个已经引疾辞官的暮年老人，无论精力或是思想，都和开眼看世界的林则徐、魏源等人有一定的差距，这就使得他既不满足于原先乾嘉学派的官僚文人传统，又跟不上新型士大夫"师夷长技以制夷"的宏图远志，他只能游走于中间状态，浪迹其中，而无法像林则徐那样在风云万变的政坛中深烙上自己的足迹。

引退后的梁章钜，在案牍前思索历代的吏治、科考，在清朝的日渐消颓中，他的壮志也日渐消逝得所剩无几，故从《丛谈》到《续谈》，再到《三谈》，老人反映时政的篇章日益减少，愈发陷入考据之中。

七、《称谓拾遗》《称谓录》——稽古征今的工具书

《称谓录》从草创到刊刻出版，历时整整 40 年。道光二十四年（1844）梁氏寓居浦城，首辑《称谓拾遗》10 卷，是为《称谓录》之序曲；道光二十六年（1846）梁章钜寄庑邗江，屡应邀至阮元文选楼谈艺，并在阮元的鼓励下开始编写《称谓录》，次年成稿于温州，并寄稿一份至昆明给林则徐（时任云贵总督），请林题序，同时梁氏自己又不断增补修改，最后于道光二十八年（1848）冬定稿，并自序。甫成书即索观者接踵而至，然梁氏本着严谨的治学态度，认为尚待参考校对，故未付梓，不料半年之后梁氏即驾鹤西归。直至光绪五年（1879），方由其子梁恭辰亲自校雠，但因卷帙浩繁，费时竟达 6 年之久，光绪十年（1884）夏天，亦即退庵老人去世 36 年之后，方才正式刊刻出版。此书为梁氏以其渊博的学识和精心的研究编写而成，是以一出即好评如潮。全书收称谓词 5000 余条，分类编排，涉及各种亲戚关系、师友关系、上下关系、同僚关系以及各行各业、三教九流等，内容翔实，引证广博，论据充足，以正反、褒贬、谦贱等不同角度，加以福州地方方言予以表达，从父母、夫妻、兄弟、子女的称谓到皇室、将官、吏卒的称谓，从自称、谦称到泛称、贱称，分类详细，例句多种，例释、注解言简意赅，是古代文化、古代社会、历代政府机构及其职官等方面研究者一部不可多得的工具书。

《称谓录》前有自序、林则徐序，后有梁恭辰跋。自序曰：

古人称谓，各有等差，不相假借。其名号盖定于周公制礼之时，今之列为书者，《尔雅·释亲》《礼记·曲礼》其最着矣。厥后世代愈积，称谓愈繁，如孔鲋之《小尔雅》、扬雄之《方言》、刘熙之《释名》、张揖之《广雅》，各有增益，而杂见于前后史书及各家著述者尤夥，惜无分门别类、荟萃成编者，用为稽古之资且增擒词之助。忆昔尝与阮文达师谈艺及之，文达笑曰："但恐细碎不成书，何不试为之？非足下之博综宏览，又将谁属乎？"余久蓄此念，而卒卒无暇以为。忆后周卢辨曾撰《称谓》五卷，其本早佚，今虽未见其书，而未始不可仿其意，乃于归田余暇以意裒集成编。惟闻见短浅，客邸无书，略为部分，难免漏略，惜文达早骑箕天上，不获与之商榷，乃感不绝于余心云。①

林则徐序则称赞道：

别类分门，无珍不备，稽古征今之作，诚非其人，莫之为者，书成先睹为快，家置一帙，人手一编，不待言也，亟宜付剞，以公同好。②

梁恭辰跋中说：

称谓一事，古人于《尔雅》诸书既辨之详矣，而《论语·邦君之妻章》尤三致意。孔子谓为政先正名，即此意也。先君子晚年与阮文达公论及此事，久之成书三十二卷，名之曰《称谓录》。经史而外，如诸子百家、金石文字，均搜采不遗余力。定稿于道光戊申，

① （清）梁章钜：《称谓录》序，清光绪十年杭州景文斋刻本，第1页。
② （清）梁章钜：《称谓录》序，清光绪十年杭州景文斋刻本，第1页。

甫成书，而索观者接踵至。时正就养东瓯郡署，以行箧携书无多，尚待参校，未即付梓，次年谢世。恭辰不肖，不克仰承先志，迟延至今三十余年。又自揣愚鲁，即有一字之疑，未敢妄为增改。而先君子一片苦心，究不愿使之泯泯无闻。用敢以衰迈之年，亲校确之务，孜孜勉勉，而不能自已。以卷帙浩繁，先梓释亲八卷。比及今夏，已六年之久，校刊始毕。谨书颠末，以志余过焉。光绪十年岁次甲申夏至，男恭辰时年七十一岁，谨跋。①

这三篇序跋文，从不同的角度对书的内容、价值、意义及成书出书的过程进行了说明。全书共 32 卷，收集自古以来社会各种不同关系人之间的所有称呼及出典，是我国古代有关称谓的集大成巨著，诚如阮元及林则徐所肯定的，非有梁氏此才，不足以撰作此书。

八、其余笔记

除去上述笔记代表作外，梁氏尚有《南省公余录》《国朝臣工言行纪》《农候杂占》和《吉安室书录》等 4 部笔记。

其中尤以《吉安室书录》最具特色。是书汇辑清代顺治至道光间书画家、篆刻家 1230 余人，且按他们在世先后编成 16 卷，又附书画才女 1 卷，各注明出处，资料丰富，可以说囊括了有清以来 200 余年间社会各界名流的书画艺坛概貌，于学术研究甚有裨益。是书所收录的名人传略都是经过作者博览群书，广泛搜集摘录各类书籍记载的有关人物的书画情况，或只言片语，或段落辑录，整理归于各人名下，并分别记载出处，显示作者严谨的治学风格。梁氏所阅之书数不胜数，如各类地方志，诗集诗语韵语，杂记杂识偶录，文集随笔旧集，序跋题词，丛话琐记，传稿抄本，墓志铭以及各种画册史籍等。其中除了一些较著名的典籍如《四朝书录》《名人尺牍小传》《扬州府志》《随园诗话》《画舫录》等，更多的是出于一

---

① （清）梁章钜：《称谓录》跋，清光绪十年杭州景文斋刻本，第 1 页。

些罕有所闻，很可能今已失传的原抄本或旧版本如《芸士纂录》《越风》《无声诗史》《今世说》《注韩居诗话》《书影》《钓游丛话》《蚕尾续闻》《梅里诗辑》《文苑传稿》《闺秀正始集》等等。可见《吉安室书录》所列名传虽多为正史未载却都是书籍记载，言必有据，绝无虚话。

第二节　旁罗采获

一、性质多样

古人的随笔杂录以及一些零星琐屑的记载，都可称为笔记。自魏晋时就有的各种笔记，至清代而大盛。把笔记视为消闲遣兴的作品，意存鄙薄，由来已久。直至近代，从各种笔记内找研究材料的，才渐渐增多，其中的文献、史实部分，尤其引起人们的重视。历代笔记，浩如烟海，性质大致可以分为三类：

第一是小说故事类，包括魏晋志怪小说、佚事小说、唐宋传奇和明清人的拟作。梁氏笔记无纯粹的小说故事集，仅于《归田琐记》和《浪迹》系列中有些篇目涉及，如《文人奇遇》《纪文达师》《刘文清师》《黄要叔》《龙神》等。

第二是杂记丛谈类，包括由魏晋讫明清的记轶闻遗事、述掌故、辑文献、谈艺术等各种内容的笔记。梁氏笔记中的《归田琐记》《浪迹》三谈、《古格言》《退庵随笔》《楹联》系列、《农候杂占》等均属于此类。

第三是考据辨证类，包括由魏晋讫明清的考证典章制度、解说文字训诂等等的读书随笔、札记。梁氏笔记中的《称谓拾遗》《称谓录》《枢垣纪略》《退庵题跋》《退庵金石书画跋》《南省公余录》《国朝臣工言行纪》《吉安堂书录》等归属此类。

当然，具体到每一部梁氏笔记，很难说它单纯属于哪一类，因为梁章钜的笔记往往内容无所不包，叙时事、记掌故、谈艺文、考经史、笔神怪，参见错出，记叙随意，原无限制，"杂"本是它的一大特点，故他常将三种类型糅合于一块。尤其《浪迹》系列，就基本上属于这种。既有辑录谈因果报应、神鬼异怪的小说故事，如《续谈》卷八《见怪不怪》条，《三谈》卷四《说铃冥报录二则》条，卷六《新齐谐摘录》条等；也有记轶闻遗事、述掌故、谈艺术的内容，如《丛谈》卷八《叶天士遗事》条，卷六《避讳》条，《续谈》卷六《长生殿》条等；还有考据辨证类内容，如《丛谈》卷五《炮考》条、卷四职官诸条，卷十《太白诗》条等；更有游记小品文一类作品，如《丛谈》卷二《小玲珑山馆》条，《续谈》卷一《灵岩山馆》条、《孙春阳》条，《三谈》卷一《观弈轩杂录》条；此外还有大量的诗作，如《丛谈》卷一《西湖纪游诗》《云台师唱和诗》，卷十一《人日叠韵诗二十二首》，《续谈》卷二《夏湖舟行诗》，卷五《江心寺诗》《除夕元旦两诗》，《三谈》卷六《附诗三十首》等。

二、内容丰富

梁章钜笔记的内容极其广泛，涉及生活的方方面面，或钻研经史，或缉缀掌故，或发为诗文，或琐述闻见，不一而足。为集中笔力，说明详细，笔者现仅以《归田琐记》与《浪迹丛谈》《浪迹续谈》《浪迹三谈》四部为例（其余诸作拟做后续研究），其内容大致可以分为以下几个类别：论时政；记人物、名物、史事；考典章制度及科举文化；叙自然风光、地方名胜；考古今诗画、楹联、碑铭；对自我文学成果的整理；叙议民俗文化；叙议弘扬戏曲文化；杂记生活琐事、读书心得；宣方药、养生及饮食文化等。

由以上分类可见，梁氏笔记的内容是何等丰富，当然，这只能是大致上的分类，有些篇章本身就包含着多方面的特点，不能笼统地将之归为哪一类。比如写人物事迹的，其中也包含着其人的一些诗歌创作和诗文成就；写地方名胜的，也不单单描写地方名胜，亦常带有与其相关的文人雅士之诗作，甚至还有对这些名胜名称由来的考订。

（一）议论时政

清中叶以后，帝国政治腐败、海禁大开、外侮时至，故文网稍宽，体现在笔记创作领域即为述时政的内容渐增，不仅不讳言时事，甚至谈洋务、记欧风亦成风气。梁章钜的《归田琐记》和《浪迹》三谈，均产生于鸦片战争之际或之后若干年中，因此有一部分作品能显示这一历史阶段笔记的新内容。这类作品写时事时局，虽然纪录的都不是特别重大的事件，但从中却可以轻易地捕捉到大清王朝已经不可避免地走向衰弱的命运，同时也能反映出退庵老人的拳拳爱国之心。此类具体篇章有：《归田琐记》卷一的《归舟》《堵江口》《丙午丁未》、卷二的《炮说》；《浪迹丛谈》卷二的《颜柳桥》、卷五的《开矿议》《英夷》《鸦片》《水雷》《冗员》《天主教》《炮考》等篇章；《浪迹三谈》卷四的《披山洋盗》等。

以《堵江口》条为例析之。本条所描述之时局为道光二十二年（1842）春季，其时本拟从苏州取道浙东归闽的梁章钜一家，因骤闻英军在浙东钱塘江一带活动猖獗，清军大帅贻误战机，钱塘江口戒严，不能南下，梁章钜携眷遂回帆北渡扬子江，寓居扬州三个多月。当时的扬州地方官但明伦都转为梁氏旧属，故向梁氏请教如何抗英，梁章钜判断："夷情如此猖獗，难保其不犯长江，则瓜洲一带口门，不可不预为之计。"但都转问计将安出，梁章钜认为："扬州本富盛之区，尚可有为。足下所筹度支，亦尽可挹注。此地若无以御之，则他处更将束手矣。今大江两岸口里，满号之漕艘，不下千百只，似可预先调齐，横塞江口，以铁锁联为巨栅，每船中预伏数兵，安设枪炮火器，从头舱中穴孔以待之。再招集捆盐人夫一二千名，各予器械船只，使之并力堵御，重赏之下，必有勇夫，以废艘为前茅，以捆徒为后劲，四十里外，有此两层扼隘，英夷虽猛，恐亦不能飞来矣。"

一个年近七旬的老人，在重病归家之途，尚能如此筹划，不能不令人叹服！无怪乎阮云台亦赞此为崇论宏议！

而鸦片战争仅仅是中国遭受外来侵略的开始，从消极抵抗到割地赔款，大清王朝一步一步地沉沦了，中国由封建社会沦为半殖民地半封建社会，中国的沿海地区已经处于英美等帝国主义国家的控制之下。《浪迹丛谈》卷五的《英夷》条提到道光二十年以后英人逐渐骄肆，"时英船在黄埔与民人争水，用鸟枪击死民人"，"法兰西国夷人打死民妇"，"道光初，英夷有护货之兵船，在伶仃山用枪击死小民二人"……《鸦片》条叙及鸦片对国人的毒害、对国力的削弱，"岁耗数银总在一千万辆以上，由是洋银有出无入矣。夫以中国易尽之藏，填海外无穷之壑，日增月益，贻害将不可言"……《颜柳桥》条，则述道光二十二年六月初七，英军闯入镇江圌山关，将进犯扬州，在英军火轮船及舢板船七八十艘将江路全行堵截，势将屠城的严峻形势下，国人被迫以洋银 50 万元奉献，才使扬州城免遭屠戮。梁章钜在此颂扬了盐商颜崇礼的胆略和才识，但更重要的是揭露了英军的凶狠贪婪。《炮说》条，"自军兴以来，各省所铸大炮，不下二千座"，但"虎门、厦门、定海、镇海、宝山、镇江之陷，每省失炮约四百余座"，原因在于"厦门之战，我军开炮二百余，仅一炮中其火药舱……是数百炮仅得一炮之力"，"定海之战，葛总兵开炮数日，仅一次击中其火轮头桅……是亦数百炮仅得一炮之力"。明确指出了中国抗夷军队作战技术的低下，装备形同虚设，根本无法伤及外来的侵略者，令人汗颜！

从梁章钜的笔下，我们看见的是当时中国人民受外国侵略者滋扰欺凌的情形，却难见任何有力反抗的存在，而中国政府的代表也只能"严饬洋商"，"饬洋商向英国大班勒取凶手"，皆没有更进一步地以更有力的方式来维护自己的利益和主权。梁章巨是主张抗英人士之一，他于广西、于上海都曾主动"带兵防堵"。但这种带有主动反抗精神的力量毕竟有限，并不能扭转中国被动挨打的大局。另外，梁章钜虽有强烈的爱国之情，但他的思想还是带有局限性的，即对晚清政府的懦弱腐败无能的性质认识不清，梁氏对晚清政府尚抱着极大信任和感恩的态度，从未怀疑过皇帝，反认为所有之灾难都是大臣的无能所致，此点可从其《致刘次白抚部鸿翔书》详见。在这篇文章中，梁氏一方面认为朝廷最终以千万金钱与英人议和，并于江苏、浙江、福建、广东四省开放通商口岸，是大臣们措理失当，而道光帝又"深悯东南百姓久遭荼毒，勉从疆吏所请，使民气得以小苏"，所以不得不奏准的权宜之计；另一方面，梁氏又指斥作为福建巡抚的刘鸿翔，不应该顺从夷情，额外再增设福州一地为通商口岸，并直言："此局果成，其弊将有不可殚述者。"

这些描写时局的作品，读来使人有身临其境之感，令人伤怀，展现出了清末激烈的社会矛盾，预示着没落的封建社会必然走向灭亡的命运。

（二）记叙人物、名物、史事

此类作品数量较多，现列表如下：

书名＼分类	人物	名物	史事
《浪迹丛谈》	卷一：张皋文编修、刘芙初编修 卷三：许周生驾部、吴槐江督部、李榘轩廉访、许小琴分司、童石塘郡丞、陈颂南给谏、沈鼎甫侍郎、吴退旃尚书、俞陶泉都转、陈玉方侍御、庄虞山总戎 卷六：郑谦止之狱、姚明山之巫、三保太监、杨令公、赵普、宋江、张居正 卷九：李待问、黄要叔、蒲延昌、小李将军、易元吉、华光僧	卷一：西湖船名、虎丘寺周鼎、红船 卷二：水仓	卷四：改元、永嘉、保大 卷九：魏代兼用
《浪迹续谈》	卷一：梁封翁、徐处士 卷二：王梅溪逸事、卓忠毅逸事、王克、文信、潘柽、王梅溪前身 卷五：张文忠公、陈忠毅公传、福贝子事略 卷七：道光年间四太傅	卷七：璧 卷八：自鸣钟、龙泉窑	
《浪迹三谈》	卷三：勾践、周太祖柴后、韩通		卷一：观奕轩杂录 卷二：改元之始、元号相同、易世仍称旧号、通鉴删纪元、纪号之变、历代年号
《归田琐记》	卷三：常成二公、陈谠、陈实百问策 卷四：黄忠端公、洪文襄公、李文贞公、陈省齐、兄弟进士、少年科第、李文贞公逸事、萧蛰庵、谢古梅先生、蔡文恭公、张孟词贡士、郑苏年师 卷六：文人奇遇、纪文达师、刘文清师、朱文正师、松文清公	卷一：玙璠、宋研 卷三：建阳二宝	卷五：鳌拜、葛礼、隆科多、年羹尧、讷亲、胡中藻、和珅

其中，叙写人物生平事迹的篇章有着传记性质，质量尤高。梁氏对人物事件的描述极其详细具体，文笔生动感人。在其笔下，人物形象栩栩如生，且故事之后尚有议论，以表达自己对所发生之事件的看法。比如《郑谦止之狱》一文，所述之事为明崇祯十二年的重大冤案——郑鄤杖母不孝乱伦案。郑谦止即郑鄤，崇祯时进士，常州人，一生正气，然最终死于"凌迟"酷刑。文中在描述郑鄤和奸相温体仁的矛盾冲突时，语言刻画极其生动：

> 体仁问："南方清议若何？"鄤谓："人云国家需才，而庙堂未见用才。"体仁谓："非不用才，天下无才可用。"鄤谓："用人则才出，不用人则才伏。方今防边、荡寇最急，能如萧相国之识韩淮阴，宗留守之识岳武穆，何患不能成功？"体仁阳谢之，意彼锋芒如刃，必纠弹我，动摇我相位，阴思有以剪除之。

而文章结尾的议论则更发人深省：

> 鄤将死时，语其二子，谓世间杀人者，莫如才，吾身自杀者，莫如口。知口之为祸而卒致祸也，此才人气盛而不能自抑也。祢衡以口得罪于曹瞒，以才见杀于黄祖，何独不然！书此并为尚口抱才者诫。①

此议虽然简短，但精辟至极。另外，如《勾践》《韩通》等篇，其中的论点都含有作者个人的主观创见，具有研究和对比的价值。总之，这类叙写历史人物的文章可以帮助我们了解一些历史的故事，当然也仍需加以考证。

而记"名物"诸条，或考证名物之历史由来，或叙述自己与此名物

---

① （清）梁章钜：《浪迹丛谈·续谈·三谈》，中华书局 1981 年版，第 89 页。

的识见渊源；记叙"史事"诸条则有一定的史料价值。需要解释的是《归田琐记》卷五共 7 篇，是关于清朝前期著名人士的逸闻轶事的专题部分，虽以人名为条目名称，然不可视为人物传记，故不入"人物事迹"部分，而归入"史事"部分。

（三）考订典章制度及科考文化

分类　书名	典章制度	科考文化
《浪迹丛谈》	卷一：淮监情形 卷四：翰林院缘起、大学士缘起、学士缘起、谥法、追谥、夺谥、谥文、谥文正、封爵、武阶、绿营武阶、武职回避、伞盖、世职、鼓噪、虚衔 卷五：请铸大钱、请行钞法、均赋、赦令、斛制、冗员 卷六：工尺	卷一：太傅衔、武生武举 卷五：科目
《浪迹续谈》		卷七：添注涂改、温州科目、武三元
《浪迹三谈》	卷六：收铜器议	
《归田琐记》	卷一：谥法	卷三：五经中式、督学屡易 卷四：福建鼎甲、世进士、兄弟进士、少年科第、世解首、三试巍科、同榜三及第、会元、宰相尚书

梁章钜历经乾隆、嘉庆、道光三朝，其对清代典章制度及科考文化的考订均有切实的根据，且议论亦极其深刻。其中《冗员》《科目》《均赋》等篇章的叙述比较详细，《斛制》和《赦令》比较简约。《冗员》详细叙述了道光十二、十三年间各直省裁汰冗员的情况，从一个侧面反映出了当时用人制度的弊端和整个清王朝处于极度衰弱的境况；《均赋》反映了普通百姓负担的沉重，历代统治者均有所施为，但效果不显著，希望实行均赋以减轻人民的负担。梁氏是一个忧国忧民的好官，但以他个人的力量是无法改变社会现实的。所以他也只好用这些作品从各个方面来反映晚清时期

社会的弊端，说明了清代典章制度虽然存在弊处，但一时却无法废除的根源。

而科举是中国封建社会千百年来选拔人才的依据，虽然弊端百出，但废除科考不是解决问题的根本出路，而是应该从律法出手，然法立弊生，所以任用贤人的方法应是责其实。

其中尤以《归田琐记》卷四对科举文化的考述最为集中。该卷所述均为明清两代闽省科考之事（又以明代为主）。如《福建鼎甲》叙述及第登科的人数和相关情况，有名有姓有籍贯及具体登科时间；《世进士》叙述兴化府柯家五世、长乐府林家四世相联成进士之盛况；《兄弟进士》叙述同怀兄弟成进士，甚至同榜之佳话；《少年科第》介绍少年登科者，以显海滨邹鲁之乡的科举辉煌；《世解首》述父子两代，甚至祖孙三代陆续中解元者；《三试巍科》述一人连续以解元、会元而登状元（或榜眼、探花）；《同榜三及第》述前明至清，同榜登鼎甲之福建人；《会元》罗列前明至清会元若干人；《宰相尚书》则记述明清两朝福建籍宰辅。此类作品对于了解研究福建地方科考文化，以及世家谱牒，均具有史料价值。

（四）叙自然风光、地方名胜

分类 书名	自然风光	地方名胜
《浪迹丛谈》	卷一：金山、焦山	卷一：金衔庄 卷二：棣园、小玲珑山馆、二十四桥、建隆寺、桃花庵三贤祠、真一坛
《浪迹续谈》	卷二：二十八井、容成洞、飞霞洞 卷三：雁荡、大龙湫、雁荡亦名雁宕 卷五：飓风 卷七：石门观瀑	卷一：灵岩山馆、狮子林、绣谷、瞿园、息园、天目山、机神庙、玉皇山、五百罗汉堂、小有天园、雷峰塔、保俶塔、大佛殿、理安寺、秋涛宫、潜园、苏小小墓、长丰山馆 卷二：温处道署、温州郡署、东欧王庙、王右军墨池、浩然楼、池上楼、谢公亭、文公祠、卓公祠、双忠祠、淫祠 卷七：尼庵
《归田琐记》	卷一：芍药	卷一：容园、文选楼、南万柳堂、兜兜巷 卷三：承天寺

由列表知，梁氏笔记中描写自然风光和地方名胜的有相当一部分，又以记名胜古迹的居多，主要是杭州、扬州、苏州、温州的名胜以及祠庙等。从这些游记来看，梁氏对江浙一带比较熟悉，其足迹几乎遍及江浙。这些游记大多篇幅较长，叙述详尽，描写生动，多数还伴有诗歌吟唱和楹联创作。例如《金山》一文，就引用了孙鲂、李翱诗、沈石田等人的诗歌，文章内容顿显丰富多彩，且具文化散文的底蕴。如其中引孙鲂诗"万古江心寺，金山名日新。天多剩得月，地少不生尘。橹过妨僧定，涛惊溅佛身。谁言张处士，题后更无人？"既对前人所断"金山寺诗，自以唐张佑一首为绝唱"之言做了辩解补充，又巧妙回答了儿媳的疑问。此外，《金衔庄》《棣园》《小玲珑山馆》《二十四桥》《建隆寺》等等，都引用了大量的诗歌。《灵岩山馆》中更有丰富的对联，如"香水濯云根，奇石惯延采砚客；画廊垂月地，幽花曾照浣纱人"，"花草旧香溪，卜照千年如待我；湖山新画障，卧游终古定何年"等。

《焦山》一文则考证了"焦山"一名的由来，旁征博引，显示了梁氏渊博的学识，其中所附的诗歌楹联，亦丰富了文章的思想内容。但这类文章对名胜本身的描写比较欠缺，这样一来，文章的内容有被架空的倾向，显得根基不稳，倒是由于文中所附的诗歌楹联间接地对自然景物做了描绘，弥补了不足。部分作品对名胜和自然风景的描绘活泼生动，亦可视作清代散文之佳作。

（五）考订诗画、楹联、碑铭

梁章钜多才多艺，其在文人身份之外，还拥有艺术家的身份，是清中叶著名的书法家、收藏家、文物鉴定专家，且能画，其书法及题跋作品至今多能看到，或见于书画展，或见于拍卖场；其收藏鉴定之文物，亦能通过其《退庵金石书画跋》审视，又时或见于拍卖场中；而其绘画作品则较少见，然据其自订年谱可查，他有一些自己都较为得意的画作，如"藤花吟馆画卷""郑苏年师抱膝图""种瑶草图"（与翁方纲合作）、"灯窗梧竹图""小沧浪七友画卷""游吴下诸山画卷""遍游桂林诸山长卷""款宴越南使臣画册"等。因此，梁氏晚年浪迹江浙过程中，不时接触到或忆及诗画、碑铭之作，赏鉴与小考，均极显其独到的眼力与成熟的评价，是非常有价值的一块内容。

其一，有涉诗画之作，如：

《归田琐记》卷三之《小李将军画卷》《文衡山书赤壁赋册》等。

《浪迹丛谈》卷一之《慕园雅集诗画册》；卷九自《买王买褚》至《有笔有墨》，合35条；卷十全部，合24条等。

《浪迹续谈》卷二之《东瓯学派》《四灵诗派》等。

以《浪迹丛谈》卷九之《单名空格》及《苏米署名》两条为例析之。《单名空格》言：

> 今人题名中，凡单名者，每于姓下空一格书，令与二名者齐，或以为不典。按唐梁升卿书《御史台精舍碑》，其碑额、碑阴、碑侧题名者一千一百余人，凡单名者，中皆空一格书，今此碑现存，是唐已有此例也。①

《苏米署名》言：

> 相传苏行书署名草头右先横，米行书草头右先直，此言于米，犹未尽合。盖䒵之上半，乃从艹，并非草头，作者当先两直，后两点，凡米款真迹皆如此，其下半系先作一，次作冂，次中直透上而下，实即黹字省文耳，虽行草皆可以此辨之。若伪米迹之款，则直于草头下加市矣，岂通人如海岳，乃至自误其名乎？②

结尾处又附注：

----

① （清）梁章钜：《浪迹丛谈·续谈·三谈》，中华书局1981年版，第158页。
② （清）梁章钜：《浪迹丛谈·续谈·三谈》，中华书局1981年版，第161页。

　　米书款自元祐六年以前皆作黻，六年以后始改书作芾，是元祐辛未年也。①

　　这两条均论署名问题，署名为书画家或篆刻家落款时使用之符号，以之标示自身，是书画篆刻家们个性化之印记，故书者往往精心设计自己的署名。在前一条目中，梁氏考署名时单字与双字者书写格式之区别，及其源起；后一条目中，梁氏又考苏轼与米芾二人署名之异同，其中重点辨析米芾署名之细微特征，教人如何于鉴藏中辨真伪。两条都相当简略，然却能抓住要害，授人以法。

　　其二，有涉楹联之作，如：

　　《归田琐记》卷六之《楹联剩话》。

　　《浪迹丛谈》卷一之《相府新旧门联》；卷二之《少穆尚书赠联》《云台师寿联》《但都转寿联》。

　　《浪迹续谈》卷二之《郡署楹联》《江心寺门联》《飞霞洞口题名》《英济庙楹联》《永嘉忠义节孝祠楹联》《江心寺楼联》；卷五之《张园楹联》；卷六之《戏彩亭联》。

　　《浪迹三谈》卷六之《都天庙联》。

　　诸作中，尤其《少穆尚书赠联》条，简直就是一篇绝佳的记事抒情散文：

　　三儿恭辰五上公车，依然故我，近缘福州旧宅不能安居，奉余出游，并悉索敝赋纳资作郡大夫，指省浙江，以便迎养，非得已也。时陕、甘捐输之事，少穆尚书主之，余作手函恳其照拂，捐事已成，少穆复书相贺，中有"哲嗣以二千石浮登通显，台端以八十翁就养湖山"云云，余谢不敢当，而心艳其语，嘱少穆就此演成长联，将悬挂于武林寓斋，以为光宠。甫逾月，少穆果手制二十八字长联见

────────────

① （清）梁章钜：《浪迹丛谈·续谈·三谈》，中华书局1981年版，第161页。

寄，并缀以长跋，词翰双美，感愧交并。时方辑录《楹联馀话》，得此又增一美谈，不禁眉飞色舞也。句云："曾从二千石起家，衣钵新传贤子弟；难得八十翁就养，湖山旧识老诗人。"跋云："苣林中丞老前辈大人，自出守至开府，常往来吴、越间，今哲嗣敬叔太守，又以一麾莅浙，迎养公于西泠。公游兴仍豪，吟情更健，此行真与湖山重缔凤缘矣。昨书来索楹帖，以则徐前书有'二千石'、'八十翁'对语，嘱广其意为长联，并欲识其缘起。忆公昔历封圻，距守郡时才一纪耳。今悬车数载后，复以儿郎作郡，就养于六桥、三竺间，此福几生修得？若他日再见封圻之历，承此衣钵之传，岂不更为盛事？敬叔勉乎哉！道光丁未人日同里馆侍生林则徐识于青门节署，时年六十有三。"

少穆由西域赐还后，先权陕、甘总制，旋抚关中，绥辑番民，笃理捐务。公私具举，欢颂载途，而不知其三年塞上开垦屯田，厥功尤伟！以逐臣而犹为民为国，岂复是寻常报称之情！近虽因病陈情，行将感激复出，且闻已饬哲嗣楫之编修还朝供职，其为心存君国，实远迩所同钦。适承公以长联寄赠，不揣固陋，亦勉成数语报之，虽不足以揄扬盛美，而情往似赠，兴来如答，亦聊纪一时翰墨缘也。句云："麟阁待劳臣，最难西域生还，万顷开荒成伟绩；凤池诒令子，喜听东山复起，一门济美报清时。"（按此联书就，缄寄关中，适公已擢移滇、黔总制，未知得达与否，而公所惠寄之联，则早已装治完美，悬诸杭州三桥址新宅中，众目快瞻，且脍炙人口矣。）[1]

文题虽名《少穆尚书赠联》，文中所录林则徐赠联以及梁章钜回赠之联，亦极有名，然此文绝不能单纯以楹联两幅视之，也不能仅仅以联事佳话视之，而更应视作林、梁二人相识相知、生死不渝之友情见证！

其三，有涉碑铭之作，如：

---

① （清）梁章钜：《浪迹丛谈·续谈·三谈》，中华书局1981年版，第34页。

《归田琐记》卷三之《庆城寺碑》。

《浪迹丛谈》卷九之自《石鼓文》至《绝域金石》，合 25 条。

《浪迹续谈》卷一之《戒石碑》；卷五之《双忠祠碑》等。

再看《庆城寺碑》条：

> 福州庆城寺有二碑，一则《琅琊德政碑》，一则宋开宝七年刺史钱昱《重修庙碑》，皆备载王氏事迹。按欧阳《五代史》谓审知字信通，而碑云字详卿。考审知兄弟三人，长潮，次审邦，审知，其季也。故军中呼审知为白马三郎。《新唐书》列传，潮字信臣，审邦字次都，其兄弟既不以信字为行，且信之意通于潮，详之意通于审，知当以碑为是。道光癸卯，余回福州祭扫，暇日至庆城寺，与僧滋亭谈禅。滋亭颇通内典，并喜询地方故实，且覼缕庆城寺源流。余告知曰："尔闻乾隆二十七年此寺一奇闻乎？是年五月七日午时，郡城东北庆城寺释迦大像头忽断落坠地，拜石为之碎裂，且肩项皆削平，俨如刀斫。好事者蜂拥聚观，不知其故。陈畏民先生岩曾以诗纪之云'漫道金刚不坏身，空门色相本非真。恒河沙内无穷劫，得卖头颅亦渡人。宝月圆光笑故吾，荼毗原不判禅狐。想因未了涅槃债，更遇无情广额屠。无有余乘最上乘，心风动处灭传灯。太平早付云门棒，鼻孔于今摸着曾。岂真亿万化身多，伎俩宁殊墨顶摩。思议已教人着落，猛回头亦奈如何。'"①

本条是据碑刻考人物之字，以及叙述寺之奇闻。碑刻两块（实为四块，唐碑一、宋碑一、明碑二，章钜所指为唐碑和宋碑），属于福州市级文物保护单位庆城寺，该寺的主体建筑为东侧闽王祠，闽王王审知（862—925），唐末割据福建，治闽 29 年，颇有功绩，五代时封闽王。此地原为他的故宅，后晋开运三年（946）改为庙祀。梁氏所言之"琅琊德

---

① （清）梁章钜：《归田琐记》卷三，中华书局 1981 年版，第 47 页。

政碑",全称"恩赐琅琊郡王德政碑",高 4.9 米,宽 1.87 米,俗称"闽王德政碑",现仍在祠内;而"重修庙碑"则为宋开宝七年(974)吴越刺史钱昱奉钱俶命重修府第,为忠懿闽王庙时所立。

笔者虽为福州人,且不止一次到过闽王祠,却从未详细读过祠内石碑;同时笔者亦深信,虽大多数福建人都知道闽王王审知,但王氏之字却未必有人了解,更不用说考证了。然梁章钜却能因一见而详细推理考证,深入浅出;对地方故实着实留心,连他出生前 23 年之事都了如指掌,且随口叙来如亲见;又记忆力超人,偌长一首诗,张口即诵无碍。这一切,不能不令人佩服其学识渊博、根基扎实!实际上,在研究梁氏的过程中,笔者常常为其超人的记忆力所震撼。

(六)梳理自我学术与文学成果

《归田琐记》卷六之《已刻未刻书目》,罗列了梁氏自嘉庆五年(1800)至道光二十四年(1844),即自 26 岁(是年辑《东南峤外书画录》,为梁氏第一部辑录之作)至 70 岁(是年辑《称谓拾遗》),40 多年间或辑或撰的主要作品共 41 部,是梁氏对自己生平著述的大致性整理。该条目主要有三方面意义。

其一,为后人研究梁氏文学成就提供了便捷的途径。梁氏于此虽未将自己的著作悉数列举,但主要之作均已显现,也就是说,这 41 部作品很可能是经过梁氏的主观选择,将其自己比较满意的作品都罗列了出来,而不是如某些学者之推测——梁氏年岁已高,记忆有误,故遗漏了诸多所作。笔者考梁氏至 70 岁之作,尚有《补萝山馆诗话》《梁氏家谱》《武夷游记》《道光十九年己亥科广西武乡试录》《楹联三话》《农候杂占》《藤花吟馆诗钞》《藤花吟馆试帖》《东南峤外诗话》《宣南赠言》《铜鼓联吟集》《闽川诗话》《三管英灵集》《退庵文稿》《闽川文选》《明诗钞》《师友文钞》《八家师友文钞》《师友诗文钞》《寒檠杂咏》《霓咏余音》《秀峰题咏》《钓游丛话》等 23 部未在《已刻未刻书目》条中出现。但仔细研究一下这 23 部未开列之作,则仅有《藤花吟馆诗钞》《东南峤外诗话》《退庵文稿》《明诗钞》4 部价值较高,而《藤花吟馆诗钞》基本又都收录进了《退庵诗存》(见本书第三章），《退庵文稿》中有较大一部分又分别散见于梁氏诸作之序，故实则只有《东南峤外诗话》与《明诗钞》两部未列入《已刻未刻书目》为憾。因此，研究梁氏之文学成就，几乎可以说就从此书目入手即可。

其二，书目中所附之注，为后人研究梁章钜的文学成就提供了线索提示。该条每一书目之后，均明确标识已刻或未刻、自序或他序。由于梁氏尚有诸多作品未刻，甚至连稿本都已经难以寻觅，所以"梁章钜作品究竟有多少"这一问题，很大程度上可以依据该条目所附列之注，如《孟子集注旁证》《东南峤外书画录》《称谓拾遗》《东南峤外诗文钞》《三山唱和集》《藕江别话》《退庵文稿》《闽诗钞》《闽文复古编》等多部标识未刻，幸赖此注让我们有迹可循；再如《退庵诗续存》《闽文典制钞》两部，均言已刻，笔者研究梁章钜诗歌创作过程中，正是依据这一线索，终于在国家图书馆找到了《退庵诗续存》一书，而《闽文典制钞》虽暂未找到，然笔者相信，既为已刻之书，而梁氏的时代离今天并不太远，应该是能够找到的。

其三，该条目前还有一段类似序言性质的文字说明，简直就是梁章钜学者本色的最有力的证明。其表述如下：

余髫龄即慕著书之名，与泽卿兄同入家塾，每分检陶九成《说郛》中所录各小种，刺取他书补之。先大夫斥之曰："陶书本系节录，何烦汝补此，韩文公所谓无益费精神也。"先叔父太常公乃从旁解之曰："此正古人所谓有斐然述作之意者，听其所为，犹胜于他玩弄耳。"登乡荐后，复稍稍为之。先外舅郑苏年师又训之曰："古人著书，多在迟暮之岁，或出穷愁之余，今吾子似尚不宜急急于此。"余皆谨识之，不敢忘。既通籍，官京师，日与通儒硕士上下其议论，又京秩清暇，非书籍无以自娱。即外宦后，案牍余闲，别无声色之好，亦惟征微阐幽，抱残守缺是务。岁月即积，卷帙遂多，而衡诸古人著述之原，其实毫无心得。回忆先大夫及太常公、苏年师之训言，不觉爽然若失。今年逾七十，笔砚久荒，料检陈编，皆数十年心血所存，不忍尽弃，中有已刻问世者，有尚未能付梓者。自怜享帚之愚，难免覆瓿之诮，姑录存其目，付后人知之，俾无失散云尔。①

此一文，着实将梁氏一生，自少年至古稀，对文学与学术的不倦追求，对著述的倾心热爱，阐述得明白无误。或许我们可以通过梁氏创作于道光二十三年（1843）的《著书》一诗来进一步理解老人一生的追求：

著书何必定穷愁，垂老丹铅迄未休。雅颂源头存一线，文章事业孰千秋。无情白发如相督，有味青灯且耐求。异地故人定相忆，樗蒲毕竟逊灵修。②

（七）叙议江南民俗文化

梁章钜对民俗文化相当关注，在其笔记中，叙议民俗文化的篇章除了上文所述之外，主要还有《归田琐记》卷一之《襌服》；卷三之《闽蛮互称》；卷七之《灯谜》《近人杂谜》；卷八之《停葬说》《锢婢说》《厚殓说》《代吉祥说》。

《浪迹续谈》卷二之《温州旧俗》；卷七之《元旦开笔》；卷八之《猫衰犬旺》。

《浪迹三谈》卷三之《闽谚》《送穷日》等。

其中尤以戒停葬、戒锢婢、戒厚殓、吉事代吉祥四说最有意义，确实能起到"济时警俗"的作用。

《停葬说》所论直指中国民俗之一大陋习——亲死而淹留不葬。章钜以笔为戈，首先揭示此陋习相延成风的两个原因：一是碍于兄弟意见不同；二是惑于风水之说，无论哪一种原因，实际上均根源于"利己"思想。然后引经据典，据《礼经》《大清律》《南史》《唐书》《宋史》《道山清话》等之所述，教育仕宦人家子弟应戒停葬；又据《太微仙君功过格》

---

① （清）梁章钜：《归田琐记》卷六，中华书局1981年版，第118—119页。
② （清）梁章钜：《退庵诗续存》卷八，道光二十四年福州梁氏北东园刻本，第5页。

《道经》等之所述，教育平民百姓家子弟亦应戒停葬。

《厚殓说》所论则直指民俗之另一大陋习——世人殓亲宁厚而勿薄。章钜批驳此种行为实际上是"名为爱之而适所以戕之"，不仅于死者毫无益处，更为死者招致墓穴被盗之祸，因而得出结论——"厚殓而招盗"，的确发人深省！

《锢婢说》所论亦为中国封建时期的一大陋习——婢女终老一生不得嫁人的非人待遇。女性在封建时代地位本就卑微，而婢女则更可怜，其身被卖给富贵人家做牛做马，且往往最终不得嫁人，孤独一生无法享受天伦之乐。章钜此说先劝主人家设身处地地想想婢女的不幸处境，之后再转到社会层面上去分析婢女不嫁可能带来的种种家庭伦理问题，最后号召使婢之家遵行此禁令。章钜此文用心良苦，对于各种锢婢行为有可能导致的恶果，均设想周到，显见梁氏对下层女性命运的关注，是其善良天性的真情流露，因此格外难能可贵。

《代吉祥说》所论与上述三篇性质不同，该题目意思是"以吉祥图案之剪纸代替吉祥文字之剪纸"。故一篇之中实际上涉及两种民俗，一是浦城民间素喜剪纸之民俗（其剪纸历史已逾千年）；二是浦邑民间馈赠食品，往往于其上加盖一嵌有吉祥文字的红色剪纸（如嵌"长命富贵""诸事如意"等四字好句），以示吉祥之民俗。道光二十三年（1843），寓居浦城的梁章钜，一方面对民间剪纸极有兴趣，另一方面又认为馈赠物上所加剪字纸，转眼即成废物而遭遗弃，这是对文字的不爱惜。所以他提倡红纸上不要剪字，而改为吉祥图案，并亲自设计16种花样纸，分赠各家恳请照样剪制，又请士大夫们倡行、闺中女媳相助，甚至特作"代吉祥说"一文，推行弘扬此法，从而使之广为流传，直至今日。由此，浦城民间剪纸形式更加多样，内容更加丰富、高雅，兼具民俗与文化的内涵。160多年前退庵老人的文人雅兴为福建的民俗文化增添了别样的光彩，这估计是老人当时倡导剪花代字时自己所不曾想到的。

笔者认为，有些习俗，必定会随着时间的推移而发生一些变化，甚而至于渐渐地被人忘却。但是有心人和无心人的区别就在于此，前者善于关注这些生活中的琐事和细节，对时光之削弱与遗忘的力量特别敏感，因此他们会尽自己所能去把一些东西用特定的形式记录下来，而他们的种种做法，无意中保留了古代的许多地方特色、民俗文化，这对我们今天的研究来说，无疑是意义重大的。而梁章钜就是这样一位对生活无比敏感和热爱之人，所以他不仅能以文化的诗心、艺术的激情创作出"剪花代字"之习俗，而且还能用他的生花妙笔从文人雅趣的角度去记载丰富多样的民间风俗，创造了一种雅俗共赏的文化。

（八）叙议弘扬戏曲文化

梁章钜的文化兴趣非常广泛，不仅是一般传统文人所喜擅的琴棋书画，就是当时官宦文人所不齿的戏曲小说，他也无所不窥，并无偏见，他对戏曲的态度是相当肯定的，认同"读书即是看戏，看戏即是读书"的观点（见《浪迹续谈》卷六《看戏》条）。《浪迹续谈》卷二的《琵琶记》《荆钗记》专论戏文；卷六除第一篇《戏彩亭联》外，其余皆是关于戏曲或小说的，共27篇。其中《甘罗》《貂蝉》《周仓》《王昭君》《李元霸》《梁颢》等6篇虽为小说，然据全卷之前后篇内容看，应该亦是指称那些搬演为戏文者。仅需将此29篇文字辑出，就不妨戏称之为"浪迹曲谈"了。

梁章钜中年居京近10年，外宦时期在江浙一带为官时间相当长，晚年又定居南戏故里温州，观戏听曲是他为政、诗文之外的娱乐活动之一，更是其晚年的主要娱乐活动，所以对戏文颇有研究，包括对剧目的介绍、内容的考证、结构的阐述、个人的见解等。如《琵琶记》条：

> 祝枝山《猥谈》云："南戏出于宣和之后，南渡之际，谓之温州杂剧。"叶子奇《草木子》云："戏文始于《王魁》，永嘉人作之。"《庄岳委谈》云："今《王魁》本又不传，而传《琵琶记》，《琵琶记》亦永嘉人作。"近翟晴江《通俗编》引《青溪暇笔》云："元末永嘉高明，字则诚，避世鄞之栎社，以词曲自娱，因刘后村有'死后是非谁管得，满村听说蔡中郎'之句，（此陆放翁诗，非刘后村也。）因编《琵琶记》，用雪伯喈之耻。本朝遣使征辟，不就，既卒，有以其

记进者,上览毕曰:'《五经》《四书》在民间,如五谷不可缺,此记如珍馐百味,富贵家其可无耶?'其见推许如此。"《留青日札》云:"时有王四者,能词曲,高则诚与之友善,劝之仕,登第后,即弃其妻,而赘于太师百花家,则诚悔之,因借此记以讽。名《琵琶》者,取其四王字为王四,元人呼牛为不花,故谓之牛太师,而伯喈曾附董卓,乃以之托名也。太祖微时,尝赏此戏,及登极,乃捕王四,置之极刑。"又《说郛》载唐人小说云(此说见元人周达观《诚斋杂记》):"牛相国僧孺之子繁,与蔡生文字交,寻同举进士,才蔡生,欲以女弟适之,蔡已有妻赵矣,力辞不得,后牛氏与赵处,能卑顺自将,蔡官至节度副使。"其姓氏相同,一至于此,则诚何不直举其人,而顾诬蔑贤者耶?按《太平广记》引《玉泉子》云:"邓敞初以孤寒不第,牛僧孺子蔚谓曰:'吾有女弟,子能婚,当相为展力,宁一第耶!'时敞已婿李氏,顾私利其言,许之,既登第,就牛氏亲,不日挈牛氏归,李抚膺大哭,牛知其卖(原误为"买",据《太平广记》卷四九八改)已也,请见曰:'吾父为宰相,岂无一嫁处耶?其不幸岂惟夫人,今愿一与共之。'李感其言,卒同处终身。"乃知则诚所本者,《太平广记》也。今考蔡邕父,名棱,字伯直,见《后汉书》注,其母袁氏,曜卿姑也,见《博物志》。《琵琶记》作蔡从简、秦氏,其亦故为谬悠,与《荆钗记》同一狡狯钦!《静志居诗话》云:"高则诚撰《琵琶记》,填词,几上烧双烛,填至《吃糠》一出,句云:'糠和米本一处飞,双烛花交为一。'盖文字之祥,虽小技亦有如此者。"①

该文探讨推演了南戏经典之作《琵琶记》本事的源流及演变,其详细、确切,比之王国维所撰的《宋元戏曲史》中相关之言,有过之而无不及。梁氏先据《猥谈》言南戏之起源;又据《草木子》《通俗编》《青溪暇笔》《留青日札》《说郛》《太平广记》《玉泉子》等推演《琵琶记》本事的

---

① (清)梁章钜:《浪迹丛谈·续谈·三谈》,中华书局1981年版,第286—287页。

源起与流变；再据《后汉书》《博物志》考证剧中主人公之真伪；最后据《静志居诗话》称赞该剧本文字之详。

文中还附带考订了三个讹误：

> 近翟晴江《通俗编》引《青溪暇笔》云："元末永嘉高明，字则诚，避世鄞之栎社，以词曲自娱，因刘后村有'死后是非谁管得，满村听说蔡中郎'之句，因编《琵琶记》，用雪伯嚌之耻。"（梁章钜按："此陆放翁诗，非刘后村也。"）①

> 《说郛》载唐人小说云："牛相国僧孺之子繁，与蔡生文字交，寻同举进士，才蔡生，欲以女弟适之，蔡已有妻赵矣，力辞不得……"（梁章钜按："此说（实）见元人周达观《诚斋杂记》。"）②

> 《太平广记》引《玉泉子》云："时敞（邓敞）已婿李氏，顾私利其言，许之，既登第，就牛氏亲，不日挈牛氏归，李抚膺大哭，牛知其卖己也……"（"卖"字后梁章钜按："原误为'买'，据《太平广记》卷四九八改。"）③

仅仅一篇戏文，梁氏竟能考订得如此细致，不能不令人叹服！且其他多则中亦有此种考据化特点，究其实质，是时代使然，反映出清代，尤其是乾嘉以后，朴学风气在戏曲批评中的体现，即坚持"确考主要素材可信不爽"。

在梁氏"浪迹曲谈"近30条叙议戏曲之文中，笔者认为最能代表梁章钜戏曲欣赏观的当属《文班武班》条。其文如下：

> 剧场有南戏、北戏之目，不过以曲调分，近人有文班、武班之目，文班指昆曲，武班指秦腔，则截然两途矣。余金星不入命，于

---

① （清）梁章钜：《浪迹丛谈·续谈·三谈》，中华书局 1981 年版，第 286 页。

② （清）梁章钜：《浪迹丛谈·续谈·三谈》，中华书局 1981 年版，第 286 页。

③ （清）梁章钜：《浪迹丛谈·续谈·三谈》，中华书局 1981 年版，第 286—287 页。

音律懵无所知，故每遇剧筵，但爱看声色喧腾之剧，在京师日，有京官专嗜昆腔者，每观剧，必摊《缀白裘》于几，以手按板拍节，群目之为专门名家，余最笑之，谓此如讲古帖字画者，必陈《集古录》及宣和书、画谱对观，适足形其不韵，真赏鉴家，断不如是也。忆在兰州日，适萨湘林将军由哈密内召入关，过访，素知其精于音律，因邀同官以音筋宴之。坐定，优人呈戏本，余默写六字曰："非《思凡》即《南浦》。"握于掌中，将军果适点此两出，余曰："君何必费心，余已代为之矣。"开掌示之，合座皆笑，湘林正色语余曰："戏虽小道，而必以雅奏为高，若猥语乱谈，则舆隶所乐闻，岂可以入吾辈之耳。"余曰："君言诚是，然既已演戏，则征歌选舞，自以声色兼备为佳，若徒赏其低唱恬吟，则但令一人鼓喉，和以一笛足矣，又何必聚一班数十人于后台，为之结彩张灯，肆筵设席，而品评其行头之好，脚色之多乎?"合座群以为然，而湘林为之语塞矣。比年余侨居邗水，就养瓯江，时有演戏之局，大约专讲昆腔者，不过十之三，与余同嗜者，竟十之七矣。①

　　梁氏此文实际上就是一篇由感性认识上升到理性认识的肯定"花部乱弹"声腔的戏曲批评，且具有可贵的胆识和开明的艺术眼光，在一定程度上体现了艺术民主精神。纵观清代戏曲史，花部雅部之争贯穿始终，花部也称"乱弹"，泛指各地方剧种；雅部专指昆曲，倍受统治阶级及文人雅士之青睐。因此当时戏曲批评中，崇正尚雅的倾向比较突出，然梁章钜却能在一片崇雅之声中，旗帜鲜明地说自己"爱看声色喧腾之剧"——"花部乱弹"，且非但不以为不雅，还反唇相讥那些机械地专嗜昆腔者为非真赏鉴家，并敢于在大庭广众之前，挑战精通音律之好友，为乱弹正名。而我们应该注意到，梁氏对"花部乱弹"的肯定和赞美，并非是其晚年"花部乱弹"已逐渐为世人所接受时期之所为，而是早在30多年前居京之际，

---

① （清）梁章钜：《浪迹丛谈·续谈·三谈》，中华书局1981年版，第346—347页。

雅部如日中天之时，就已经持有的评价了，所以特别可贵。梁章钜虽非专业戏曲批评家，但却以他一定的曲论文章为清代戏曲理论的丰富、发展贡献了智慧和力量。

（九）杂记生活琐事、读书心得

此类篇目散布在梁氏各部笔记中。

分类 书名	生活琐事	杂记	读书心得
《浪迹丛谈》		卷六：以意命名、以五行命名、恶名、丑名、避讳、触讳、九锡 卷七：杂谜续闻	卷六：平淡、巧拙
《浪迹续谈》	卷二：过温州旧事 卷八：致刘玉坡督部韵珂书	卷七：十六罗汉、四大金刚、韦驮、风调雨顺、国泰民安、十二属、杨公忌、归忌往亡、赏善罚恶 卷八：同姓名、柬面书正字、署名加制字、横箸、龙生九子	卷七：上大人、千家诗、百家姓、三字经、万字文、手不释卷、节俭正直诗、物故 卷八：入学忌偶年、不宜备、见怪不怪、三多
《浪迹三谈》		卷三：架阁库、佐杂擅受、明史纪事本末、冠玉、鹊起、李瀚蒙求、父子同名、避家讳、豪歌协韵、十反、儒林参军、唐人避讳、多字、三字字、杨扬一姓、葭莩、古田逆案。 卷四：说铃冥报录二则 卷六：嚏、古人用尸之意、应变、新齐谐摘录	卷三：赤、齐物论、读离骚、太上感应篇、中郎有后、本纪 卷六：烛营
《归田琐记》	卷一：七十致仕、归田 卷二：曼云先兄家传、寿序、饮量、食量	卷三：循吏、酷吏、高凤 卷七：缝人、奴仆、神木、首县、典史、上衙门、清客、灯谜、酒令、近人杂谜、禀赋不同	卷二：鲲鲕 卷六：读书、读仪礼、月令气候、千字文、上大人 卷七：小说、封神传、三国演义、金圣叹

梁章钜的杂谈和杂说，虽较其他部分的内容质量而言，略显逊色，然亦间有可采之处。如《七十致仕》《归田》等条，写得情真意切；《上衙

门》《清客》《酒令》等条，将官场官职升迁的秘诀和官场处世的原则及其
丑态形之无疑；《灯谜》《近人杂谜》《杂谜续闻》等条则言国人文字游戏；
《小说》《封神传》《三国演义》等条表达自己的小说观。

尤其以《首县》《上衙门》两条描写最为生动。以后者为例析之。

《上衙门》条披露的是官府的黑暗与龌龊：

> 州县衙参情状，各省大略相同，桂林有分段编为戏出者，尤堪
> 喷饭。一曰乌合，二曰蝇聚，三曰鹊噪，四曰鹄立，五曰鹤警，六
> 曰兔趋，七曰鱼贯，八曰鹭伏，九曰蛙坐，十曰猿献，十一曰鸭听，
> 十二曰狐疑，十三曰蟹行，十四曰鸦飞，十五曰虎威，十六曰狼餐，
> 十七曰牛眠，十八曰蚁梦。①

把当官者的趋炎附势、百无聊赖、互相勾结的丑态描写得如此形象逼真，
具有强烈的讽刺意义。

当然，梁氏其他一些杂谈杂说，或引证古文，或转述旧文，缺乏新
意，且喜录一些谈论因果报应和神鬼怪异的荒诞故事，立意不高，如《说
铃冥报录二则》《新齐谐摘录》等篇。但或许我们从另一角度去看，此类
笔记又带有神话色彩，是接近于小说之作。

（十）记方药及饮食养生

类别 书名	方药医学	饮食养生
《浪迹丛谈》	卷八：方药、目疾虚实、天然水、皮硝桑叶汤、冰黄散、揩牙方、固齿仙方、物入肺管、小儿脱肛不收、产妇胎衣不下、接骨仙方、怯邪灵药、蛇咬蜂蜇、疝气、鼻血、鱼骨鲠、服核桃、服海参、神仙酒、居易录分甘余话各方、无颜录两方、解砒毒方、延寿丹、三世医、雄黄酒、人参、高丽参、参价、肉桂、叶天士遗事	

类别 书名	方药医学	饮食养生
《浪迹续谈》		卷一：孙春阳 卷二：瓯柑、海错 卷四：老饕、精馔、东坡肉、食禄、酒名、烧酒、绍兴酒、沧酒、浦酒、燕窝、熊掌、豆腐、面筋、不食物单
《浪迹三谈》	卷三：杏仁 卷六：鹅血治噎	卷三：螟脯 卷五：酒品、惠泉酒、兰陵酒、千日酒、烧酒、掺水酒、绍兴酒、女儿酒、火腿、海参鱼翅、鹿尾、燕窝、黄羊、靖远鱼、黄河鲤、土参、波棱菜、蕨菜、白菜、瓢儿菜、芥蓝菜、食单四约、时鱼
《归田琐记》	卷一：治疝古方、洗眼神方、屠苏酒方、折骨伤方、被殴伤风方、小儿吞铁物方、治喉鹅方、治痰迷谵语方、治积受潮？四肢不仁方、止血补伤方、屏贼盗咒	卷三：荔枝 卷七：酒令、少食少睡、品茶、品泉、百岁酒、豆腐、厨子、小炒肉

　　梁章钜一生四处为官，交际饮宴是其生活中不可或缺的一部分，加之梁氏本人好为豪饮、好讲精馔，又注意养生，因此在其所撰的笔记中记录了许多有关饮食烹饪的知识和见闻，这些笔记作品本身虽小，但或许是因为章钜其人好美食，所以写得细腻生动，几可谓色香味俱全，且对研究清代饮食文化亦具有参考价值。梁氏笔下之美食，不仅有实践，而且有理论。实践如《归田琐记》卷七之《豆腐》（《浪迹续谈》卷四亦有一《豆腐》条，可见梁氏对豆腐之喜爱）；理论如《浪迹续谈》卷四之《精馔》篇。

　　《归田琐记》卷七之《豆腐》一篇写得别有情趣，首先是关于"朱熹不吃豆腐"的趣闻记载：

豆腐，古谓之菽乳，相传为淮南王刘安所造，亦莫得其详。又相传朱子不食豆腐，以谓初造豆腐时，用豆若干，水若干，杂料若干，合秤之，共重若干，及造成，往往溢于原秤之数，格其理而不得，故不食。①

朱熹因为不能"格其理"，所以不吃豆腐，梁章钜虽未发一议论，然却将朱子的迂腐之状生动地形之笔底，一个着实可笑甚至可爱的夫子形象跃然纸上。

其次肯定豆腐有着"凡远客之不服水土者，服此即安"的功效。

再次，言豆腐的精致烹调法——御厨如何烹调、民间如何烹调。又特举两例：

记余掌教南浦书院时，有广文刘印潭学师瑞紫之门斗作豆腐极佳，不但甲于浦城，即他处极讲烹饪者，皆未能出其右。余尝晨至学署，坐索早餐，即咄嗟立办，然再三询访，不能得其下手之方……又余在山东臬任，公暇与龚季思学政守正、讷近堂藩伯讷尔经额、恩朴庵运史恩特亨额、钟云亭太守钟祥同饮于大明湖之薛荔馆，时侯理亭太守夑堂为历城令，亦在座，供馔即其所办也。食半，忽各进一小碟，每碟二方块，食之甚佳，众皆愕然，不辨为何物。理亭曰："此豆腐耳。"……此后此味则遂如广陵散，杳不可追矣。因思口腹细故，往往过而即忘，而偶一触及，则馋涎辄不可耐。近年侨居浦城，间遇觞客，必极力讲求此味，同人尚疑其有秘传也。②

一种非常普通的家常菜在梁章钜的笔下竟如此鲜活生动！而在《精馔》一文中，梁氏更将美食实践上升到了理论，认为讲究饮食烹饪精致者

① （清）梁章钜：《归田琐记》卷七，中华书局1981年版，第149页。
② （清）梁章钜：《归田琐记》卷七，中华书局1981年版，第150页。

往往能高寿，故提倡精馔：

> 先大父天池公尝语人曰："古人之讲求精馔者，非徒以犬口腹
> 之欲，盖实于养生之道为宣。"人不能一日离饮食，若所入皆粗而不
> 精，即难免有损而无益，故《乡党》言"食不厌精，脍不厌细"。朱
> 子注云："食精则能养人，脍粗则能害人。"盖圣贤于饮馔之事亦无不
> 以精粗为养人害人之分也。①

梁章钜笔记里尚有不少医学和养生的偏方，这些偏方里的材料多数
是中医药材，但这些中药材是否真有笔记里描述的作用尚有待研究，或可
收入中医药理中也未可知。梁氏笔记中的偏方还有一大特点，即能理论
联系实际，以自己的实践来验证之，故特别真实可信。如卷七的《百岁
酒》，梁氏不仅记载了偏方的配方：蜜炙箭芪二两，当归一两二钱，茯神
二两……凡十八味，加红枣两斤，冰糖二斤，泡高粱烧酒二十斤；制法：
将前十八味捣碎，置容器中加入高粱酒和冰糖，密封，隔水煮一炷香后，
取出，埋入土中七日以出火毒，过滤去渣，即成；功效：益气血、补肝肾、
健脾胃、宁神志、黑须发。更生动的是以自己及亲友服之的实际效果来验
证与推广之，以至于该酒被誉为"梁公酒"。类似这样的民间偏方，被梁
章钜记载下来，成为民间偏方文化的一部分。

以上 10 点，仅仅是对梁章钜笔记内容的粗略概括，其实梁氏笔记内
容还要复杂得多，笔者试图由一斑窥全豹，展示梁氏笔记在内容题材方面
的广泛性。

第三节　价值及局限

梁章钜笔记的价值主要包括学术文化价值、文学价值和医学价值等

---

① （清）梁章钜：《浪迹丛谈·续谈·三谈》，中华书局 1981 年版，第 313 页。

方面。

一、学术文化价值

梁章钜一生虽官运亨通，然其本性是淡泊于仕宦而有志于治学、热衷于著述的，这从他的生平宦迹中，以及他的诗文中可以看到。位居督抚的梁章钜实际上更加看重自己学者的身份。如前所述，他有关学术的著作颇多，在学术领域建树卓著。那么他的这些著作的学术文化价值究竟何在？

（一）考证折中，若有独见

梁章钜学术著作中最杰出的是《文选旁证》，以胡果泉新翻晋陵尤氏本（重刻宋本）为基础，校勘了30余种《文选》版本，钻研30多年，八易其稿，道光十四年秋始定稿成书，道光十八年付梓刊行。

该书的学术价值是有定论的，同为选学家的阮元评价说：闽中梁茝林中丞乃博采唐宋元明以来各家之说，计书1300余种，旁搜繁引，考证折中，若有独见，复下己意，精心锐力，舍易为难，著《文选旁证》一书46卷，沉博美富，又为此书之渊海矣……使元为校勘记，亦必不能如此精博也。

另一著名选学家朱珔也给予该书极高的评价："君独博综审谛，梳栉疑滞，并校勘诸家，一一胪列……斯真于是书能集大成者矣……若君书网罗富有，悉平心称量而出，以视前明陈與郊之《章句》、张凰翼之《纂注》、林兆珂之《约注》、闵齐华之《瀹注》，岂可同日而论哉！昔李善胸藏万卷，而不工属词。君则具魁伟之才，诗若文皆援笔立就，而兹编又闳览如是，方之曩哲，奚必多让。"

当代选学家穆克宏同样赞誉《文选旁证》为梁章钜心力所萃，具有较高的学术价值。

它书不多遑言。

（二）史料价值

史料价值成就了梁章钜笔记"史料笔记"之称，是其笔记最高成就的体现。

梁氏笔记尤其是《南省公余录》《枢桓纪略》《归田琐记》《浪迹丛谈》《浪迹续谈》《浪迹三谈》等书，为后人留下了一定的史料，也是我们今日研究清代若干史实的重要依据，是清代史料笔记中的珍品。

梁氏笔记的史料价值主要体现在两方面，一是对清代各项制度的描述与反映，二是叙议清末大动荡时代的时事时局。

首先，梁章钜对清代的典章制度、行政机制、历史掌故，以及科考文化等都比较熟悉，故其所叙，或详细或简约地记录了清代的相关史料。《南省公余录》记叙了礼部职掌、典制及轶闻，《枢桓纪略》则可视为军机处档案史，而散见于《归田琐记》和《浪迹三谈》中的篇目，如《请铸大钱》《请行钞法》《均赋》《斛制》等篇属于清代经济史学范畴，此前，尚无人从文人的角度去记录；《武生武举》《科目》等篇记录了清代的科考文化，此类篇目亦是难得，不仅因为少有文人涉及，而且因为梁氏曾经担任过广西学政多年，并一向重视武举，所以写来生动而详细，梁章钜甚至还编纂过一卷《道光十九年己亥科广西武乡试录》；《学士缘起》系列、《翰林院》《封爵》《虚衔》《武职回避》等篇介绍了清代的行政文化，是梁氏据自己历官各部曹的经历所作，连部曹同僚都称赞颇具史料价值。而《浪迹三谈》卷一《观弈轩杂录》，梁章钜为了让其子恭辰了解"弈之原始与弈之故事"，特辑古今有关弈棋的故事和著作凡 60 则，都为 1 卷，这些对我国弈棋发展史的详瞻描述，实属罕见，对我国弈棋史的研究应该很有帮助。

这些类型的篇目，大部分都叙述得比较详尽，这些对于我们了解清代典制文化都有一定的价值意义。当然，这些文章不同于史书，作者不用考虑太多，可以直言其事，甚至还带有作者个人的观点。这样一来，读者不仅可以客观地了解清朝的某些典制文化，也可以从中了解作者的思想观点。

其次，由于梁氏所处的时代的特殊性，加上其独特的身份，他对时事时局看得比较透彻，故其此类文章，如《堵江口》《致刘次白抚部鸿翱书》《炮说》《英夷》《鸦片》等等，虽然数量不多，但所录都是作者亲眼所见、亲耳所闻、亲身所感，历史真实性比较强。

此外，笔记中的一些字词考证和推敲类的篇目，虽然是梁氏自身读书的成就和心得，但梁氏本身就是生活在古代的封建社会，对于古代的一些文化，必定了解得比我们这些现代人深刻和直接。有些文章一旦加以考证，就可以借鉴而用之。另外梁氏在文中大量的对古迹碑铭的记录，也对中国文学史做出了伟大的贡献。古迹和碑铭类的东西，容易随着时间的推移而逐渐腐蚀风化，用文本的形式对其加以记录和保存，属于另一种形式的文化保护方式。

（三）区域研究价值

梁章钜对福建和广西、江苏等地方学术文化的整理和研究也有较大贡献，尤其是福建。梁氏作品中，专门论述福建学术文化的著作包括《闽诗钞》《闽文复古编》《闽川文选》《闽文典制钞》《南浦诗话》《长乐诗话》《闽川闺秀诗话》《乾嘉全闽诗传》《闽川诗话》《三山唱和集》《武夷游记》等。

另外在《归田琐记》中，卷四《福建鼎甲》《世进士》《兄弟进士》《少年科第》《世解首》《三试巍科》《同榜三及第》《会元》《宰相尚书》等连续9篇，详细介绍了福建省科举文化。

二、文学价值

梁章钜各类笔记中含有大量的诗歌、楹联，以及游记小品，这些正是其笔记的文学价值之所在。

笔记中的诗歌，既有梁氏自身所作之诗，又有师友、父子、父女唱和之作，这些诗作对于研究清代诗歌的成就具有一定的现实意义。首先是章钜自己的诗作，章钜一生爱诗，直至古稀之年亦吟咏不断，其《归田琐记》《浪迹丛谈》《浪迹续谈》《浪迹三谈》《师友集》等5部笔记中，共收录了晚年诗作520首（详见本书第五章），另外还有两首残诗。其次是唱和之作，如与师友阮芸台、朱兰坡、钱梅溪等的酬唱之作，与门生史生、达生、徐观察等的唱和之作，与子逢辰、丁辰、英辰、映辰，女兰省、兰衡等的唱和之作。

楹联是中华民族所独有的一种传统文学形式，博采诗词曲赋骈文之精华，穷尽平仄对仗虚实之变化，可谓中华文化之瑰宝。除了春联之外，它更多的是用于园林、名胜、府邸、馆所、宅第、店铺、寺庙、赠答、悼挽、游戏等方面。梁章钜作为楹联大师有着划时代意义，他开创了联话体例，保存了珍贵的史料（例如书中收有许多名胜楹联及历代流传的巧联妙对，得其赖以保存至今），是名副其实的楹联学开山之祖。如其所题湖北江陵官署联："政唯求于民便，事皆可与人言"；兰州五泉山楹联："佛地本无边，看排闼层层，紫塞千峰平槛立；清泉不能浊，笑出山滚滚，黄河九曲抱城来"；赠林则徐联："帝倚以为股肱耳目，民望之若父母神明"；苏州沧浪亭集句联："清风明月本无价，近水遥山皆有情"等，皆蕴意深远，脍炙人口。

梁氏笔记中的游记小品亦多，由于受到乾嘉学风的影响，其内容注重实证考据，风格古朴平实；又由于章钜本人渊博的历史文化知识，所以虽是信手写去，却描摹生动、兴味盎然，颇有文化散文的味道。如其记叙苏州、杭州、扬州、温州等地名胜之作，均有可采之处。与明末清初的山水小品呈现出不同的美学风貌，堪称晚清小品文之佳作。

此外，章钜笔记的文学价值还体现在其语言表述上。梁氏所处的时代正值封建社会朝近代发展的转型时期，而文学语言，不管是书面语抑或口头语，必然也要转变，其时虽然不明显，但思想开明的梁章钜已然在他的笔记体作品语言中体现了既有书面语"雅"的特点，也具备口语"俗"的特点。

三、医学价值

凭借《归田琐记》和《浪迹丛谈》《浪迹续谈》《浪迹三谈》所录，梁章钜几乎形成了自己笔下的中医药文化。在《归田琐记》中，梁氏辑录了11则中医药偏方，《浪迹丛谈》中则用了整整一卷（卷八）辑录了29则方药。并以第一篇《方药》作为总纲，号召人们"保身养性者，常须善言莫离口，善药莫离"。

其中有治疗疝气的，有治疗眼疾的，有治疗骨伤的，有治疗伤风的……不一而足。且梁章钜往往付诸实践，自己多有过运用，"辄试行之，亦颇有效"，因此就具有一定程度的可靠性，而梁氏又是古道热肠之人，非但不会秘而不宣，反而将之录于丛谈之中，以帮助有同样疾病之人。《人参》篇里提到人参和党参，此类药物，至今民间都有在食用。特别是党参则更为普遍，民间常有用之来炖汤食用；《核桃仁》篇言核桃仁补肾固精、温肺定喘、润燥养血，这些功效是有事实根据的；《怯邪灵药》篇载"人被邪蛊惑者，但用龟甲和仓术烧之，其邪自退，试之屡验"，粗看之下没有科学依据，但从民间考察后可以发现，这一方法在民间尚有在用，只是方式有点不同。在民间，幼童受惊，其长辈常取其孩子受惊前所见之人的头发或衣服上的一些线头，用冥纸包好，烧成灰后加水给孩童服用压惊。前后两种不同的压惊方式有异曲同工之妙；而《海参》篇则记载了长期食用海参的惊人效果，给人们深刻的启示。如此这般，梁氏所引往往乃其亲眼所视，亲笔所记，故可信性极大。

梁章钜笔记里此类医学偏方类的文章并不见少，具有相当的医学研究价值。

四、局限性

梁章钜的笔记撰作虽有着不可否认的价值，但其中一些文章价值意义却不大。浪迹系列和《归田琐记》等笔记都是梁章钜在其晚年所作，每一部书的著作时间都只在一年左右，时间上显得仓促，同时也导致了一些文章的粗糙的写就，没有什么研究的价值。《浪迹丛谈》系列和《归田琐记》中有一些文章是重复的，标题完全一致，内容也大同小异。比如《请铸大钱》篇章，在浪迹系列里有录，在《归田琐记》里亦有收录，其中所表达的内容，没有多大差别。笔记所涉及的内容极其广泛但过于庞杂，单纯的叙述，空洞乏味，也缺少作者个人的主观创见。

此外，梁氏笔记有不少篇章带有迷信的色彩，这是他思想上的局限性。较为典型的是《浪迹三谈》中《说铃冥报录二则》① 和《新齐谐摘录》② 等篇，迷信色彩比较浓厚。《新齐谐摘录》载有 13 条简短小故事；《说铃冥报录二则》故事情节比较详细，均宣扬善恶因果报应。

第四节　学术思想

梁章钜了不起的地方在于他虽身居高位，政务繁重，却能同时致力于学。而在"学"之领域中，梁章钜又不仅局限于文学，还在更为广阔的学术领域中耕耘，且收获颇丰。

梁章钜主要的学术著作有：《南省公余录》《枢垣纪略》《古格言》《退庵随笔》《论语集注旁证》《孟子集注旁证》《三国志旁证》《文选旁证》《制义丛话》等。这些著作，或见解独特，或富有新意，或有较深刻的分析，均有较高的学术价值。

对梁章钜在学术领域的贡献，当时文人学者多有赞誉。林则徐曾经评价说："茝林先生少禀庭训，即致力于制义，自通籍以迄出持节钺，政事文章、经史著述，卓然当代伟人"；陈继昌（嘉庆二十五年庚辰科状元，是中国科举史最后一位"三元"状元，官至江苏巡抚）也曾评价说："茝林先生，八闽硕儒，吐纳经范，无书不读，有美必彰"；沈鼎甫（嘉庆七年章钜同榜进士，先后督学湖北、福建、顺天、安徽等地）也把梁章钜视为值得敬仰的"伟人"，在其留别梁章钜诗歌中写道："海内称诗伯，吾曹仰伟人。晨星同客路，旧雨见天真。谁砥中流柱，凭扶大雅轮……"

吴钟骏（道光十二年壬辰科状元，先后出任福建典试官、湖南典试官等）同样评议说："长乐梁茝林先生，博极群书，大而能贯，弱冠即倡

---

① （清）梁章钜：《浪迹丛谈·续谈·三谈》，中华书局 1981 年版，第 471 页。
② （清）梁章钜：《浪迹丛谈·续谈·三谈》，中华书局 1981 年版，第 501 页。

为实学，以诗古文辞雄视坛坫，嚄唶宿儒闻而敛手……先生网络百氏，上下千古，提椠铅于簿书之暇，刓笔削于戎马之间，其著述则合众人之长以成一家之学……又创前人所未有，独成一家之言也。"上述诸位都是当时颇有名望的官员兼学人，他们对梁章钜一致的高度评价，可以想见梁氏在学术文化领域的建树是十分卓著的。因此，有必要探讨一下梁章钜的学术思想。

一、调和汉宋，经世致用

清代学术，超汉越宋，贯穿有清一代学术史的，是全国学术思潮的风云变幻，由清初理学之重扬，到乾隆中期汉学之兴盛，再到晚清经世致用思潮再度高扬。

清初，康熙帝热衷于理学，尤其推崇朱子理学（又称闽学），"（康熙）四十四年（1705年），（李光地）拜文渊阁大学士，时上潜心理学，旁阐六艺，御纂《朱子全书》及《周易折中》《性理精义》诸书，皆命光地校理，日召入便殿研求探讨。"[1] 上有所行，下必效焉，故从康熙至乾隆初，朱子理学一直受到学界追捧；但到乾隆中期以后，理学受到汉学的强劲冲击，以考据训诂见长的经史学者受到重用，而理学家则倍受冷遇，经世学派更是噤若寒蝉；然乾嘉学风最终造成了实干人才的奇缺，因此到了嘉庆、道光年间，社会矛盾的激化呼唤着经世致用学风的复萌至炽。

梁章钜身历乾隆、嘉庆、道光三朝，虽置身此学术风气反复变化之氛围，却始终保有自己的学术主张，即持以宋学为本、汉学为用的汉宋调和观，推崇经世致用之学，这在当时全国学术界一片"汉学之声"的生态环境之下，是极其难能可贵的。林则徐曾指出："（梁）公性镇静，定识、定力，卓然不摇。每当众议纷出之时，徐发一言，辄中窾要。"[2]

梁氏之学术思想，充分体现在其代表作《退庵随笔》中。该部著作

---

[1] （清）赵尔巽：《清史稿·卷二百六十二·列传四十九·李光地》，第9898页。

[2] （近人）闵尔昌：《碑传集补》卷十四《诰授资政大夫兵部侍郎都察院右副都御史江苏巡抚梁公墓志铭》，第19页。

撰写于道光十四年（1834）章钜 60 岁家居福州之际，两年后于广西巡抚任上又稍加增删勘补，实为梁氏学术思想成熟时期的作品，最具代表性。该书自序明言：

> 《退庵随笔》者，随所见之书而笔之，随所闻之言而笔之，随所历之事而笔之，而于庭训师传尤所服膺，藉以检束身心、讲求实用而已，初无成书义例也。日月既积，楮墨遂多，里居多暇，方取而整比之，以类聚，以卷分，则凡可以劝善黜邪、订讹砭惑者咸具焉。①

而其调和汉宋的态度，则在卷十四《读经·一》有明确阐述：

> 治经者不拘汉学、宋学，总以有益身心、有裨实用为主，否则无论汉学无益，即宋学亦属空谈。说经者亦期于古圣贤立言之旨，愈阐而愈明，方于学者有益。乃今之墨守汉学者，往往愈引而愈晦，抱残守缺，远证冥搜，每一编成，几与秦延君之释《尧典》二字二十万言；汉博士之书驴券，三纸尚未见驴字。吾友谢退谷所谓"诵记虽得，探讨虽勤，而一遇事全无识见，一举念只想要钱"，不亦重可叹哉！
>
> 纪文达师曰："汉儒说经，以训诂专门；宋儒说经，以义理相尚。似汉学粗而宋学精，然不明训诂，义理何自而知？概用诋排，视犹土苴，未免既成大辂，追斥椎轮；得济迷川，遽焚宝筏，于是攻宋儒者又纷纷而起。余撰《四库全书诗部总叙》，有曰：宋儒之攻汉儒，非为说经起见也，特求胜于汉儒而已。后人之攻宋儒，亦非为说经起见也，特不平宋儒之诋汉儒而已。韦苏州诗曰：'水性自云静，石中亦无声。如何两相激，雷转空山惊。'此之谓矣。平心而论，王弼

---

① （清）梁章钜撰，乐保群点校：《退庵随笔》自序，文物出版社 2019 年版，第 1 页。

始变旧说，为宋学之萌芽。宋儒不攻《孝经》词义明显，宋儒所争只今文古文字句，亦无关宏旨，均姑置弗议。至《尚书》、三《礼》、三《传》、《毛诗》、《尔雅》诸注疏，皆根据古义，断非宋儒所能。《论语》《孟子》，宋儒积一生精力，字斟句酌，亦断非汉儒所及。盖汉儒重师传，渊源有自；宋儒尚心悟，研索易深。汉儒过于信传，宋儒勇于改经，计其得失，亦复相当。惟汉儒之学，非读书稽古不能下一语，宋儒之学，则人人皆可以空谈，诚有不尽厌人心者，是嚣点之所自来也。"①

梁章钜在明言自己对汉学与宋学的态度之后，又长篇大段地引述纪氏之语，是为了进一步表达自己的认同观；而强调"不拘汉学宋学，总以有益身心、有裨实用为主"，则明白显示出梁章钜对当时学术界中汉学与宋学无休止之争斗的关注与反思，而这种关注与反思的背后，实际上就是梁氏内心深处始终隐藏着的以宋学为本、汉学为用的汉宋调和观念和推崇经世致用之学的深意。

其实梁章钜此种学术思想也并非直至《退庵随笔》方才有所体现，早在 8 年前就已有阐述。辑于道光四年（1824）江苏按察使任内的《古格言》，可谓《退庵随笔》之序曲，《退庵随笔》之内容是自有宋以迄清，而《古格言》之内容则以唐五代前为断，时其属吏江苏太湖司马刘鸿翱为《古格言》一书所作之序言就已明确地揭示了梁氏之学术思想：

　　仰而观，自昭昭以及于无穷，皆天也；俯而察，自撮土以及于广厚，皆地也；登乎高，自卷石以及于广大，皆山也；涉乎深，自一勺以及于不测，皆水也。六经，天之无穷，地之广厚，山之广大，水之不测；诸子百家，六经之注言也，或者因其一端一节之与经讹

谬，因举其精粹者而并废之，以为昭昭，撮土卷石一勺无当于天地山水也，亦已过矣。子曰："攻乎异端，斯害也已。"圣人之所谓异端，谓如杨墨之徒"为我""兼爱"也，非谓吾道之中有所谓异端也。甚哉！后儒之好辩也，尊汉儒者薄宋儒之讲理为空疏，尊宋儒者鄙汉儒之训诂为粗杂，尊程朱者指陆王之学为禅学，尊陆王者斥程朱之学为俗学，是不于吾道之中自分异同乎？夫宋儒之有得于经，固也，谓汉儒无与于经，吾不信也。程朱得经之道，固也，谓陆王悖乎经之道，吾不信也。长乐茞林梁公，集《古格言》为十二卷，曰《道体》、曰《治术》、曰《德隅》、曰《学殖》、曰《仕进》、曰《交际》、曰《家常》、曰《尊生》、曰《文笔》、曰《兵机》、曰《女诫》、曰《名理》，前引圣贤遗言，次择子史之最要者，间附以己意，所集皆唐人以上，而程朱陆王之奥秘，无不毕贯于其中，有所尊，无所谓薄也，更无所谓斥也。读之者其以为昭昭撮土卷石一勺也乎？其以为昭昭撮土卷石一勺无当于天地山水也乎？亦不以为昭昭撮土卷石一勺有当于天地山水也乎？呜呼！儒者贵自得之而已。苟有所得，虽刍荛之言，皆有与于圣贤之道，矧诸子百家，后儒之师保也，是不仅昭昭撮土卷石一勺也已。苟无所得，则六经之所载亦陈迹而已，尚且不知为无穷、广大、广厚、不测，又何怪其视诸子百家为昭昭撮土卷石一勺也哉？吾读是编，上之为天道，下之为人事，约之为一己，广之及于家国天下，公之学得于古者可知，公之得于古，自淑以治世者可知，盖六经之体用在焉，是可以观天地山水之大也。①

刘鸿翱（1778—1849），嘉庆十四年（1809）进士，嘉庆二十三年（1818）典试湖北，为梁氏属吏，刘鸿翱读书不务考据，唯求古人义理之所在，为梁氏所赏识并提拔为江苏太湖司马，后仕途一帆风顺，官至福建巡

---

① （清）梁章钜：《古格言》序，道光四年苏州刻本，第1页。

抚、署理闽浙总督。刘鸿翱亦为有识之士，他对梁章钜之学术思想是相当了解的，所以《古格言》虽非梁氏重要之作，然刘鸿翱却能从学术思想的角度窥见梁氏之倾向，即对汉学与宋学"有所尊，无所谓薄也，更无所谓斥也"的调和思想——"有所尊"的自然是从小就根植于内心的宋学思想，"无所谓薄""更无所谓斥"的乃是通籍以后所接触了解与接受实践的汉学。

二、发展轨迹

梁章钜的学术思想有一个清晰的发展过程，即青少年时期的宋学为主，然并不排斥汉学；到中青年时期的宋学为本、汉学为用的汉宋调和观；再到中老年时期的推崇经世致用之学。

（一）渊源有自

前文即言，在乾嘉学术界一片"汉学之声"的环境之下，梁章钜所坚持的学术思想是极其难能可贵的，那么，梁章钜何以能形成并保有之？究其渊源，似可追溯到其家学濡染、学术师承等方面。

1.家学濡染

梁章钜出身于巾卷世家，有着浓厚的家学渊源。其祖父梁剑华（字执莹，又字天池），虽然终身困于场屋，无甚科名，但是在福州城教学50余年，其中又曾为鳌峰书院都讲多年，与孟超然齐名，为闽省朴学名家，他所著述的《策学汇编》曾经是"举业家枕秘"，另外一部《书香堂笔记》中所作制义亦极多，深受学生欢迎；父亲梁赞图，乾隆三十三年（1768）戊子科举人，为学"尤服膺宋五子之书，粹然有得"①，为闽省理学名家，有《四勿斋剩稿》《四勿斋随笔》《翼斋公遗诗文》传世；叔父梁上国（字斯仪，又字九山），与赞图同榜举人，乾隆四十年（1775）乙未科进士，累官至太常寺卿，精通经学，是清中叶著名经学家之一，有《驳阎氏尚书古文疏证》《驳毛氏大学证文》《国朝闽海人文》《芝音阁诗文集》等作传世。因此，梁氏一门，父子、兄弟各执一见，本就汉、宋兼容。梁章钜便

① （清）梁章钜：《乾嘉全闽诗传》卷一，上海图书馆藏清手抄本，第1页。

是生长在这样一个学术思想自由的氛围中，从小所受到的家学濡染，对他此后一生中对学术的包容态度起到了相当重要的影响。

如果我们再进一步去探究一下梁氏家族如此宽容的学术观念之形成原因，则又与当时闽省之兼容并蓄的学术氛围分不开。

乾隆四十五年（1780），在福建学政朱圭（1644—1717）倡导下，多数府、县建立了读书社，定期集会，切磋诗文。时省城福州的读书社便是最著名的一间，该社成员共 28 人，关于本社之学研宗旨，社员郑光策有言：

> 方社之初建也，诸君皆里中豪隽，博学建文，以读书相切劘。里中人闻社名之夸也，或相与窃笑之，诸君不以为意，聚则各出所读，往复质正。当其辩论丛起，如泉涌河决，云兴而物需，纵横不可端倪，时或清言雅谈，霏如桂屑，又或爬梳结滞，发古人之覆，涣然冰释，使人意消。兴至则劈笺命笔，角诗斗文，以敏赡相夸诟。就中性情所近，或好宋儒，言性命之学；或好求经世之务；或耽考订训诂及金石文字；又或旁及二氏，如斯明（上泰）、有美、允默，皆有逃禅之癖，而述善则尤喜导引吐纳家言，儒林、文苑之间杂以仙佛，命侪啸侣，不名一格焉。①

从郑氏之言可知，读书社并不拘束成员一定要尊宋或尊汉，而是鼓励众人畅所欲言，互相辩论，以促进学术的共荣发展。而其时之全国学术界，正如梁启超所说："家家许郑，人人贾马，东汉学烂然如日中天矣。"② 相较之下，闽省学界之整体学术氛围应当说是相当宽松的。

梁章钜的父亲与叔父都是该社成员，文社不拘一格的学术追求对他们有着极大的影响，而这种良好的影响自然而然地延续到了章钜的身上。

梁章钜自 6 岁开始随父读书，长达 9 年，故梁赞图的宋学思想对梁章

---

① 郑光策：《林樾亭乔荫六十寿序代郑存敦作》，《西霞文钞》，转引自王军伟《传统与近代之间》，第 55 页。

② 梁启超：《梁启超论清学史二种》卷一，复旦大学出版社 1985 年版，第 60 页。

钜有着先入为主、根深蒂固的影响，直至章钜晚年，之所以与陈寿祺关系破裂，更导致《福建通志》（道光版）的滞后刊行，其否定陈氏独尊汉学的观念亦是主要原因。

而自幼对叔父梁上国的崇拜，尤其13岁那年同居一宅时期的影响，以及青年居京应试期间的师从，都使得梁章钜内心并不排斥汉学。值得一提的是，梁章钜对汉碑拓本的研究亦源于上国叔父的培养，其曾言："通籍后，先叔父九山公方视东漕，以曲阜、任城各汉碑拓本寄赐，始知好石墨。"① 梁章钜于晚年尚回忆道："（九山）公殚精朴学，于经史皆有考证。自入词馆，后遂留意朝廷掌故及经史有用之学……子侄中，于章钜属望尤深。"②

因此，仅从其家学的角度看，我们就能初步了解梁章钜青少年时期学术思想的基础是以宋学为主，然不排斥汉学。

2. 学术师承

梁章钜青少年时期的学术师承，对他一生的学术思想起着决定性作用。该阶段章钜所接受的教育是多方面的，有鳌峰书院的培养熏陶，有具体师从的教育影响。其师中，既有宋学名师，又有经学名家，还有经世致用说之倡导者，丰富多样的师承，正是造成梁氏日后学术思想兼容并蓄的主要原因。

其一，鳌峰书院学术氛围之熏陶。

鳌峰书院（1707—1905）是清代福建学者的讲学中心，在其存在的近两百年间，一直踞有闽省最高学府的地位。从康熙末至乾隆初，书院之宗宋学术传统一直被奉行不辍，即便是到了乾隆中期以后，宋明理学在全国范围内受到汉学的强劲冲击，其学术传统也从未迷失过自己的方向而单纯陷入烦琐考据的泥淖，相反，它再一次以闽学的实践理性，兼容了汉学严于求证和广闻博采的学术精华，进一步丰富和发展了自己的学术传统。

闽省学政叶绍本（？—1841）在《鳌峰书院志》序言中，曾用"讲

① （清）梁章钜：《退庵金石书画跋》序，上海图书馆藏清手抄本，第1页。
② （清）梁章钜：《乾嘉全闽诗传》卷五，上海图书馆藏清手抄本，第6页。

习居敬穷理之要，明体达用之学"来概括书院的办学理念，这一概括也是对该书院百年学统的认定，即以闽学的实践理性精神为主线，以人格养成为重点，以明体达用为旨归，积淀了明末清初以来，经世派学以致用和汉学家求真务实的学术精华，将知与行、学与用融为一体。

梁章钜少年时期就学于此，青年时期又居于是邦，中年时期也有相当一段时间生活在这里，因此，饱受鳌峰书院整体传统学术氛围之熏陶。

其二，理学名师孟超然的影响。

孟超然（1730—1797），闽省理学名师，字朝举，号瓶庵，人称"孟考功"，福建闽县（今福州）人，《清史稿》有传。乾隆二十四年（1759）乙卯科解元、次年庚辰科（1760）进士，曾主广西省试、督学四川等，乾隆三十七年（1772）因"亲老"辞官归里，不复出仕。孟超然是乾隆年间闽省最有名的程朱学者，主持鳌峰书院8年，面对当时考据之风的冲击，他明确地表示："吾儒学向主于经世，故圣贤教人莫先穷理，道理不明，有不知不觉坠于小人之归者，可畏可畏！"并要求学生"解弃一切束缚，励以诚"①。他的精心教育培养出了一批出色人才，如梁章钜、林则徐、陈寿祺（陈氏早年亦以宋学而名，中年出闽后方转向汉学）等。

孟超然的学术主张，不同于一般寻章摘句的腐儒，其学以"惩忿""窒欲""改过""迁善"为主，尝曰："谈性命，则先儒之书已详，不如归诸实践；博见闻，则将衰之年无及，不如反诸身心。"②

梁章钜14岁与16岁两入鳌峰书院，师从孟超然。在当日拜见之时，孟师曾以小诗面试章钜，章钜有"诗心同水澈，书味与花和"之句，孟超然相当欣赏，并断言："此子必践清华，但不及见耳。"③以此，少年章钜以髫龄独承孟师器重，亲侍读书，受恩师之言传身教，深得闽学精髓，④时间虽短，然孟超然的闽学思想对少年章钜有着莫大的启蒙作用，甚至可

---

① 　许维勤：《鳌峰书院的学术传统及其对林则徐的滋养》，《清史研究》2007年第3期。

② 　《清史稿·卷四百八十·列传二百六十七·孟超然》，第13151页。

③ 　（清）梁章钜：《闽川诗话》卷一，清谢章铤赌棋山庄残钞本，第4页。

④ 　（清）梁章钜：《师友集》卷一，道光二十五年福州梁氏北东园刻本，第1页。

以说，在章钜一生的学术观念中，这种作用是最为强劲而持久的。故梁氏晚年回忆师友，辑录《师友集》，就把孟超然列在了第一位。

其三，经世致用派主将郑光策的影响。

18 岁那年，梁章钜遇到一位对其影响至深的恩师、闽省经世致用派倡导者郑光策（1759—1804）。郑氏初名天策，字宪光、琼河、苏年，闽县人。乾隆四十五年（1780）庚子恩科进士，嘉庆二年（1797）接任鳌峰书院第 22 任主讲。郑光策提倡经世致用之学，强调欲"经邦济世"，首先要立定远大志向，而为学之宗旨，贵在"明体达用"，因此，求知应不受教条之限，凡经世有用之书，均当渐知讲求。"明体达用"是郑光策对经世致用的另一种表达，"明体"就是穷理致知，"达用"就是学以致用。这一理念实际上包含了汉宋兼容，而旨归于"用"的意义，与鸦片战争后一些洋务官员的思想有许多暗合之处。也就是说，郑光策的学术主张，在当时就已经具有相当超前的意义了。

梁章钜 18 至 28 岁，陆续师从郑光策近 10 年，不仅从郑师学作诗、赋、杂文，且郑师强调以经史为"绩文之源"、追求学术开拓之精神，更给了章钜以终身的影响，因此当梁氏晚年回忆郑师时，有一句总结之言："余自（从郑师）受业后，始知向学，前后凡十载，获益良多。"①

在章钜 21 岁初次赴京会试时，郑师曾作《送梁茝林公车北行序》以引导爱徒：

> 道以不已为贵……生以美资能自得师，今复逖闻扩见，倘不画其志，其有所就无疑也。夫经史者，绩文之源也；忠孝者，制行之本也；勤俭廉洁者，淑身之端也；爱民仁物者，赴试之的也。生能无忘所事而不已其功，吾能测生之所至乎哉！荀子云："丘陵学山不至于山，百川学海终至于海，惟已与不已焉已矣。"生其勉思余言。②

① （清）梁章钜：《师友集》卷一，道光二十五年福州梁氏北东园刻本，第 2—3 页。
② （清）梁章钜：《师友集》卷一，道光二十五年福州梁氏北东园刻本，第 3—4 页。

郑光策对梁章钜的影响是巨大的，当章钜外宦之际，他终于能够直接将恩师之"经世致用"思想运用到实践当中，关注民生，议论时政，并力倡关系商民利弊的社会改革，成为道光年间以陶澍为核心的经世致用派的中坚人物。

其四，朴学老宿林茂春的影响。

章钜青年时期，还曾受业于闽省朴学名宿林茂春，林氏字畅园，又字崇达，福建侯官（今福州）人。林氏平生嗜经史，被郑光策誉为"福州城中第一经师"①，有《左传补注》《汉书补注》《文选补注》等作传世。梁章钜在乾隆五十九年（1794）曾奉郑光策之命随其读书，期间受林畅园师影响亦深，故章钜早在青年时期除了从其上国叔父处外，还从林师这儿也打下了一定的朴学基础。需要明确的是，章钜从其学时，年方20，因此也可以说，梁氏学术思想中的汉学观念也是渊源已久的，只不过尚未萌发罢了。梁氏晚年更在《师友集》卷一之《侯官林畅园师》条中深情回忆道：

> 余作《文选旁证》，所述师说为多。师品学读书社诸公所推，而社中诸老各服官中外，惟师以司铎终。诵广文先生官独冷之句，为之慨然。

并附诗一首，以表达对恩师的尊敬与怀念：

> 朴学兼循诱，城中第一人。史材能贯串，选理最纷纶。未觉严师惮，真同益友亲。冷官三十载，谁与念清贫？②

（二）成熟与完善

梁章钜中年时期的师友交游又使他的学术思想日渐丰富完善。该期

---

① 据（清）梁章钜：《师友集》卷一《侯官林畅园师》条，第5页。
② （清）梁章钜：《师友集》卷一，道光二十五年福州梁氏北东园刻本，第4—5页。

指的是梁氏 27 岁赴京会试至 48 岁外宦之际，共 20 年余。其间又分为前期居京、中期蛰居、后期官京三个阶段。前期和中期是章钜正式接触并接受汉学的时期，后期则是梁氏学术思想成熟与完善的时期。

1. 前期居京，观念始变

嘉庆六年（1801），27 岁的梁章钜第四次赴京参加辛酉恩科会试，因叔父梁上国为内帘同考官，故回避未入场，次年壬戌正科方登进士第，同年秋离京奔父丧。嘉庆十年（1805）服阕进京，又在京城待了近一年，后告病回籍。总之，章钜前期居京时间将近三年。

如前所述，梁章钜早期所持之学术思想，始终是以宋学为主。但此两番离开闽省居于京城，不到三年的时间内，却实实在在感受到了国家学术中心汉学日炽之学术思潮，受其影响，原本就观念开明的梁章钜，其思想中的汉学之苗即刻萌发，学术观念开始有所转变，正式地接纳了汉学。此期，对章钜学术思想转变有着重要影响的人物是纪昀和梁上国。上国叔父的影响在第二章已有说明，故此处主要介绍纪昀。

纪昀（1724—1805），字春帆，号石云，又号晓岚、观弈道人、孤石老人，谥文达，河北献县人，是乾隆时期最著名的汉学家之一。纪昀与梁家关系非同一般，有着三世渊源，乾隆二十九至三十一年（1764—1766）纪昀督学闽省，了解到梁家 15 世皆为诸生之情形，甚为赞叹，又时章钜祖父梁剑华补廪饩，领由公家发给在学生员的膳食津贴，可谓纪氏之学生；同一时期，章钜伯父上宝、父亲上治（时名上治）、叔父上泰与上国，四兄弟皆游学于庠，受业于纪氏门下，故纪昀曾手制"书香世业"之匾以旌其闾。而事隔十多年后，即乾隆四十至四十二年（1775—1777），章钜父亲考补内廷咸阳宫教习，在京城三年中，与胞弟上泰、上国及同乡诸友，按旬会课，课题皆由纪昀所命，文成亦必归纪昀批阅[1]，实为纪氏之门生；至嘉庆七年（1802）章钜中进士，座主又恰为纪昀。这样算来，纪

---

[1]　（清）梁章钜撰，陈居渊点校：《制义丛话、试律丛话》合订本，上海书店出版社 2001年版，第 387 页。

昀实与梁家有着三世情谊，故章钜《师友集》卷一《河间纪文达师》条
有言：

> 师于乾隆间督闽学，时先王父补廪气。先大夫及诸伯叔父皆游
> 庠，而余最后受知得成进士，故师以所藏汉瓦双砚相赠，谓三世渊
> 源视此物也。又尝手制"书香世业"匾旌吾闾，盖以余家自前明来
> 十五传相继为诸生，为海内所稀有。详著其说于所作先王父寿序，
> 今存师遗集中。三世归函丈，千秋仗本师。家原传旧德，我独焕新
> 规。瓦砚珍如玨，书香揭在楣。春风落珠玉，忆做岸舟时。（按：岸
> 舟为师斋中匾，乾隆间汪文端公所书。）①

此外，章钜父亲去世时，纪氏曾手制挽联"十五传兰玉相承，授砚
三看入芸馆；六千里泥金甫报，抚楹一笑返蓉城"相赠②。有此多层关系，
梁章钜对纪氏学术主张的认可与推崇，就自在情理之中了。确切地说，梁
章钜应该就是通过纪昀而首先明了汉学实为那一时期之全国学术主流的。
换言之，纪昀的学术取向对梁章钜学术思想的转变起到了决定性影响。

2. 中期蛰居，实践汉学

嘉庆十一至十八年（1806—1813），梁章钜蛰居闽省达 8 年之久，似
乎远离了全国学术中心，但这并未妨碍他对汉学的接受与实践。此期对章
钜学术思想转变之趋向成熟有重要影响的人物是阮元和陈寿祺。

其一，汉学大家阮元的影响。

阮元（1764—1849），字伯元，号芸台，又号雷塘庵主，晚号怡性老
人，江苏仪征人，是清代乾嘉学派的中坚人物，在训诂学、金石学、考据
学等方面都成就极大，是位具有很高造诣的学术大师，正是他将乾嘉时期
的汉学推向了巅峰。《清史稿》称他"身历乾嘉文物鼎盛之时，主持风会

---

① （清）梁章钜：《师友集》卷一，道光二十五年福州梁氏北东园刻本，第 7 页。
② （清）梁章钜：《楹联丛话》，道光二十年桂林初刻本。"蓉"字有误，福州别称"榕"，
　故应为"榕"字。

数十年，海内学者奉为山斗焉。"①

阮元原为梁章钜堂兄运昌己未科（1799）会试座主，章钜据《皇朝词林掌故》称阮元为师。详见《师友集·仪征阮云台师》：

> 师为先兄曼雲公己未会试座主，兄弟之师例亦称师（见《皇朝词林掌故》），然初不过识面而已。嘉庆己巳师以祝口嘏入都，求能代撰《九夏颂》者，程春庐以余对，呈稿时盛叨奖。借道光壬寅余侨寓邗江，始屡通谒于里第，请业请益，真为著录弟子者三月有余。师初谦弗肯承，继乃相悦以解。时师已七十有九，而余亦六十有八，迟暮之年为我师，弟补此一段良缘非偶尔矣。②

前期梁章钜与阮元只是见过一次，即嘉庆十九年（1814），时阮元任漕运总督，章钜离闽赴京途经淮上，曾拜谒阮元（按：《退庵诗存》卷六有诗三首纪之：《舟泊淮上和漕帅阮芸台先生春草韵》二首、《芸台先生廨中观四明本华岳碑》）。后直至章钜晚年 68 岁寄寓邗江时，才真正授业于阮元，执著录弟子礼，时阮元已 79 岁高龄。阮元曾寄书章钜，鼓励他翻刻《楹联丛话》，并托梁校订《四书文话》；后《楹联丛话》轰动一时，民间读者纷纷购买，阮元又提议章钜再翻刻此书。梁章钜的《文选旁证》及《师友集》均呈给阮元评阅过，阮元皆为之题序，尤其《文选旁证》，阮元更给予了极高的评价。因此，实际上阮元的学术思想对梁章钜的影响是延续至梁氏晚年的。但之所以把它放到章钜中年之期，是因为阮元对章钜的具体影响，可以追溯到嘉庆年间。

此期章钜接受阮元的影响，主要有三个渠道，其一是通过其堂兄梁运昌，其二是直接代阮元撰文，其三是通过对阮元及好友的著述之关注与研究。

---

① （清）赵尔巽：《清史稿·卷三百六十四·列传一百五十一·阮元》，中华书局 1976 年版，第 11424 页。

② （清）梁章钜：《师友集》卷一，道光二十五年福州梁氏北东园刻本，第 22—23 页。

嘉庆四年（1799），章钜第三次参加会试，主考官即为阮元，阮元的学术取向是朴学，史称此届"一时朴学高才搜罗殆尽"①，章钜堂兄运昌即于此次登科，入翰林院实录馆，授编修，而章钜却再次落榜，以章钜之好学上进，落榜之后必定会更加关注阮元的治学思想。另外，嘉庆十三、十四年（1808、1809）阮元为浙江巡抚，梁运昌时正在浙江督学文远皋幕中，故时常来往于阮元节署，请业请益，所学愈进，而运昌与章钜又时有书信往来，这些都对章钜产生了一定的影响。②

阮元对章钜的影响更为具体的是在嘉庆十四年（1809）。该年阮元进京为嘉庆皇帝50岁祝寿，寻求能代他撰写《九夏颂》之人，时任大清会典馆总纂的程同文（春庐）向他推荐了远在闽北掌南浦书院教习的好友梁章钜。章钜不负所托，所呈之稿受到了阮元的赞赏。从这初次交往来看，学术兴趣浓厚的梁章钜，即便蛰居闽北古邑浦城，也是绝对不会不关心阮元的汉学思想的。因此，次年章钜即辑《夏小正经传通释》4卷，又次年再校补《仓颉篇》3卷（附补遗1卷），均为其学术转向汉学之佐证。

尤其是作于嘉庆十六年（1811）的《仓颉篇校证》，更为明证。《仓颉篇》本为小学之权舆，章钜又自言己书是"就孙渊如观察原本而校补之"③，孙渊如（星衍）与阮元素有通家之好，知契最深，亦是汉学名家，曾剌取间摭他书为《仓颉篇》3卷，而章钜有感于孙氏之作所采只载书名，未标卷数，故乃勤心用力、博考群书，一一注明出处。由其对孙渊如学术纂作的关注可推知其对阮元学术思想的关注。而章钜初涉考订训诂，即有如此佳绩，自然标识着其对汉学的接受与付诸实践——汉学之重名物训诂考订，实可纠正宋学之空疏。显然，这一切不可否认是建立阮氏学术思想对其影响之基础上的。

其二，汉学名家陈寿祺的影响。

---

① （清）赵尔巽：《清史稿·卷三百六十四·列传一百五十一·阮元》，第11424页。

② 据《曼云先兄家传》，见（清）梁章钜：《归田琐记》卷二，中华书局1981年版，第34页。

③ （清）梁章钜：《归田琐记》卷六，中华书局1981年版，第119页。

相较于纪昀与阮元，名气稍逊的陈寿祺对梁章钜的影响却更为直接具体。

陈寿祺（1771—1834），字恭甫，号左海，晚号隐屏山人，福建侯官人，嘉庆四年（1799）进士，《清史稿》有传。曾受阮元延聘课浙江杭州府诂经精舍，又先后主泉州清源书院、福州鳌峯书院各 10 年。陈寿祺初治宋明理学，后专汉学，以汉学治经，为清代汉学名家。主要著作有《五经异议疏证》《尚书大传定本》《左海经辨》《左海文集》等，汇编为《左海全集》行世。

述及梁、陈二人，人们往往关注的是他们的矛盾，其实二人关系的交恶始于晚年，而在中青年时期却是惺惺相惜的好友。笔者此处关注的仅仅是中青年时期陈氏学术观念对章钜的影响。据《退庵居士自订年谱》可知，梁章钜嘉庆十年（1805）秋归闽，直至嘉庆十八年（1813）冬离闽，在这 8 年的时间里，与陈寿祺是频繁交往的：嘉庆十二年（1807）章钜游武夷山，有游记及诗纪之，陈寿祺为之作序；嘉庆十四年（1809），章钜辑《东南峤外诗文钞》，陈寿祺为之作序；嘉庆十六年（1811），二人同时受聘入福建巡抚张师诚幕，合作分纂《御制全史诗注》64 卷；嘉庆十七年（1812）秋，章钜家居福州之暇，开藤花吟馆，陈寿祺即为诗社中的一员。而后至道光三年（1823），章钜诗集《藤花吟馆诗钞》出，陈氏不仅为之序，而且在序中还给予梁氏诗作很高的评价。复考陈寿祺之行年，知梁陈频繁交往之时，陈寿祺已经由宋学完全转向汉学了，而交往之中，势必会相互探讨学术问题，故梁氏从陈寿祺处了解与接受汉学，自在情理之中。同时，此期，福州一批同声气的文人，在谢震的倡议之下，组织"殖社"（一名"殖榭"），专于"通经复古之学"，即推崇并研讨汉学，而梁章钜与陈寿祺都是成员之一，由此可以推断梁章钜在其中必定有相当的汉学积累。①

---

① 据（清）梁章钜：《师友集》卷三"侯官谢甸男广文"条，道光二十五年福州梁氏北东园刻本，第 4 页。

3. 后期官京，学术思想的成熟与完善

嘉庆十九年（1814），年已 40 的梁章钜在妻子的鼓动下，再次进京谋求官职，结果在京城礼曹四司一待就将近 9 年，直至道光二年（1822）外宦湖北荆州府知府。从梁氏学术思想发展的角度，此阶段又可大致分为前期和后期，前三年是梁氏学术思想成熟之期，后六年是梁氏学术思想完善之期。

其一，官京前期，汉宋调和观念的成熟。

前期对梁章钜学术思想影响最大的当属翁方纲（1733—1818）。翁氏学宗程朱，重视义理，但亦治经学，强调考据要以义理为旨归。为了防止宋学易流于空虚的弊端，他又讲求训诂考据，主张以考据来补宋学之空疏。这种理学自我调节的方式实际上就是汉宋调和之观念。

嘉庆二十年（1815），梁章钜拜谒翁方纲，随后成为翁氏的入室弟子，直到嘉庆二十三年（1818）翁方纲去世。此间三年，章钜虽言师从翁氏学诗，然学到的绝不仅仅是老师的诗学思想和诗歌创作技法，在日常赋诗唱酬中，显然也重视学术思想的交流。

作为宋学家，翁方纲重视宋学却不流于心性空谈，并不排斥汉学；然其虽治金石考据，却又不满汉学家忽略义理、烦琐无用的偏向。在他看来，考据必须适应经世致用的需要："夫考订之学，大则裨益于人心风俗，小则关涉于典故名物，然一言以约之曰：取资于用而已。经曰不作无益。有裨于用者则当考之，其无益者则不必考之。"① 因此，他强调考据之学应贯通义理，批评汉学家沉迷考据、不问国事民生的偏向。翁方纲既重宋学又治汉学，其宋学为体、汉学为用的学术思想对梁章钜影响甚深，这种调和思想深为章钜所认同，真正助其汉宋调和观念的成熟。

其二，官京后期，学术思想的完善。

翁氏门下三年为官京前期，是梁章钜学术思想形成的中期阶段，亦即宋学为本、汉学为用的汉宋调和观形成时期，而梁氏学术思想中推崇经

① （清）翁方纲：《复初斋文集》卷七《考订论上之三》，近代中国史料丛刊本，第 11 页。

世致用之学这一方面的凸显，却是其官京后期方才形成的，那就是宣南诗社中的学友交游。

宣南诗社是嘉庆、道光年间的文学社团，该诗社之出名，非因其诗歌创作与诗事集会，而是因其先后出了陶澍、林则徐（嘉庆二十一年入社4个月，后离京任浙江任）、吴荣光、梁章钜这几位著名的封疆大吏，并且都是经世致用派主将。章钜于嘉庆二十一年（1816）冬加入诗社，直至道光二年（1822）春末夏初离京出守荆州，是坚守在该诗社最久的元老。宣南诗社并不是同仁之间偶然的汇集，而是一群志同道合、志趣相投的朋友们的集团，所以他们在思想或抱负上都有某种相似之处，那就是都对国势担忧，又兼具开放的眼光，其思想倾向能与时代同步，在文字切劘之外，对体用之学——"道"更加关注。几乎所有成员内心都拥有经世致用的思想，如陈用光（1768—1835，官至礼部左侍郎，曾提督福建、浙江学政）在《送茞林出守荆州》文中即曰：

> 夫聚散不能无感情也，以文字相切劘，艺也，由艺而窥夫道，则体用之学备。茞林他日任封疆而跻令仆，其益懋声誉，由今日始，庶几使后之考者，谓吾辈之交游，非徒曰艺而已也。①

又如吴荣光（1773—1843，官至湖南巡抚）每语梁章钜：

> 吾辈将来皆当出官于外作吏，如作吏（原文为"史"，应为刊刻误笔，现改为"吏"），必兼才、学、识三者，方能上不负国，下不负民。若但以操守相矜，此自分内事耳。②

总之，诗社成员学术上多根底于宋学，也注重志节修养和社会关怀。

---

① （清）梁章钜：《师友集》卷六，道光二十五年福州梁氏北东园刻本，第5页。
② （清）梁章钜：《师友集》卷六，道光二十五年福州梁氏北东园刻本，第15页。

他们所强调的德性修养与一般宋学家流于心性空谈不同，而是直接与社会现实相关，重视学术实践，讲求实用。正是这些同声气共志向的社友交游，对梁章钜学术思想中"推崇经世致用之学"这一方面起着决定性导向，因此宣南诗社这近 6 年的时间是梁章钜学术思想的完善时期。

梁章钜诸多的身份中，"学者"身份是倍受关注的，因此研究其人，关键之一便是研究其学术思想。

有清一代，学术意识领域纷争激烈，尤其到了乾嘉时期，"家家许郑，人人贾马，东汉学灿然如日中天"。但梁章钜却并未盲从，而是对当时学术界中汉学与宋学无休止之争斗进行关注与反思，其结果便是形成了强调"不拘汉学宋学，总以有益身心、有裨实用为主"的学术思想，即以宋学为本、汉学为用，并进而推崇经世致用说。这种兼容并蓄的学术观念，在当时的学术背景之下是难能可贵的，亦是相当先进的。故梁章钜学术观念虽以宋学为根底，然其治汉学亦有成就，近人支伟成之《清代朴学大师列传》中就将梁章钜列为朴学大师。

考梁章钜学术思想之渊源，根深蒂固的"宋学为本"之观念，源自其家学的濡染与青少年时期的师承，以及闽省程朱理学之传统；"汉学为用"之观念，源自出闽后对全国学术思潮的接触与认同，以及蛰居闽省期间的学友交游与自我实践；"汉宋调和"观念深受其师翁方纲影响，成熟于覃溪门下；"经世致用"说则源自早年郑光策的师传，以及中年居京时期，与怀抱共同志向的宣南学友之间的相互砥砺。

复考梁章钜学术思想的发展轨迹，则青少年时期打下了扎实的宋学基础，中青年时期汉宋调和观初步形成，中老年时期汉宋调和观成熟，外宦执政时期又将经世致用说付诸实践。

小　结

梁章钜堪称一代笔记大家，其著作中，《浪迹丛谈》《浪迹续谈》《浪迹三谈》《退庵随笔》《归田琐记》等，都是清代笔记中较好之作。另外，其《称谓录》《楹联丛话》《楹联续话》《楹联剩话》，亦是极具特征的笔记。梁氏笔记之作，文体驳杂，有小说故事，有杂记丛谈，有考据辨证，有游记小品，更有诗作诗话等。内容广泛，大致可以分为以下几个类别：议论清末时政；记叙人物、名物、史事；考订典章制度及科举文化；叙述自然风光、地方名胜；考订古今诗画、楹联、碑铭；梳理自我文学成果；叙议民俗文化；叙议弘扬戏曲文化；杂记生活琐事、读书心得；宣传方药、养生及饮食文化等。虽是随笔记叙，却是见闻所及，无所不录，充分体现了笔记的文体特征，呼应了作者的创作意图——资考据，备劝惩，砭俗情，助谈剧。

梁氏笔记的价值主要包括文学价值、史料价值和医学价值三个方面。其文学价值主要体现在随笔记叙，涉及范围广泛，以类相从，记人物交游，叙清代掌故，专录巧对、杂谜，记医药、金石文字、碑版书画；专辑诗话，记述酒杯、酒肴、弈棋、纪元等。又以其游踪所及，写南国的园林、名胜、古迹、衙署、庙宇，记当时景物、述旧时行迹、建置沿革兴衰归属演变，多系实地考察见闻所作笔记。

其医学价值主要体现在辑录了多则中医偏方，且有梁氏自己的实践应用之体会与经验，颇具说服力，具有相当的医学研究价值。

其中最重要的是史料价值。这一点不仅体现在作为史料笔记的叙述时事之特点上，而且更进一步体现在对我国弈棋史、清代典章制度、清代经济史、清代民俗文化，以及清代诗话学等诸多研究领域的帮助上。梁章钜对清代的典制掌故较熟悉，所叙翰林院、大学士缘起、谥法、世职等，内容均较确实，为后人留下丰富翔实的史料，也是我们今日研究清代若干史实的重要依据和不可多得的史料笔记的珍品。又因笔墨比较随意，易于为读者所接受，故其影响所及，往往超出其学术著作。但由于历来多视笔记为小道，将其列于杂家、小说家一类，而未能给以应有的史料地位，而笔记作者在撰著笔记方面的成绩也往往被认为是自我遣兴之作，很少加以论述。如梁章钜这样丰产的笔记作家，对其笔记评价却很少，这也是缺憾之一。

结　语

　　东南海滨城市福州，城市中心有一片方圆约 40 公顷的 5A 级旅游景点，那就是有一千多年历史的三坊七巷历史文化街区。这块人杰地灵的区域，千百年来涌现了无数名人，尤其在近现代史上，林则徐、沈葆桢、陈宝琛、郑孝胥、严复……以及本书所评述的梁章钜。三坊七巷中的黄巷 36 号就是梁章钜故居，现已立为国家级文物保护单位。道光十二年至十五年（1832—1835），初次归隐的梁章钜就住在这里，过着诗意悠游的生活。

　　梁章钜何许人也？一代名臣！梁章钜生活在清朝中后期，当时的朝廷腐败成风，贪官横行，然而梁章钜为官 40 年，宦迹大江南北，终至封疆大吏，却始终勤政廉洁，尤其是在第一次鸦片战争中，他更是坚定不移的反侵略主战派。

　　梁章钜又是一代文人！60 岁即已基本奠定了他的文学地位；61—70 岁进一步加强了他的文学地位，开创楹联学，被誉为楹联大师；71—75 岁，他的文学创作再次升华，被誉为清末史料笔记大师。考察一下梁章钜文坛成名的因素，主观因素自然是天资聪颖、多才多艺、对文学的热爱、勤奋刻苦、始终保有创新精神；客观因素则是封疆大吏的身份使他见多识广、师友众多，文人墨客的支持与鼓励，以及日益庞大的读者群。

　　梁章钜还是一代学者！他不仅天资聪颖、才华横溢，凭借着几十年如一日持之以恒的极端勤奋拥有了渊博的知识，而且具有严谨细致的治学态度，其涉及学术研究的著作不少，尤其《论语旁证》《三国志旁证》和《文选旁证》三部，具有较高的学术价值，被收入《续修四库全书》。《文选旁证》一书更使他身跻清代选学家之列。

梁章钜更兼一代艺术家！工书善画，是清末著名的书法家、鉴赏家和收藏家。梁章钜所处的时代乾隆、嘉庆、道光三朝，正是清代金石学兴盛、碑派书法日渐发展的时期。梁章钜中年居京时期拜翁方纲为师，晚年又拜阮元为师，此二人皆是碑学大师，他们对梁章钜书法创作与题跋、金石鉴定与收藏，都有着巨大的影响。梁章钜的书法题跋享有盛誉，他拥有精湛的鉴赏能力，往往力穷书法作品原委并予以审美鉴赏，校勘拓本新旧及文字完整情况，这些特点是眼力不足、书法水平不高的金石家书法家所不能够的。

纵观梁章钜一生，出生巾卷世家，个人仕途显贵，虽然做了一辈子的官，但在案牍之余却勤于著述。他平生纵览群籍，好金石，精鉴赏，富收藏，谙于掌故，能诗善书，学识渊博，一生著作竟达85种之多，是名副其实的"著述等身"，其挚友林则徐更称许他为"仕宦中，著撰之富，无出其右"者。梁章钜于官于学，都为时人交口赞誉，是一位相当成功的官宦文人，清代著名学者阮云曾辑古语作楹帖赞美他："难进易退，易事难悦；先劳后禄，后乐先忧"①；其同僚谢学崇也曾赠联赞美他："乾隆末，举秀孝，嘉庆初，历翰部，道光间，掌封圻，回首功名成百顺；经史部，有旁证，艺文家，喜博稽，政事门，备掌故，等身著述自千秋。"②在其70寿辰时，王�兰（章钜堂兄运昌之弟子）更是为梁章钜精心撰写了一副长联表示祝贺，联语曰："二十举乡，三十登第，四十还朝，五十出守，六十开府，七十归田，须知此后逍遥，一代福人多暇日；简如格言，详如随笔，博如旁证，精如选学，巧如联话，高如诗集，略数平生著述，千秋大业擅名山。"③此联言简意赅，高度概括梁章钜生平之宦迹及

---

① （清）梁章钜：《归田琐记》卷六，中华书局1981年版，第131页。
② （清）梁章钜：《归田琐记》卷六，中华书局1981年版，第131页。
③ （清）梁章钜：《归田琐记》卷六，中华书局1981年版，第131页。

著述。

　　然将梁章钜置身于时代背景之中，则其又经历过清朝乾嘉时期的学术纷争，经历过嘉道时期封建王朝的渐渐没落，经历过近代天朝大国之旧观念被西方世界新理念的无情打破。凡此种种，都使得梁章钜的个人经历被涂上了一层浓浓的时代色彩，所以说对梁章钜的研究也因此带有了一定的时代意义。

附录一：梁章钜在浦城

闽北重镇浦城，丹山碧水，俗美风和。自唐至清，墨客骚人、遗臣孤老，或流连不忍离去，或终老是乡。清代文学家梁章钜就是其中相当突出的一位。

梁章钜侨寓浦城

梁章钜与浦城有着较深的渊源，他一生曾先后三次寓居浦城：嘉庆十年（1805）因病请假回籍，嘉庆十二年（1807）应浦城人祖之望（时刑部右侍郎，后官至刑部尚书）之邀前往浦城，受聘浦城南浦书院讲席。此地深厚的文化土壤、浓郁的教化氛围深深地吸引了梁章钜，以致他流连忘返，一住6年。这期间，梁章钜虽曾于嘉庆十三年（1808）秋及嘉庆十六年（1811）两次为本省抚部张兰渚先生延入幕中，为张撰拟颂册及奏御文字、校勘典籍等①；并曾于嘉庆十七年（1812）秋暂回福州老家开藤花吟馆②，但这三次暂离的时间都不长，很快便又回到浦城，继续担任南浦书

---

① 嘉庆十三年秋，梁章钜为本省抚部张兰渚延入幕中，为撰拟颂册及奏御文字，并校勘所进遗书数十种，各加按语，如《四库书提要》之例。嘉庆十六年，复入张抚部幕，与陈恭甫分纂《御制全史诗注》64卷。

② 嘉庆十七年秋后，梁章钜回家开藤花吟馆，集里中诸名流觞咏，其中有《藤花吟馆画卷》。

院山长，直至嘉庆十八年（1813）岁末回京销假赴任。这是他第一次侨寓浦城。

道光十二年（1832），58 岁的梁章钜再次因病奏请开缺，回籍调理。是年六至八月在浦城小住养病。这是他第二次寓居浦城。

道光二十二年（1842），梁章钜引疾归田回乡。因福州已被迫开放为通商口岸，英人即将在那儿设立货运码头，颇具民族气节的梁章钜怒而以 68 岁之龄背井离乡，不得已再次寓居浦城，直至道光二十六年（1846）。此间 4 年，为梁章钜第三次侨寓浦城。而事实上，梁章钜此次寓浦原本是打算在此终老的，因此，他先是暂住在亲戚——闽派大音乐家祝桐君家，借宅而居不到半年，即购得浦城城东花园弄宋代状元章衡的花园遗址造新宅，筑大楼五楹，贮书万卷以上。因其在福州的寓所称为"东园"，故给浦城新寓所命名为"北东园"，以示区别。据浦城方志记载，北东园呈方形，面积约 1100 平方米，有南屋、东西两厢、花园和池塘，池畔有草堂，大门开于南屋东侧。这么大的面积，这么幽雅的环境，可见这位封疆大吏是安心在此地颐养天年了。老人曾经留诗："一丘一壑旧花园，陋巷重开驷马门。那有满籝余万卷，护持昕夕祝长恩。"[1] 此后，除去清明节回福州扫墓之外，梁章钜都住在浦城。笔者曾特意前往浦城寻访北东园，遗址犹在，即县城内花园弄 134 号。可惜早已面目皆非，当时的厢房只留下一间，其余已几经改造；且原先偌大的花园、池塘亦早已改做工厂。

道光二十六年（1846），梁章钜因沉疴日久，不耐浦城的寒冷与潮湿，适逢三子恭辰捐补温州府事，又江浙一带亲朋好友亦多，便离开浦城就养温州，此时已逾 70 高龄。

梁章钜与南浦书院

浦城久涵教泽，宋庆历中，创办县学；清乾隆年间，创办南浦书院；

---

[1] （清）梁章钜：《归田琐记》卷八，中华书局 1981 年版，第 158 页。

其后四乡先后创办富沙书院、正学书院、青藜书院、西山书院等。其中尤以南浦书院最著名。

南浦书院，在越王山（即仙楼山）之麓，清乾隆二十八年（1763）知县吴镛将越山道院划出一半创建。初建时，中为文昌楼，楼下正中为堂，供奉武帝，左右两间为斋舍，下为回厅，厅外偏右为读书长廊，前后分列书舍18间，为生童肄业之所。其外为仪门、大门。楼后转南为炼丹井，循石级北上有浣花塘，中有小石桥通月华亭，以上为讲堂，内奉宋理学十三子。堂右称时术斋，为院长起居处，斋右有唤鹤亭。先后于乾隆五十五年（1790）及嘉庆八年（1803）两次增修。当时，其规模为全省书院之冠。嘉庆年间南浦书院藏书130余部、1500多本，每年购书费为制钱40千文。书院经费由富绅捐赠，年经费计有田租约1479石，房屋32座，年收屋租超过500两，应该是比较充足的。此书院遗迹仍在，即今浦城县教师进修学校所在地。两百多年前的书院，格局依然清晰可辨，规模颇为壮观，仪门、山门、浣花塘、局部讲堂、炼丹井等的存在似乎在提醒后人昔日这里的繁荣；而当年梁章钜任院长时的起居处——时术斋，其旧址业已改建成教师宿舍楼了。

梁章钜与南浦书院的密切关系，据其《退庵自订年谱》记录：

丁卯，33岁，掌浦城南浦书院讲席。

戊辰，34岁，仍赴南浦讲席。秋，为本省抚部张兰渚先生师诚延入幕中。

乙巳，35岁，仍赴南浦讲席。

庚午，36岁，仍赴南浦讲席。

辛未，37岁，复入张抚部幕，与陈恭甫分纂《御制全史诗注》64卷……事毕仍赴南浦讲席。

壬申，38岁，仍赴南浦讲席。秋后回家开藤花吟馆。

癸酉，39岁，仍赴南浦书院讲席。是冬挈眷进京，在浦城祝东岩亲家昌泰有斐园中度岁。

据此，可确知梁章钜从嘉庆十二年33岁至嘉庆十八年39岁，即其一生最年富力强的时期，均在南浦书院度过。这期间他以实学与诸生相切磨，不仅使就读于该学院的学生们受益匪浅，而且对于浦城地方的学风也起到了极大的促进作用。训课之暇，堪称当时浦城第一学问家的梁章钜仍不忘做学问。他钩稽群籍，创着《南浦诗话》，统邑中历代诗人，荟萃而表章之，功力甚伟。他所身体力行的这种认真学习、勤奋著述的态度，无疑对当时书院的学生是极好的教育；也正因此，南浦书院更加声名远播。

梁章钜曾说："尝综吾闽数十州邑，书院之盛者，必以南浦，次鳌峰。"① 梁章钜既给了南浦书院如此高的评价，他人自可体会出其对该书院的独钟之情。时隔 30 年后，他还一往情深地回忆当年浦城读书风尚之炽热，并感慨今日读书风气之衰颓：

> 忆嘉庆十余年间，余掌南浦讲席，其时邑中士大夫尚讲究读书，院中肄业生，亦欣欣向荣，日以诗文相质证。虽所讲亦不过俗学，然所汲汲在此，则一切放辟邪侈之事，究竟无暇兼及之。今相隔三十年，此调不谈已久，无怪乎风俗之日偷，而可与言者之日鲜也。癸卯夏间，苏鳌石廷尉廷玉由苏州回闽过浦，余留在北东园中谈谐数日。廷尉寓居城外，早入晚归，尝语余曰："余日夕往返不下六七次，而从无一入耳之书声，何也？"余告以浦人近不务读书，同与浩叹。②

爱屋及乌，梁章钜对资助书院的举动亦十分赞赏，他认为对这种义举应广为宣传，使之永为流传，并进而使他人闻风而起，共同为书院的发展做贡献。为此，当他获悉早在他任书院山长前九年，即嘉庆三年，本邑豪富祝翁荣封曾大力捐充书院经费后，他便写了一篇《城西祝翁捐充书院经费碑记》，以弘扬此举。

---

① 见清光绪《续修浦城县志卷之三十六·记》之《城西祝翁捐充书院经费碑记》。
② （清）梁章钜：《归田琐记》卷六，中华书局 1981 年版，第 112 页。

梁章钜晚年定居浦城，时间段是道光二十二年至二十五年（1842—1845），在这三年的时间里，老人对南浦书院依然十分关心。当时邑侯（县令）郭少汾来找他，想聘请他的长子梁逢辰担任书院山长，而梁章钜认为自己挈家居住此地，因此儿子出任此山长不合适，那很可能会让别人误以为其子是凭借老子的声望而非己之学识而被聘任此职的，这将对书院造成不良影响，所以拒绝了，但还是很负责任地推荐了另一人选。

当然，时隔30多年，南浦书院已失去了昔日的辉煌，对此，梁章钜自然深感遗憾，他在《北东园日记诗》里写道：

好山深处一身藏，当日优优弟子行。转眼风流易消歇，更无人问旧书堂。（自注：余掌教南浦书院六年，极一时人文之盛，今名山如旧，而情事顿殊矣。）①

此诗及注可窥其惆怅心情之一斑。

梁章钜在浦城的著述

梁章钜虽然做了一辈子的官，但他在案牍之余，勤于著述，据其三子梁恭辰所说，他一生的著作共有70余种，有些是本人自撰的，有些是他人帮助撰写的，其中约有12种是在浦城撰写的。它们是：

辑于嘉庆十四年的《东南峤外诗文钞》若干卷，陈恭甫为之序；

辑于嘉庆十五年的《夏小正通释》4卷、《南浦诗话》8卷，皆祖舫斋为之序；

嘉庆十六年校补《仓颉篇》3卷、选辑《闽文典制钞》4卷；

道光十二年，辑《菉江诗话》4卷；

道光二十二年，辑《楹联续话》4卷、《巧对录》4卷，皆自为之序；

---

① （清）梁章钜：《归田琐记》卷八，中华书局1981年版，第160页。

道光二十三年，为恭辰典定《劝戒近录》6 卷，并为之序；

道光二十四年，成《退庵自订年谱》；辑《称谓拾遗》10 卷，自为之序；

道光二十三年至二十四年，撰《归田琐记》8 卷，许敦书序。

另有"武夷游记及诗"一组，祖舫斋、陈恭甫各为之序。

在如上著述中，尤以《归田琐记》和《南浦诗话》8 卷最为著名。

嘉庆十二年（1807），梁章钜任南浦书院主讲，教学之余，在本县秀才全征兰处见到全氏收辑的浦城县自唐代以来文事方面的史料。梁章钜本着"网罗旧闻，表扬前哲"的宗旨，再从浦城历代县志和其他史籍中采集有关浦城的资料，经过对照考证，撰成一集，定名为《南浦诗话》。该《诗话》全书共分 8 卷，前 7 卷收集介绍浦城自唐迄明历代共 95 名男女诗人的代表作及有关他们的"美闻轶事"；第 8 卷则收录了非浦城籍文士赞咏浦城的诗作和掌故轶闻。这本书虽取名诗话，梁氏自己也称"是编不专论诗，故零星缀拾细大不捐，亦间有美闻轶事弗忍弃置"，作者参照各类史料订正遗误，并写成按语附在每位作者条目之后，意在"以助一方之掌故"。所以梁章钜在此书编成后自认为"此邦掌故，八九在胸"，此非虚语。此书嘉庆十五年（1810）梓行，光绪三十一年（1905）再次刊行。

梁章钜编撰这部《南浦诗话》前后历时四五年，并邀请祖之望（时任刑部侍郎，告假在乡）、林则徐（时任翰林院庶吉士）以及本县的祝昌泰（与梁为儿女亲家）、全征兰等 8 人参加"鉴阅校补"，祖之望还为此书作了序。

另外，梁章钜还参与了浦城县历史上规模最为浩大的第五次修志，担任至关重要的协裁工作。这部历经两年，纂辑而成的书，志名《新修浦城县志》①。当时的闽浙总制汪志伊称此志"删旧志之讹谬，补其缺略。"

---

① 浦城历代修志自明成化至民国初年，共 7 次，其中以第 5 次修志规模最大。清嘉庆十四年，祖之望回乡侍养，与县知事黄恬往复相商，请梁章钜协裁、朱秉鉴总修。参加修志共有 78 人，捐资者 137 人，历经两年成书，共 30 门，40 卷，志名《新修浦城县志》，是现存县志 6 个版本中的善本。

张师诚持节闽中，见到此志称："网罗浩博，文实事核，具有史裁。"此志获如此高的评价，梁章钜功不可没！

梁章钜在浦城的亲朋好友

梁章钜在浦城日久，次子、三子、五子及长女、三女随居浦城，至今留有宗支；梁章钜豪饮，喜交游，朋友中比较有名的有祖之望、祝昌泰、朱秉鉴、詹捧之等人。

恩师并好友祖之望，浦城人，官至刑部尚书。梁章钜中进士时，受知于祖之望，由祖之望等人引见，以翰林院庶吉士用教习，故章钜尊称祖之望为恩师，二人关系甚好。因此，嘉庆十二年，在家养病的梁章钜应祖之望的邀请，前往浦城，并在祖的推荐之下，担任了南浦书院的山长。紧接着祖之望总裁编辑《浦城县志》、刊印杨亿等人的文集，章钜均参与，鼎力协助。而章钜每作文、出集子，也往往请祖之望为之作序。甚至章钜父母合葬的墓志铭，也是祖之望撰写的。梁章钜晚年时尚忆及祖之望的酒量："浦城近日风气，远不如昔，不但谈艺无人，即豪饮者亦少，文字饮更不待言。求如三十年前祖舫斋师之雅怀雅量，杳不可得。"①

梁章钜在《师友集》中有专文与诗记载二人之友情：

> 浦城祖舫斋师，讳之望，字载璜，由戊戌庶常改部属，官终刑部尚书，初以刑部侍郎乞假养亲，服甫阕，即起家为刑部尚书，未一年，以病去位，遽薨于今寓。时余方挈家入都补官，舟行迟滞，自春徂秋，尚未入国门。师逢人即询梁某究于何时可到？病中犹屡及之，盖欲相见之切如此，可感也！有《皆山草堂诗钞》。
>
> 许续长安话，难忘小路边（师里居地名）。论文怀老屋（余掌南浦书院讲席为师少时肄地，每数日必一至。）表德感新阡（师曾为先

---

① （清）梁章钜：《归田琐记》卷二，中华书局1981年版，第32页。

大夫志墓)。南浦销魂地，东山再起年。相望不相见，从此隔天人。①

知音并亲家祝昌泰，字躬瞻，号东岩，浦城富豪，著有《留香室诗钞》《留香室文钞》《留香墨林》《留香别集》等。梁章钜在浦城期间，与祝昌泰情趣相投：二人均好刻书，梁在《北东园日记诗》中有诗道：

> 长年梨枣似云屯，善与人同即福门。群笑两家真好事，留香室与北东园。(附注曰：余好刻书，而东岩亦同，近复辑刊善书十种，时恭儿方刻《劝戒近录》《续录》《三录》，余亦有杂著待刻。梨枣之烦，只此两家，浦人咸咄咄以为怪事也。)②

祝、梁二人均留心文献，一起搜集浦城先辈遗书共 14 种，祝捐资刊刻，并特建留香室收藏书版。两人还常结伴游山玩水、相招赏花，有此相同雅好，二人遂成莫逆之交，梁章钜常下榻于祝昌泰的息阴山房，梁向祝赠以真德秀共极堂砚台和真德秀手书真迹，祝为此在仙楼山下特建一室珍藏，并将此室命名为"二有堂"。且由祖之望作伐，梁章钜将长女梁兰省嫁给祝昌泰的长子祝普庆，梁兰省也因此成为浦城名媛。③嘉庆十八年冬，梁章钜挈眷离浦进京之际，适逢岁末，全家便在祝家的有斐园中度岁，住了一月有余。

梁章钜在《师友集》中有专文与诗记载二人之友情：

> 浦城祝东岩太守，名昌泰，字躬瞻，又字瑶琴，由国子生援例捐刑部郎中，奉天司行走，加捐知府，以捐修县城功奏准以知府尽先补用，谢病不出。君之长嗣为余之长婿，君之长女又余之次妇，交亲稠叠，情好弥笃。余掌讲席，君地主谊甚殷；余引疾归，侨寓浦

---

① (清) 梁章钜：《师友集》卷一，道光二十五年福州梁氏北东园刻本，第 13 页。
② (清) 梁章钜：《归田琐记》卷八，中华书局 1981 年版，第 163 页。
③ 见清光绪《续修浦城县志卷之二十八·名媛》。

中，又与君望衡对宇。杜少陵所谓"与子成二老，来往亦风流"者，庶几近之。君留心文献，尝汇刊《浦城先哲遗书》十二种，近又汇刊《格言书》十种，余皆获襄校字之劳。士大夫家居无由立功，以是为立德立言之助，其用心良足尚已。

衡宇欣邻比，家常许共知。风流便来往，门户费支持。故旧纷多感，年华老未衰。加餐齐努力，差免还相思。①

同事兼好友朱秉鉴，字清如，号鹿坪，浦城人，乾隆五十二年进士，在梁章钜之前任南浦书院主讲。编有《詹元善遗集》《柘浦诗钞》《柘浦文钞》等，著有《茹右堂文集》《回书文》等。嘉庆十四年，祖之望组织编写《浦城县志》时，请梁章钜协裁，朱秉鉴编修，设局于西山祠，历经两年，纂辑成书。这两年，梁、朱二人可谓朝夕相处，遂成忘年交。后朱秉鉴编《詹元善遗集》时，请梁为该书写篇后序，梁即日便写成《书詹元善遗集后》一文，可见二人友情深厚。

学生兼好友詹捧之，出身浦城望族，先祖詹体仁，字符善，宋进士，大理学家真德秀从其学。詹捧之本人为梁章钜的门生，二人师生关系甚密，当詹捧之将《詹元善遗集》补充整理，准备重新出版时，请梁章钜为之校勘，梁甚用心，为之前订后考，对该集子的完善作出了很大帮助。约30年后，梁章钜再寓浦城，并购地建宅，新宅落成，从詹捧之那里征得詹氏祖传的宋代大石盆②，且为此喜作一诗云：

数百年来一石盆，无端飞入北东园。从来寿事关文字，安得坡公雪浪痕。（自注：大方石盆亦购自詹氏者，三面雕镂颇工，而空其一面，兹为镌数字为铭，非敢拟定州雪浪盆也。铭云：此数百年物，曾藏福州

---

① （清）梁章钜：《师友集》卷五，道光二十五年福州梁氏北东园刻本，第 11 页。
② 此石盆呈长方形，口大底小。口长 132 厘米、宽 98 厘米，底长、宽各比口小 20 厘米，高 70 厘米，壁厚 8 厘米。花岗石质。外壁三面是浮雕图案：正面上方是腾龙藏云，下方是鲤鱼跃水；左侧为双鹭踏莲；右侧是对雀闹梅。

梁氏北东园中。他年当入浦城金石志也。道光乙巳年退庵老人书。）①

此盆今尚存于浦城县公安局宿舍院内。大石盆背面阴刻隶书 35 字，书法笔笔匀正，苍劲有力。文字内容为："此数百年物曾藏福州梁氏北东园中佗时当入浦城金石志也道光乙巳年退庵老人书。"②

藏友周凤雏，曾担任盐运使副官，好收藏，与梁章钜有共同的艺术爱好，可谓翰墨缘深。家藏名画"唐李昭道《海天旭日图》"，世所仅见，全仗梁章钜为之鉴定真迹，事见《归田琐记》卷三"小李将军画卷"文③。章钜在《师友集》中也有专文与诗记载二人之友情：

> 浦城周仪轩运副，讳凤雏，字景清，又字开宇，由诸生捐盐运使司运同。④君席素封之业，而好意不倦。尝独立陪邑东祝家闰地脉，又校刊真文忠公《大学衍义》，里鄁称之。以多蓄法书名画，乐就余赏析，故往来尤熟云。
>
> 熟见故人子（谓芑堂、甘亭两世讲），因之怀故人。素交凭负我（君有故交背地负心者，而君待之如故），凤愿总怜贫。东郭罔恋好，西山铅椠新。虹光犹满室，愧我接芳邻。⑤

其余好友尚多，如刘印潭、黄懋昭、季述堂等人，不再一一叙述。

---

① （清）梁章钜：《归田琐记》卷八，中华书局 1981 年版，第 167 页。
② 实物铭文个别字与《归田琐记》卷八，中华书局 1981 年版第 167 页有所区别，故上文实录。
③ （清）梁章钜：《归田琐记》卷三，中华书局 1981 年版，第 59 页。
④ 运同，清代官名，盐运使司或盐法道或辖盐务分司长官，掌督察各盐场，辅助盐运使或盐法道管理盐务，位仅次于运使。
⑤ （清）梁章钜：《师友集》卷五，道光二十五年福州梁氏北东园刻本，第 11 页。

附录二：《补萝山馆诗话》考订

　　学界普遍认为梁章钜第一部诗话是《长乐诗话》，然经笔者考订，应是编撰于乾隆五十九年至嘉庆四年之间的《补萝山馆诗话》。该诗话现已散佚，未见传本。

　　其最初之提名见于《南浦诗话》梁氏自撰之例言，余几未见诸家著录，更未见学界评述。郭绍虞的《清诗话续编》以及吴宏一《清代诗学初探》所附之《清代诗话知见录》均未见著录。蒋祖怡主编的《中国诗话辞典》、张葆全主编的《中国古代诗话词话辞典》亦均有遗珠之憾。唯蒋寅近作《清诗话考》，搜罗宏富，有所提及。该书上编"清诗话目录"第二部分"清诗话待访书目"中有列："《补萝山馆诗话》卷数不详。"① 该条目下注："梁章钜撰，梁章钜《南浦诗话》卷五、七引五则"（按：应为6则）；又该书下编"清诗话经眼目录"第三部分"嘉庆、道光卷"之《长乐诗话》条目有言："梁章钜撰……书中引及作者《补萝山馆诗话》及《鸿雪堂诗话》数则，二书今佚，藉此可窥一斑。"② 此外就是王军伟之《传统与近代之间——梁章钜学术与文学思想研究》一书也提到过该诗话，书中第四章论及梁氏《乾嘉全闽诗传》时写道："作者早年于《长乐诗话》《南浦诗话》中常称引自己的《补萝山馆诗话》。"③

---

① 蒋寅：《清诗话考》上编，中华书局 2004 年版，第 179 页第 1210 条。
② 蒋寅：《清诗话考》下编，中华书局 2004 年版，第 465—466 页第 214 条。
③ 王军伟：《传统与近代之间》，齐鲁书社 2004 年版，第 167 页。

惜蒋、王二位亦未对该诗话做进一步的研究探讨，有鉴于此，笔者拟在此对《补萝山馆诗话》予以考订。

一、第一部诗话

《长乐诗话》引书 73 种，计 172 则，其中引用《补萝山馆诗话》达 7 次之多；《南浦诗话》引书 148 种，计 289 则，中亦引用《补萝山馆诗话》达 6 次之多。《南浦诗话·例言》有如下一段话值得注意：

> 今专标举浦产，自唐迄明，约得九十余人。或以人而存诗，或以诗而存人，其他邦名人投赠往来之什，以次相附，并各注明所引之书。群书所逸者无可录，群书所略者不能详也。间注《补萝山馆诗话》者，以无书可据，聊借章钜比年所辑书名，附列各部之后。盖沿徐兴公《榕阴新检》注《竹窗杂录》，郑荔乡《全闽诗话》注《诗钞小传》之例。①

此段文字已明确说明《补萝山馆诗话》是梁章钜本人早年之作，在此，他是沿用了前人徐火勃（兴公）和郑坤（荔乡）的做法，以己著注己著。

但是，今人普遍认为《长乐诗话》是梁章钜诗话系列中的第一部，如蒋寅即认为："嘉庆十一年丙寅（1806）家居辑《长乐诗话》八卷（按：应为六卷，卷六后另附闺秀及方外二门），为梁氏所辑诗话中最早撰作者。"② 王军伟亦认为："《长乐诗话》六卷，这是章钜所辑的第一本诗话。"③

这一结论的依据主要是梁氏晚年自撰之《退庵居士自订年谱》及《已刻未刻书目》所述之相关内容。二文记载之梁氏诗话确以《长乐诗话》辑录时间为最早，但应留意无论是《退庵居士自订年谱》抑或《已刻未刻

---

① （清）梁章钜：《南浦诗话》例言，嘉庆十五年长乐梁氏刊本，第 1 页。
② 蒋寅：《清诗话考》下编，中华书局 2004 年版，第 465—466 页，第 214 条。
③ 王军伟：《传统与近代之间》，齐鲁书社 2004 年版，第 147 页。

书目），均未提及《补萝山馆诗话》。而据其《长乐诗话》引用《补萝山馆诗话》达 7 次之多之事实，应可认定《补萝山馆诗话》纂辑时间当在《长乐诗话》前，是梁氏诗话系列中的第一部。

二、创作时间

《长乐诗话》及《南浦诗话》屡次称引《补萝山馆诗话》，而《长乐诗话》辑成于嘉庆十一年（1806），《南浦诗话》辑成于嘉庆十五年（1810），那么，《补萝山馆诗话》究竟撰辑于何时呢？笔者认为其主体内容应编撰于乾隆五十九年（1794）至嘉庆四年（1799）章钜 20—25 岁之间，此后直至嘉庆十四年（1809）仍陆陆续续有所补充。

（一）主体编撰时间

据梁氏《归田琐记》卷六之"已刻未刻书目"所言：

> 余髫龄即慕著书之名，与泽卿兄同入家塾，每分检陶九成《说郛》中所录各小种，刺取他书补之。先大夫斥之曰："陶书本系节录，何烦汝补此，韩文公所谓无益费精神也。"先叔父太常公乃从旁解之曰："此正古人所谓有斐然述作之意者，听其所为，犹胜于他玩弄耳。"登乡荐后，复稍稍为之。先外舅郑苏年师又训之曰："古人著书，多在迟暮之岁，或出穷愁之余，今吾子似尚不宜急急于此。"余皆谨识之，不敢忘。即通籍，官京师，日与通儒硕士上下其议论，又京秩清暇，非书籍无以自娱。即外宦后，案牍余闲。别无声色之好，亦惟甄微阐幽，抱残守缺是务。①

可知梁章钜直至通籍后方才沉心于著述之乐。通过梁氏之自订年谱亦显示

---

① （清）梁章钜：《归田琐记》卷六，中华书局 1981 年版，第 118—119 页。

梁氏毕生著录虽多达数十种，但除却一部《东南峤外书画录》辑于通籍之前外，其他统统或辑或著于通籍之后，此点亦可印证上言。

然上文自述有一点值得推敲，即"登乡荐后，复稍稍为之"，此"之"究竟指代什么？"为"到什么程度？是否已然成书？为何没有下文？笔者推测此期章钜"稍稍为之"的应该就是这部被后人所忽视的《补萝山馆诗话》。

梁章钜登乡荐之年为乾隆五十九年（1794），时 20 岁。考其自订年谱："己未，二十五岁，会试荐而不售，房官为吴县吴少甫师树萱。同房曼云三兄遂成进士，入翰林。六月回家，仍在苏年师馆中课文。"可知郑苏年训诫他不必急于著述也应即此时。又据年谱："庚申（嘉庆五年，1800 年），二十六岁，大儿逢辰生。辑《东南峤外书画录》二十卷，自为序。"《东南峤外书画录》是梁氏所辑见于记录的第一部。由此可以推测，《补萝山馆诗话》之主体内容应当撰辑于乾隆五十九年至嘉庆四年，章钜20—25 岁之间。

（二）陆续有所补充

屡次称引《补萝山馆诗话》的《长乐诗话》虽辑成于嘉庆十一年（1806），然《补萝山馆诗话》其时却是一部未完之作，直至嘉庆十四年（1809）仍陆续有所补充。

《南浦诗话》卷七"方外·依觐"条引自《补萝山馆诗话》：

> 吾闽少诗僧，余撰《东南峤外诗钞》，① 末附方外自唐迄宋才得三十余家，而浦城无一人焉。尝读杨文公《武夷新集》，有《送觐道人归故山诗序》，（序云："浮屠依觐师，建安吴兴人。"）窃意文公深于禅理，必是彼教之翘楚者，惜序中诗中并未言其能诗，抑或有诗

---

① 《东南峤外诗钞》是一个较大的概念，包括唐诗钞、宋诗钞、明诗钞等，撰辑时间亦非一时，此处仅指撰写于嘉庆十四年的唐宋诗钞若干卷，此点笔者拟另文专论。

而不传于后，然终赖文公咏歌之好，（序云："嗟叹之余，复咏歌以为好。"）遂得留名集中，亦不可谓非幸矣。①

据此，《补萝山馆诗话》应有内容撰写于《东南峤外诗钞》之后。

又据其《年谱》："乙巳，三十五岁，仍赴南浦讲席，辑《东南峤外诗文钞》若干卷，陈恭甫为之序。"乙巳，即嘉庆十四年（1809），故可推测直至该年梁氏仍对《补萝山馆诗话》有所补充。

三、佚失原因

（一）历久而终未完成

为何此书终未付梓问世（即便到了梁章钜贵为封疆大吏之后）？为何在梁章钜自订年谱中未提到此书？为何《已刻未刻书目》这份梁氏自己提供的70岁以前或撰或辑之41种书中亦未提及此书？为何林则徐为梁氏撰写的墓志铭所列的68部著述中同样未列此书呢？首先，无论是梁氏自己提供的书目，还是林则徐为梁氏所开列的作品清单，都有遗漏，这是不争的事实，但这还不是根本原因。笔者认为，根本原因应该是《补萝山馆诗话》是一部历久而又终未完成之作。前文已言"比年所辑"，说明这部诗话非短期完成之作，而是延续了相当长的一段时期（大约5年左右），结果遭到他的老师兼岳父郑苏年的严厉训诫，不得已而辍之。

从梁章钜年谱中可窥见梁氏是写作快手，除却《文选旁证》《东南峤外诗文钞》等几部大部头外，其余诸作皆短时间内完成，尤其是诗话，如《长乐诗话》《南浦诗话》《闽川闺秀诗话》《雁荡诗话》等，皆年内完成。那为何一部《补萝山馆诗话》却写了数年？原因有三：其一，此间他的主要精力应是放在科举上，没有多少时间供其"挥霍"。据其自订年谱：乾隆乙卯，21岁，会试荐而不售，留京过夏，考取景山官学教习；嘉庆丙

---

① （清）梁章钜：《南浦诗话》卷七，嘉庆十五年长乐梁氏刊本，第36页。

辰，22岁，会试荐而不售，岁杪郑夫人来归；丁巳，23岁，授徒西门街刘宅；戊午，24岁，授徒南营姜宅，是冬，遵父命上公车；己未，25岁，会试荐而不售，六月回家，仍在苏年师馆中课文。这5年当中，章钜三上公车而不果，其压力可想而知，再加上家境并不富裕，养家尚且不易，何暇顾及著书？所以也只能见缝插针"稍稍为之"罢了。

其二，此为梁氏之处女作，当其时，无论是学识学力，还是写作技巧，都尚属幼稚时期，正如其所言，只能分检别书之内容，又刺取他书补之，所以辑录速度亦慢。关于这一点，可以从散见于《长乐诗话》以及《南浦诗话》之语段中看出。

其三，该诗话内容较驳杂，搜集困难，耗时亦多。内容驳杂指其非一时一地之诗话，就今天我们所能找到的内容来看，有宋诗人诗作，有明诗人诗作；有长乐诗人诗作，有浦城诗人诗作等等，不一而足。搜集之不易，自然也拖延了该部诗话的纂辑时间。

（二）未能充分体现梁氏诗学思想

论者或言，梁章钜通籍后为何不将此一部处女作续完？笔者认为个中原因是梁章钜此时学识尚浅，诗学思想尚未形成，所撰之作正如其所言只能"刺取他书补之"，并无多少新意（此一点可从附录之《〈补萝山馆诗话〉辑评》中窥知一斑），而当他有时间也有精力来完成这部诗话时，他的诗学思想又正在逐步形成，既然该部诗话未能充分体现其诗学思想，所以自然被他放弃了。于此，又牵涉到梁氏诗学思想的发展过程，而这一过程又隐含在其一系列诗话之中。

梁氏诗话及具诗话性质之作大致可分为前期之《补萝山馆诗话》《长乐诗话》《南浦诗话》等3部，中期之《东南峤外诗话》《三管诗话》2部及《退庵随笔·学诗》卷，晚期之《试律丛话》《闽川诗话》《读渔洋诗随笔》《乾嘉全闽诗传》《闽川闺秀诗话》《雁荡诗话》《读随园诗话随笔》等7部及《浪迹丛谈·诗话》卷。比较梁章钜前、中、后三个时期的诗话，显见其诗学思想日渐成熟之过程。前期诗话中，《长乐诗话》共录有关长乐一县自晋至清 62 位诗人的诗歌创作活动,或因人存诗,或因诗存人,体现了长乐一县诗学的历史发展,是为长乐地方之重要文献。但该集中梁氏本人的按语不多,仅 13 条,且大体是考订诗人籍贯或补录诗人佚诗,诗话全编主要是做一些辑录性工作,以收集资料为主,多本自方志,旁及笔记、总集等,全书总计引书 73 种,摘录 172 段文字内容,自抒见解不占主导地位,说明此时梁氏之诗学思想尚处于萌芽阶段。

时隔四年后所撰辑之《南浦诗话》8 卷,前 7 卷收集浦城自唐迄明历代共 95 名(按:该书目录录 94 人,卷七"翁白"前遗漏"张爵"1 人)男女诗人的代表诗作及相关之"美闻轶事",第 8 卷则收录了非浦城籍文士赞咏浦城的诗作和掌故轶闻。全书非但采撷较《长乐诗话》丰富得多,总计引书 148 种,摘录 289 段文字内容,数量上较前者几乎翻了一番,且开始关注到家族诗歌创作的兴替(此为梁氏诗话系列之一大特色),同时全编中章钜本人的按语亦大大增加,达到 44 条,这些按语中有相当部分涉及诗论,已能显现梁氏诗学思想之端倪。如卷七"翁白"目有此一条按语:"梅庄律体情景兼至,有切响而无浮声……气格在宋元之间,以之嗣响皋羽、山民,无愧色也。"① 显然体现了梁氏论诗重雅轻俗、反对模拟、爱好"伉爽之音"等思想。

中期梁章钜的诗学思想日臻成熟完善,始有明确的诗学理论,最典型地体现在他 60 岁所著之《退庵随笔》(后在广西任上有所扩充)卷二十、二十一"学诗"中,内言:

> 诗话莫盛于宋,今《四库》所录自《六一诗话》以下二十余家,求其实,系教人作诗之言,则不可多得。国朝吴景旭撰《历代诗话》至八十卷,嗜奇爱博,而尚非度人金针。余尝欲就宋人各种中精择其可为诗学阶梯者,盖以明人及我朝名流所著都为一编,庶几为有

---

① (清)梁章钜:《南浦诗话》卷七,嘉庆十五年长乐梁氏刊本,第 25—27 页。

益之书，未知此愿何日酬耳。①

说明梁氏此期所撰诗话有着很强的诗学思想主导意识。因此，在梁氏诸种诗话中，亦以中期之作《东南峤外诗话》（约作于梁氏五十八九岁）价值最高，已明确体现其论诗重雅轻俗、反对刻意模仿等新见。

后期，梁氏之诗学思想业已成熟，故此期诗话量多质优。《浪迹丛谈·诗话》富含理论水平，极具学术价值；《闽川诗话》仅就今日所见之残本，亦可窥其点评诗歌之精当，言事用词之亲切有味；《闽川闺秀诗话》着眼于妇女文学，开闽省女性诗学研究之先河；《试律丛话》搜集古今试帖诗之名诗名句相当齐全，且多注重对诗歌的艺术形式及其规律的探讨与批判，有较高的鉴赏价值；《雁荡诗话》月余成书，虽属仓促之作，然亦显见其学识之渊，闻见之博。

综上所述，可以得出结论：正是因为《补萝山馆诗话》这部最初之作不能体现梁氏的诗学思想及写作技巧，所以当梁氏在学术道路上越走越远，越作越有名气之时，他便舍弃了自己这部早期尚未完成之作，仅在其他诗话中将该诗话部分有价值的内容转引到新作之中，并适当地加以充实。

关于该书在它作中之转引与充实，笔者拟从《东南峤外诗话》与《长乐诗话》局部重复内容的比较来论证。《东南峤外诗话》中有三条分别涉及的三位人物与《长乐诗话》重复，而后者所论又是转引自《补萝山馆诗话》，故《东南峤外诗话》与《长乐诗话》局部重复内容之差异亦即《东南峤外诗话》与《补萝山馆诗话》之差异。其一是梁行悫，其二是梁汝春，其三是梁天佑。考同为“梁行悫”目，两部诗话之差异，对梁行悫生平之介绍、诗作之搜集、章钜本人对他诗作的评论等均大同小异，但《东南峤外诗话》中，增加了章钜的一条按语：

① （清）梁章钜：《退庵随笔》卷二十一（《续修四库全书》第1197册），上海古籍出版社、北京线装书局2001年版，第1989页。

灵峰山中有十二奇，中为灵峰寺，其麓即云龛山，旁有半月池。相传公于此疏泉架石，为曲水流觞，其旧迹犹存。公诗所云："水流心共远，杯到意俱停"者是也。此《雅集诗遗稿》所无，谨从陈伯骥所辑《灵峰志》中录出，知先世手泽，所佚者尚多矣。①

再考同为"梁汝春"目，《东南峤外诗话》中的内容亦较《补萝山馆诗话》更丰富，补充了一段：

《同云耕登灵峰》云："为爱灵峰第一山，偷闲携手到林间。泉声百道悬天宇，树色千重透石关。人意总输青嶂静，洞门长锁白云闲。此身出处原无着，漫向堂前觅懒残。"当补入《灵峰志》。又有句云："尊前感旧知心少，枕上裁诗得韵难。"语亦真至。②

复考"梁天佑"目，《东南峤外诗话》对其生平及诗作之介绍亦丰于《补萝山馆诗话》，而且更为珍贵的是在《东南峤外诗话》中章钜还补充了《龙卧寺步叶进卿先生韵》诗的收集经历：

此诗为遗稿中所无，余游福清龙卧寺，从寺僧钞得之，盖犹是龙田公手迹，以与他人作合装成轴，寺僧不肯割赠，因亟录副以归。叶进卿即台山相国，当时盖同游也。③

从上所举之例可推断，梁章钜中、后期的诗话中应该还有一些条目内容与早期《补萝山馆诗话》重复，但都对这些条目进行了一定的补充，并适当增加了一些评语，述己意之比重增多，因此《补萝山馆诗话》便逐渐被梁章钜遗弃了。

---

① （清）梁章钜：《东南峤外诗话》卷二，国家图书馆藏清抄本，第 11 页。
② （清）梁章钜：《东南峤外诗话》卷三，国家图书馆藏清抄本，第 12 页。
③ （清）梁章钜：《东南峤外诗话》卷九，国家图书馆藏清抄本，第 9 页。

（三）缺乏显著区域特征

梁章钜是较早关注区域文学的一位学者，从他见于记录的第一部辑录之作《东南峤外书画录》开始，他的诸多撰辑之作就或多或少地打上了"区域文学"的烙印，尤其是他的诗话，更具有鲜明的区域特征。梁氏诗话多达 14 种，值得注意的是，其中直接以《诗话》命名的 8 种，除《补萝山馆诗话》外，不论是有关福建省的诗话，抑或是福建省以外的诗话，都属于区域诗话的范畴，不仅从内容来看，就是从诗话之名称来看，区域特征均十分显著。如《长乐诗话》为福建长乐一县之诗话；《南浦诗话》为福建浦城一县之诗话；《东南峤外诗话》为福建一省明代之诗话；《三管诗话》为广西一省之诗话；《闽川诗话》为福建一省之诗话（主要是乾嘉诗人）；《闽川闺秀诗话》为福建一省女诗人之诗话；《雁荡诗话》则专为雁荡一山而创设。而《补萝山馆诗话》却非限于一地，仅就今天能看到的内容而言，即已分属闽省之长乐与浦城，不同于章钜日后他作区域特征那样集中，故当《长乐诗话》和《南浦诗话》先后问世后，《补萝山馆诗话》的区域特色亦不复存在了。

四、书名考

梁章钜《退庵诗存》卷五《送林少穆庶常（则徐）携眷入都》诗四首之第四：

> 我亦春明侣，沉思一刹那。沧江惊岁晚，青眼望酣歌。何日还香案，频年送玉珂。故人如问讯，补屋正牵萝。①

"补屋正牵萝"，这应该就是《补萝山馆诗话》书名之出处，笔者认为章钜用此为书名是表明自己安于简陋之环境而勤于著述之意。

————————

① （清）梁章钜：《退庵诗存》卷五，道光十七年桂林刻本，第 16 页。

　　据来新夏之《林则徐年谱新编》可知,林则徐于嘉庆十六年(1811)九月初九日重阳节后,请假南还,返乡省亲;嘉庆十七年(1812)正月至十月,林则徐在福州家居,秋,梁章钜回乡,在夹道坊南建(即为藤花吟馆所在地)集里中诸名流觞咏其中,林则徐曾参与其活动,甚感欣悦;十月二十五日,林则徐携眷由福州洪山桥登舟北上,梁章钜赋诗4首,寄予厚望……① 这里提到的章钜所赋的4首诗即为上文所指之《送林少穆庶常携眷入都》诗4首。

　　据此,则这4首诗作于嘉庆十七年(1812)十月下旬,梁氏时年38岁。

　　故此又产生一矛盾,即"补屋正牵萝"之诗句写于嘉庆十七年,而《补萝山馆诗话》则撰辑于嘉庆十五年之前,时间相去甚远,怎么理解这个问题呢?笔者认为虽然"补屋正牵萝"之诗句确切出现在写作时间晚于《补萝山馆诗话》编撰时间多年后之《送林少穆庶常携眷入都》诗中,但这并不是说梁章钜"补屋牵萝"的思想是此番送则徐进京时方才有之。相反,可以肯定地说终身勤于著述的梁章钜,在其早年即有此思想,而且这种思想是始终贯穿梁氏一生的,自髫龄至古稀,即使到他成为封疆大吏之时,梁章钜也还是乐以文人自诩,如他曾自言:"某平生精力,半耗于仕宦,亦半耗于诗。"②

　　据上,可以推测《补萝山馆诗话》的命名缘由。

---

① 来新夏:《林则徐年谱新编》,上海人民出版社1981年版,第66—68页。
② (清)梁章钜:《归田琐记》卷六,中华书局1981年版,第118页。

附录三：《补萝山馆诗话》辑评

　　梁章钜早年之《补萝山馆诗话》已散佚，未见传本，仅于《长乐诗话》及《南浦诗话》中有所称引。《补萝山馆诗话》今虽仅见寥寥 13 组文字，内容亦仅涉及 13 位闽籍诗人，然已能初步显示梁章钜诗学思想之端倪。现予以辑佚并简评。

　　梁氏所纂诗话，多为学界所熟悉，然梁氏尚有一部早年诗话已散佚，未见传本，仅于其《长乐诗话》及《南浦诗话》中有所称引，此即《补萝山馆诗话》。现将《补萝山馆诗话》散见于他书之内容辑佚如下。

　　《长乐诗话》中共有 7 组文字内容引自《补萝山馆诗话》，分别论及林敏、梁行惠、梁仕荣、梁如春、梁天佑、先五代祖雪园公、先曾祖砥峰公等 7 人。

　　吾邑林敏，字尚孟，自号瓢所道人。永乐中布衣，林子羽之高弟也。诗不多见，唯从《闽都记》，及《晋安风雅》，《列朝诗选》中，录得数首。古体规仿六代，近体亦纤丽动人。如《梦秋》云："狐狸泣夜月，檐隙分斜光。阴风飒然来，万籁秋茫茫。寒声吊落叶，远思悲雁行。寂历梦中语，心魂乱飞扬。云根秋水静，石上秋草长。逡巡破荫翳，白景升扶桑。"

　　《晦日稍次山谷》云："清溪殊险豁，石籁何淙淙。寻源竟莫测，又复登几重。行处众壑静，望中天影空。于焉倏含景，水木相玲珑。

湿翠翳巾舄，片云起西峰。忽忽洞深杳，大圆变溟蒙。飞湍逗日月，急雨随蛟龙。洗心投白鸟，息见期青松。愿因紫霞秘，永携鸾鹤纵。"

《留别壶公山人》云："夙昔负灵异，斋沐营丹砂。经年竟无成，乃知仙路赊。为文何足道，说剑徒矜夸。神情若飘风，浮海思乘槎。涵江入云水，天影明兼葭。穷源杳莫测，石濑仍几家。月从壶山出，照见菖蒲花。龙吟波上烟，鸟散空中霞。摇曳鸣吾琴，蕙心豁天葩。夫子乃知音，延之饭胡麻。尘踪未洗髓，烂漫游天涯。永怀灵境迥，矫首长吁嗟。"

《江山送郑山人》云："祖帐送离人，劳歌暮烟里。暝来江上宿，残日照寒水。清尊醉落花，孤棹依短苇。雨翳灯影微，风兼笛声起。后夜有相思，缄书寄双鲤。"

《晚次流沙河》云："湖口寒山苍，洲前芳草歇。扁舟谐远寻，旷然白云阙。北风芦苇鸣，白日波上没。其时鸿雁来，摊棹蛟龙窟。遂歌沧浪清，而乃濯玄发。风气逗天影，萝雨泽人骨。石上弹玉琴，清响字林樾。到家兴未已，梦绕松间月。"

《春日过高逸人别墅》云："此地有别墅，投闲寻隐沦。酌君樽中醪，笑我衣上尘。石竹拂瑶席，野荷青角巾。双松驻白日，一水流青春。盘古忆李愿，鉴湖怀季真。古有逸民传，非君谁与论。"

《登宿云台》云："香刹辞世氛，况同野人会。寒岩结暝阴，古殿藏深翠。目眙远峰半，兴落飞鸟外。日暮惜解携，相看嗒然噎。"

《双溪兰若宴集》云："散帙栖鸟时，幽寻憩精舍。天吟风满巾，露饮月侵夜。烟竹澄远心，云萝翳长夏。回看众壑阴，杳霭钟声罢。"

《寄山中人王锡》云："野服逢山客，探玄辅嗣甥。苏门风外啸，盘古醉中行。候馆迷征雁，春城过晓莺。伫看花落尽，思尔豁吟情。"

《宫词》云："玉沟澄晓色，金屋闭秋尘。鸳被辞君宠，蛾眉妒妾身。披庭霜叶赤，永巷露苔新。欲写心中恨，含情只自擎。"

《期宗人林大游华藏寺》云："巾舃行歌接梵筵，偶来松下草芊芊。也知只在秋云里，潭水溪花到处禅。"

《江南意二首》云："霜侵红粉镜台斑，眉黛含愁蹙远山。长在深闺那识路，夜来梦绕穆陵关。湘裙剪就茜罗新，愁里风光病里身。强整钗笄随女伴，隔帘教唤卖花人。"似此雅载，不减林膳部、高典籍，而言十子者不之及。邑志中亦不采其诗，朱竹垞云："近来论诗多序爵。"岂此风自前明已然欤？

——《长乐诗话》卷四"林敏"条

余族祖觳庵公，讳行惠，字克着，前明成化辛卯举人，壬辰会试副榜员。初任四川眉州学正，次任浙江处州教授，曾三典文铨，选吉水知县，辞不就职。内升国子博士，旋即引年归，隐江田。生平豁达好施，纵情诗酒。余家旧藏手录遗稿一卷，不事雕镂，自然深稳。五言如"溪随山势急，路逐野桥横""酒杯酬令节，诗课记年华""野色晴生采，岩阴昼转寒""荇带交岚影，苔衣抱石根""茶烟虽冷落，花雨尚（蓝参）"。七言如"健步风生高士屐，泥眠云护老僧窝""欲语山花迎客笑，倦飞林鸟共僧闲""竹屋有窗风自启，草庭无树月相当""晓瀑影抛千尺雪，夜深涛撼万株松""断桥野色划晴翠，闵树云阴生昼寒""林花欲语鸟声碎，野鹿不惊人意闲""奚童解事百壶足，老衲作礼双袖宽""早慕李邕求职面，晚逢东野原低头"。天籁清机，绝无七子浮响，已谨择其尤者编入家集中，近阅陈伯驺所辑《灵峰寺志》，载觳庵公《同刘则和刑部灵峰雅集七律一首》云："路绕烟萝历数峰，迎眸琼岛海门东。闲身也学杖藜瘦，浊酒翻同诗兴浓。尘外风高看放鹤，洞中云起问眠龙。山禽似识忘机乐，相与谈谐一笑空。"此诗遗稿中所无，知所佚者尚多。

——《长乐诗话》卷四"梁行惠"条

族祖主山公，为觳庵公第三子，讳仕荣，字永仁，老于塾师，不求闻达。遗句如："乡思陡随砧韵急，诗怀远寄雁声孤。习懒漫言饶野意，浅吟也学耸山肩。"可以想其风调矣。

——《长乐诗话》卷五"梁仕荣"条

主山公子为竹松公，讳汝春，字世阳，恪守青毡，郁为耆儒硕德，里中至比之王彦方。诗工古体，有戛戛独造之致。如《秋夜即景二首》："平沙直到海，夜月无留影。雁阵向南来，历历辨秋景。潮平见渔火，一叶忽归艇。始闻欸乃声，空斋鸟梦醒。""星河欲曙天，远刹晨钟动。无睡得静观，沉沉万家梦。声闻偶一触，啅鹊作幽（弄）。披衣方下楼，红光浮（倾）洞。"又《客夜口占》句云："竹递风声当户觉，梅分月影隔窗寒。"意境深微，尤得中晚佳处。

——《长乐诗话》卷五"梁如春"条

世阳公子为龙田公，讳天佑，字以德。濡染庭训，亦以诗名，曾游福清龙卧寺，步叶文忠相国韵云："龙卧庵中别有天，寻芳到此亦清缘。空山云与客争路，古寺鸟随僧话禅。隔代题名滋碧藓，破空怪石耸青莲。老来拟此营精舍，愧乏前人布地钱。"三四句尤为文忠公所赏。

——《长乐诗话》卷五"梁天佑"条

尝读陈伯骅《灵峰寺志》，自载雪夜同雪园公上灵峰纪事一篇，奇情鬱起，至今桑梓传为美谈。其略云："丙申春正月望，雪平地高数尺故老诧为闽中百年仅见也。初杂雨，暮乃甚。观者唯恐其尽，余始登阜林坡，见万井楼台，晶莹荡漾，炊烟破之，青白不定。下坡由沙堤出北极门，则沙光雪光，浩浩千里。傍惟老松数株，突兀撑柱。而堤上之雪，懒不欲飞。遥望董峰，鹿屏诸山，茫如也，大叫而归。十六日雪愈大，路高于堂，绝人迹，闭户以酒为事。酒际，忽发想曰：此时有扣吾门者，奇士耳。寒光逼人，指爪欲坠。借酒政严明，稍杀其威。而园外剥啄声甚厉，开户视之，则吾孝廉也。孝廉醉矣，雪且变吾孝廉须眉，不觉鼓掌大笑。孝廉曰吾欲与公过梁园，邀至铉乘夜上灵峰。当此数百年不数见之雪，吾数人夜半登雪山上行，为数不见之人。余浮大白壮之，遂行。时暮不辨色，至梁园，衡门兀然，雪封之。而忘其颓，大呼至铉，至铉惊焉曰，尔两人仙耶，何驭虚至耶？遂趣之上灵峰，云天山海，同一混苍。人游其中，不知所止。但觉有泉不能声，有树不能色，有天不能高，有海不能阔，有禽虫蛇鬼不能啸，有三四寒僧向火不能语。而余三人已沉醉，作猿号狮跳，惊动空山，想空山有神仙，待吾左右，亦必惮吾锋也。身心即高，听观亦远。彻明下灵峰，唯见桑麻庐舍，如天地初造然。自十五至十七，凡三日，余三人皆颠倒于雪。雪晴，乃援笔记之云云。今雪园草中，有雪夜同友人登雪峰七律一首，当即此时所作，诗云：'行行深雪里，钟定达岩前。在地难为夜，连山何处天。寒威敌醉态，诗胆破顽禅。此会谁能再，因君镇不眠。'声色俱壮，应与伯骘记事并勒层崖，而灵峰寺志载文而不及诗，何也？"

雪园公以清才隽望，照耀湖山。所与持裳联襟，率多胜国名流，词坛老辈。其投赠往来之什，具在集中。如赠林茂之古度前辈云："廿载吴门隐，兹逢亦异哉。风尘迟我识，怀抱得公开。十德钦贤裔，三长见史才。沧桑时话及，乘老尚兴衰。"

《送许不弃遇之河阳》云："木落平原菊带霜，羡君诗卷满奚囊。不堪明日相思处，马首秋声冷夕阳。"

《同许天玉玐钓龙台分韵》云："大荒秋尽海门高，台殿萧森万木号。沙雁带霜如出塞，江豚吹日欲成涛。故国松菊迟归锸，晚岸樽垒傍钓船。渔父忽歌双桨急，相思从此梦魂劳。"

他如袁参岚奂，孙君实学稼，陈蓼岩希友，昌箕肇曾，克器子钦，赓和愈多，且各有评骘，丹黄错出，密缀行间，而抒哀三首，林茂之评曰："悲壮之气，可以问天，可以警世，诗中之史，何必少陵。"知其相契有深焉者也。

——《长乐诗话》卷六"方外·先五代祖雪园公"条

先曾祖砥峰公，以名诸生教授乡里。不以著述为事，于诗尤不多作。而《福建续志》载有《钓龙台怀古一首》云："传来闽峤介蛮氛，谁辟江山胜迹分。芳草尚深停辇处，丰碑犹载表年文。龙归潭外余空垒，燕绕台前有断云。今古废兴无限事，升平闲话旧时勋。"今家集中失载此首，手泽之遗佚多矣。

——《长乐诗话》卷六"方外·先曾祖砥峰公"条

《南浦诗话》共有六组文字内容引自《补萝山馆诗话》，分别论及真德秀、叶显仁、张爵、孙若孟、孙兰如、依觐等六人。

真西山有《咏红梅词寄蝶恋花》云："两岸月桥花半吐，红透肌香，暗把游人误。尽道武陵溪上路，不知迷入江南去。先自冰霜真态度，何事杖头，点点胭脂污。莫是东君嫌淡素，问花花又娇无语。"见《历代诗余》，缘情绮靡，不减宋广平《赋梅花》矣。

——《南浦诗话》卷五"真德秀"条

《杨仲宏集》有《送叶显仁任衢州》，录云："吾乡文雅旧彬彬，再遇时清喜有人。凤诏已闻綦众选，熊蹯无愧用贤宾。横经辨论超周列，奉檄光华及老亲。姑（蔑）到家三百里，告归晨省莫辞频。"按：衢州西安县本春秋姑（蔑）之地，去浦城正三百里，是显仁为浦城人无疑也。

——《南浦诗话》卷七"叶显仁"条

张爵，字允修，浦城人，嘉靖甲午举人，官台州同知。有《题宋徽宗画鹰一绝》云："御墨淋漓遍海隅，中原一败叹邱墟。争如画却南来雁，异日能传五国书。"谈言微中，不失风人宗旨。

——《南浦诗话》卷七"张爵"[3]条

浦城闺秀孙若孟，孝廉振豪女，适明经毛廷枚。孝廉教以唐诗，因解吟咏。《送春》云："年年只见百花开，不解花开送几回。悟得风光多冷落，临行先定早梅来。"《咏莲花》云："十里鉴湖莲，亭亭娇欲语。许多采莲舟，都在花深处。"《风行》云："莫道风摇竹，须知竹养风。总因怜少女，摆弄小窗中。"《落花》云："朱门镇日闭春风，门外飞花片片红。恰笑封姨忙不了，惜花闲煞小窗中。"《怀其燃亡儿》云："玉树真怜不耐霜，明珠抛却恨偏长。从今触目皆愁绪，谁把春萱种北堂。"皆能抒写性灵，不害其为浅弱也。

———《南浦诗话》卷七"孙若孟"条

孙兰如，景韩女，未嫁，早卒。十岁赋《送春诗》云："可怜上苑枝，枝老花相辞。东风留不住，急咏送春诗。"名花无果，情见乎辞矣。

———《南浦诗话》卷七"孙兰如"条

吾闽少诗僧，余撰《东南峤外诗钞》末附方外自唐迄宋才得三十余家，而浦城无一人焉。尝读杨文公《武夷新集》，有《送觐道人归故山诗序》，（序云："浮屠依觐师，建安吴兴人。"）窃意文公深于禅理，而推许道人甚至，必是彼教之翘楚者，惜序中诗中并未言其能诗，抑或有诗而不传于后，然终赖文公咏歌之好，（序云："嗟叹之余，复咏歌以为好。"）遂得留名集中，亦不可谓非幸矣。

———《南浦诗话》卷七"方外·依觐"条

上文集佚虽仅寥寥 13 组文字内容，亦仅分别涉及 13 位闽籍诗人，然已能初步显示梁茞林诗学思想之端倪。茞林论诗，重雅轻俗，反对刻意模拟，推崇情辞兼至，爱好伉爽之音；更难能可贵的是他一贯提倡以公正为标准，不为时风众势所左右。

如："林敏"条，于搜录该诗人散见于各处之诗作（达 12 首之多）外，尚有茞林之评语（下文简称评语）：

古体规仿六代，近体亦纤丽动人……似此雅裁，不减林膳部、高典籍，而言十子者不之及。邑志中亦不采其诗，朱竹垞云："近来论诗多序爵。"岂此风自前明已然欤？

此评语不仅反映了梁章钜在诗歌鉴赏方面的审美意趣——重雅轻俗，推崇情辞兼至；而且更为重要的是第一次旗帜鲜明地亮出了梁章钜日后诗歌批评的一贯主张——应以艺术成就显优劣，不可以官爵名位定高低。① 这一主张，在梁氏后来的诸多诗话中时时闪现，如《南浦诗话》卷八批评魏宪所辑之《本朝百家诗》：

> 入选者多显官，而列己于末，而朱竹垞检讨不与焉。检讨尝有诗云："近来论诗多序爵，不及归田七品官。"盖指此也。②

又如《三管英灵集》卷上尖锐批评张鹏举《峤西诗钞》的选诗标准：

> 张通政《峤西诗钞》托始于蒋文定公（按：即明嘉靖初宰相蒋冕），即未免有名位之见。而梅轩尚书（按：即蒋冕之兄昇）诗又列文定之后，尊弟而抑兄，岂真所谓近人论诗多序爵耶？③

《补萝馆诗话》为苣林青年时期所作（辑于 20—25 岁之间），《南浦诗话》为其中年时期所作（辑于 36 岁），而《三管英灵集》则是其晚年之作（辑于 62—67 岁之间）。由此轨迹，可见苣林反复引用朱彝尊之言以助己之诗论，其核心是提倡诗歌批评应以公正为标准，这一观点颇为后人所称道。

"梁行恧"条之评语："不事雕镂，自然深稳……天籁清机，绝无七子浮响。"

"梁仕荣"条之评语："可以想其风调矣。"

"梁如春"条之评语："诗工古休，有夐夐独造之致……意境深微，尤得中晚佳处。"

"真德秀"条之评语："缘情绮靡，不减宋广平《赋梅花》矣。"

此四条均体现了苣林论诗强调意境自然，风格清新，反对刻意模拟，推崇情辞兼至的思想。

---

① （清）梁章钜：《归田琐记》前言，中华书局 1981 年版，第 13 页。
② （清）梁章钜：《楹联丛话》卷八，道光二十年桂林初刻本，第 15—16 页。
③ （清）梁章钜：《归田琐记》前言，中华书局 1981 年版，第 13 页。

"先五代祖雪园公"条之评语:"声色俱壮,应与伯驹记事并勒层崖,而灵峰寺志载文而不及诗,何也……知其相契有深焉者也。"体现了苣林论诗爱好"伉爽之音"的特点。

"张爵"条之评语:"谈言微中,不失风人宗旨。体现了苣林论诗重雅轻俗的思想。"

"孙若孟"条之评语:"皆能抒写性灵,不害其为浅弱也。"

"孙兰如"条之评语:"名花无果,情见乎辞矣。"

此二条则体现了梁氏对随园性灵论的认同。

以上虽仅见数条,且诗评亦较单薄,然虑及此为梁章钜所纂的第一部诗话,是其青年时期所作,其难能可贵之处亦见矣!

附录四：梁章钜《吴航诗话》考证

清代学者梁章钜诗话之多，嘉道间无出其右。梁氏诗话，蒋寅先生认为尚有一部《吴航诗话》亡佚，经笔者考订，《吴航诗话》并非亡佚之作，而应即梁氏的另一部诗话——《长乐诗话》。

一、梁章钜诗话诸作研究现状

一代有一代之所盛，文学批评可谓清代之盛，而诗论又是清代文学批评的重中之重。清人的诗话，涵盖范围相当广泛，包括了有清一代全部的诗论、诗法、诗格及诗评著作等等。然目前对清代诗话的研究还很薄弱，甚至连基础性的文献资料收集都还不完善。郭绍虞《清诗话续编》（上海古籍出版社 1983 年版）、吴宏一《清代诗学初探》（牧童出版社 1977 年版）所附之《清代诗话知见录》、蒋祖怡主编的《中国诗话辞典》（北京出版社 1996 年版）、张葆全主编的《中国古代诗话词话辞典》（广西师范大学出版社 1997 年版），尤其是蒋寅搜罗宏富之近作《清诗话考》（中华书局 2004 年版），在这一方面都做了相当有益的工作，对清诗话研究贡献极大。

有清一代诗话最多的三位学者分别是王士禛[①]、翁方纲[②]及梁章钜。相

---

① 王士禛诗话主要有《渔洋诗话》《带经堂诗话》《答郎梅溪诗问》《谐声别部》《慎墨堂名家诗品》等十余部。

② 翁方纲诗话主要有《石洲诗话》《苏斋笔记》《说诗》《咏物七言律诗偶记》《五言诗平仄举隅》等十余部。

较之下，王士禛有"神韵说"，翁方纲有"肌理说"，各成理论系统，分别代表了清代前期和中期的诗歌理论；而梁章钜虽亦有其诗歌理论（按：主要见于其《退庵随笔》卷十九、二十、二十一《学文学诗》3 卷），然尚未形成一家之言，理论建树可谓远逊于王、翁；其声望亦远在王、翁二人之下。因此后世学者对王、翁二人的诗论及诗话的研究也相应丰富得多，尤其在《清代文学批评史》（上海古籍出版社 1995 年版）中，王、翁二人均占有相当重要的地位，有专节分别阐述二人之诗论①；对梁章钜的诗论及诗话的研究则较少，在《清代文学批评史》中仅于袁枚诗论部分附带提及；梁章钜的《退庵随笔》卷二十一中也说："王渔洋谈艺四言：曰典、曰远、曰谐、曰则，而独未拈出一真字，渔洋所欠者真耳，余有《读渔洋诗随笔》两卷，其说较详，中间多述纪文达师及翁苏斋之绪论。"

目前对梁章钜诗话的研究，主要有蒋凡的《〈三管诗话〉校注》以及 2001 年蒋先生在香港浸会大学举办的"东方诗话国际会议"上所宣读的论文《关于编纂梁章钜诗话著作全编之设想》；陈庆元《福建文学发展史》中对梁氏区域诗话的论述；王军伟《传统与近代之间——梁章钜学术与文学思想研究》中对梁氏诗话的评述等。

其实梁章钜之诗话，多达十余部 60 余卷，而且自有其独特性，即体现为鲜明的区域特色。现今有具体刻本、钞本可查的直接以"诗话"命名的 7 种：《长乐诗话》《南浦诗话》《东南峤外诗话》《三管诗话》《闽川诗话》《雁荡诗话》《闽川闺秀诗话》，均属于区域诗话的范畴，显见梁章钜是一位较早关注区域文学之学者，此亦其诗论的独特视角。因此在阐述清代诗论及诗话之际，理应还梁氏一席之地。对梁氏诗话进行深入一步的搜集与探讨，无论是对于福建地方文学的研究，还是对于清代诗论的研究而言，都具有较大意义。

---

① 邬国平等：《清代文学批评史》，上海古籍出版社 1995 年版，第 308—332、525—542 页。

二、梁章钜《吴航诗话》考证

（一）考证缘起

蒋寅《清诗话考》中，关于梁章钜之诗话，给关注诗话的人留下了一个疑问，即该书上编《清诗话目录》之"二、清诗话待访目录"第1209条："吴航诗话　卷数不详。"该条目下注："梁章钜撰，此书不见著录，仅见作者《东南峤外诗话》卷十（有误，应为卷五）陈时范条言及昔辑《吴航诗话》。"即蒋寅先生认为梁氏尚有一部诗话——《吴航诗话》，今已亡佚待访查。蒋先生的看法应该是代表了其他一些关注梁章钜诗话之人的普遍看法，因为在所有涉及梁氏诗话的文章中，尚未有他人提及此一部《吴航诗话》。笔者经考订后认为——《吴航诗话》应即《长乐诗话》。

（二）《吴航诗话》之峥嵘偶露

《吴航诗话》往往为人所忽略，因其既不见于林则徐为梁章钜所撰写的《诰授资政大夫兵部侍郎都察院右副都御使江苏巡抚梁公墓志铭》所列梁氏之作；又不见于梁氏自撰之《已刻未刻书目》；亦不见于梁氏《退庵居士自叙年谱》。该诗话目前仅见于梁氏《东南峤外诗话》卷五之《陈时范》条。该条目言：

> 吾邑陈狮冈，嘉靖辛丑进士，历官至云南左布政。有《世槐堂稿》。诗多伉爽之音，如《登白云楼》云："侠客哀时故纵歌，极天寰宇带山河。三春古北黄华戍，五月征南瘴海波。乡梦关山音信渺，朔风云鸟羽书多。材官燕赵荆吴剑，目尽楼头奈尔何。"《江陵怀古》云："沙漫长江去不回，孤城遥抱大江开。登楼有客伤心处，极目怀人作赋才。雨过皋芜衰草歇，霜清沙渚暮鸿回。因君亦觉嗟乡土，

风景关河思转催。"余昔辑《吴航诗话》时未见此诗，因亟录之。①

除此之外别无其他，似乎无法判断与其相关的内容及情况。

(三)《长乐诗话》简介

《吴航诗话》虽鲜为人知，但若提及梁章钜的《长乐诗话》，却可谓众所周知。这不仅因为在林则徐为梁章钜撰写的墓志铭中所列梁氏之作68种，内即明确列有"《长乐诗话》八卷"；还因为梁章钜《退庵居士自叙年谱》亦云："丙寅（嘉庆十一年，即1806年），三十二岁，家居，辑《长乐诗话》八卷，自为序"；另外，上海图书馆现藏有手钞本《长乐诗话》6卷，长乐市文史资料委员会亦据此藏本重新出版了一本《长乐诗话》。

《长乐诗话》是梁章钜早期诗话，6卷（卷六后另附闺秀及方外二门）共录有关长乐一县自唐至清62位诗人的诗歌创作活动，或因人存诗，或因诗存人，体现了长乐一县诗学的历史发展，是为长乐地方之重要文献。但该集中梁氏本人的按语不多，仅13条，且大都是考订诗人籍贯或补录诗人遗诗，诗话全编主要是做一些辑录性工作，以收集资料为主，多本自方志，旁及笔记、总集等，全书总计引书73种，摘录172段文字内容，自抒见解不占主导地位，说明此时梁氏之诗学思想尚处于萌芽阶段。

(四)《长乐诗话》应即《吴航诗话》

其一，"长乐"别称"吴航"。

长乐又称航城，一面临江，两面向海，自古就是一个以港口闻名的城市；又因相传吴王夫差曾造舟于此，故别称"吴航"。清乾隆年间长乐县令贺世骏还曾为当地名胜命名，总名之为"吴航十二景"；而且长乐尚有一非常有名的书院——"吴航书院"。该书院前身为"南山书院"，伴随着"康乾盛世"的出现，长乐读书之人越来越多，南山书院因为地窄且破

---

① （清）梁章钜：《东南峤外诗话》卷五，国家图书馆藏清抄本，第11—12页。

旧，无法容纳日益增多的生源，于是在乾隆二十六年，知县贺世骏拟将南山书院扩大，他将书院边上的天后宫移至西关外，而在原地内外构筑书舍20多间，并辟讲堂、育才堂、报功祠（祀朱熹及其长乐八弟子）等，筑成"吴航书院"。后又几经润色，书舍扩至30多间，并增建奎光楼，不仅屋宇占了南山之半壁江山，且有作为膏火（经费）收入之产业160多处，该书院亦成为时闽省最著名的书院之一。而梁章钜出生于乾隆四十年，又于乾隆五十九年中进士，身历乾隆盛世，自然熟知"吴航"一称。且梁氏《退庵诗存》卷九《澄海楼》诗：

> ……我欲仗兹豁尘眼，萧萧匹马来斜阳。登高望远忽感喟，诗情客思俱苍凉。摩空作赋既无分，矢音遂歌何干忘。只合凭栏望乡国，烟波尽处是吴航。（章钜按：余家长乐海滨，三国吴曾造船于此，名曰吴航头。）①

其二，《长乐诗话》与《吴航诗话》实为一书。

梁氏《东南峤外诗话》卷五《陈时范》条开首即言："吾邑陈狮冈"，说明陈时范是长乐人；末又言："余昔辑《吴航诗话》时未见此诗，因亟录之。"查《长乐市志》卷四十第一章"人物传·古代人物传"，中即有对陈时范的记载，是附着在其父陈文沛条目后的：

> 陈文沛，原姓林，字维德，井门人，明正德十二年（1517）进士，授工部主事，升工部郎中。正德十六年有人建议修建苏松水利工程，归工部尚书李充嗣管。世宗即位，派陈文沛和颜如玮辅助李充嗣开白茅港。白茅港从常熟县东仓开至玉双庙，全长17392丈。又疏浚白茅港上流各湖，使白茅港不致淤塞。在这浩大工程中，陈文沛兼疏浚吴淞江，历时六个月竣工。后来海盐塘被海水淹没，朝廷

---

① （清）梁章钜：《退庵诗存》卷九，道光十七年桂林刻本，第9页。

又命陈文沛督修。陈文沛在督修天阙诸塘时，发现垒石多纵砌、少横砌，因此容易被海水冲毁。他命工匠垒石时纵横交错。陈文沛劳苦数月，共督修新旧海堤一千三百丈，而从未收受有司馈饷。陈文沛又受命监督边防储备，以功奉诏增加俸禄，出知抚州府，调知苏州府。后历任山东按察司副使、陕西行太仆卿。陈文沛性情刚直，朝臣杨一清、胡世宁、李承勋等都荐其可用，但吏部尚书汪鋐因私怨排挤他，于是罢官家居 20 余年。

陈时范，字敷畴，文沛子。明嘉靖二十年（1541 年）进士，时范为人清廉谨慎，有其父风范。任户部主事，升刑部郎中，出任四川夔州知府。当地人受命为建宫殿采伐木材，困苦不堪。陈时范了解情况后，上疏为民请命，请求蠲免，使几千户人家摆脱困境。后历官云南按察使，左、右布政使。于薪俸外，一无所取。父子同祀于乡。

再看《长乐诗话》，卷四即有《陈文沛》条：

陈文沛，字维德，长乐人，正德丁丑进士，除工部主事，历郎中，出知抚州，调苏州，迁羁州兵备副使，以陕西行太仆寺卿罢归，有《世槐堂稿》。《怀远堡和韵》云，峭壁栖危石，徒杠漫远沙。河流随溜曲，树影逐风斜。客枕移更鼓，乡愁起暮笳。官斋何寂寞，邻舍两三家。（《明诗综》）①

而后并无陈时范条。这正呼应了梁氏《东南峤外诗话》卷五《陈时范》条所言之"余昔辑《吴航诗话》时未见此诗，因亟录之。"

另外，《长乐诗话》中也时有出现"吴航"一称。如卷一《林希》条后附梁章钜本人按语："林希林概之子，省府志并作福清人。然直斋书录

---

① （清）梁章钜：《长乐诗话》卷四，上海图书馆藏清手抄本，第 27 页。

解题云,神宗实录,朱墨本,莆田蔡卞元度,长乐林希子中重修。是林希实曾家吴航也。今据之。"①

再如卷五《陈骝》条:"……苏门余澹心曰,予闽人,而生长金陵,生平以未游武夷,未食荔枝为憾。今读吴航陈伯驹诗,幽奇鲜丽,如登幔亭云窝之上,饱餐宋家香,水晶丸矣。妙哉技至此乎。"②

再者,将集子改换一个名称,对梁氏来说亦是时有之事(这也是造成后人对梁氏到底有多少著作始终没有统一看法的原因之一),如其《南浦诗话》就曾命名为《浦城诗话》,此据刘瑞紫为之所作之跋中称:"今夏炎午,(梁章钜)出所辑《浦城诗话》示余。"可知。后梁氏根据曾被贬为吴兴令(浦城时称吴兴)三年的南朝大文学家江淹之《别赋》中所云:"春草碧色,春水绿波,送君南浦,伤如之何!"而将其改名为《南浦诗话》。

同样,《长乐诗话》最初应该是称为《吴航诗话》的,只是后来大概因为"长乐"一名比"吴航"一名来得通俗,更为外人熟知,所以才改名为《长乐诗话》。

据此,《吴航诗话》应即为《长乐诗话》已成定论。那么为什么梁章钜在《东南峤外诗话》中称之为《吴航诗话》而不称之《长乐诗话》呢?原因不难推究。《吴航诗话》纂辑于嘉庆十一年(1806)梁章钜32岁,家居福州之际,且一直是手稿,未付梓;《东南峤外诗话》是道光十二年至十三年(1832—1833)章钜五十八九岁时的作品(关于这一点笔者另有专文考订),而《长乐诗话》之名则是在道光二十四年(1844)梁氏70岁时所撰写的《退庵居士自叙年谱》及约著于同一时期的《归田琐记》一书所录之《已刻未刻书目》中出现的,并且《已刻未刻书目》中明确写道:"《长乐诗话》八卷,自序,未刻。"故,可以大胆地推测该部作品一直到梁氏60岁左右,都还是以《吴航诗话》命名的,后才改名《长乐诗话》。

---

① (清)梁章钜:《长乐诗话》卷一,上海图书馆藏清手抄本,第10—11页。

② (清)梁章钜:《长乐诗话》卷五,上海图书馆藏清手抄本,第24页。

参 考 文 献

一、著作

1. 梁章钜撰：《夏小正经传通释》，福建省图书馆藏，光绪十三年浙江书局刻本。

2. 梁章钜撰：《仓颉篇校证》，国家图书馆藏，光绪六年刻本。

3. 梁章钜撰：《论语集注旁证》，国家图书馆藏，光绪十二年铅印本。

4. 梁章钜辑：《南省公余录》，国家图书馆藏，嘉庆年间刻本。

5. 梁章钜辑：《春曹题名录》，文海出版社 1967 年影印本。

6. 梁章钜辑：《枢垣记略》，国家图书馆藏，道光十五年刻本。

7. 梁章钜辑：《沧浪亭志》，福建省图书馆藏，道光八年苏州刻本。

8. 梁章钜辑：《梁祠纪略》，国家图书馆藏，道光八年苏州刻本。

9. 梁章钜辑：《国朝臣工言行记》，国家图书馆藏，光绪年间刻本。

10. 梁章钜辑：《道光十九年己亥科广西武乡试录》，国家图书馆藏，道光十九年桂林刻本。

11. 梁章钜撰：《退庵日记》，南京图书馆藏，稿本。

12. 梁章钜撰：《退庵居士自订年谱》，福建省图书馆藏，道光二十九年温州刻本。

13. 梁章钜撰：《游雁荡日记》，上海图书馆藏，咸丰二年文华堂刻本。

14. 梁章钜撰，杨耀坤校订：《三国志旁证》，福建人民出版社 2000 年版。

15. 梁章钜撰：《古格言》，福建省图书馆藏，道光四年苏州刻本。

16. 梁章钜撰：《退庵随笔》（《续修四库全书》第 1197 册），上海古籍出版社、北京线装书局 2001 年版。

17. 梁章钜编，乐保群点校：《退庵随笔》，文物出版社 2019 年版。

18. 梁章钜辑：《楹联丛话》，国家图书馆藏，道光二十年桂林初刻本。

19. 梁章钜辑：《巧对录》，福建省图书馆藏，道光二十二年福州梁氏家刻本。

20. 梁章钜辑：《楹联续话》，福建省图书馆藏，道光二十三年南浦寓斋刻本。

21. 梁章钜辑：《楹联三话》，福建省图书馆藏，民国九年上海商务馆铅印本。

22. 梁章钜撰：《归田琐记》，中华书局 1981 年版。

23. 梁章钜撰：《退庵题跋》，福建师范大学图书馆藏，清刊本。

24. 梁章钜撰：《退庵金石书画跋》，福建省图书馆藏，道光二十五年浦城北东园刻本。

25. 梁章钜撰：《吉安室书录：清代名人书画家辞典》，上海人民美术出版社 2003 年版。

26. 梁章钜辑：《农候杂占》，国家图书馆藏，同治十二年浙江书局刻本。

27. 梁章钜撰：《浪迹丛谈·续谈·三谈》，中华书局 1981 年版。

28. 梁章钜辑：《称谓录》，国家图书馆藏，清光绪十年杭州景文斋刻本。

29. 梁章钜辑：《长乐诗话》，上海图书馆藏，清手抄本。

30. 梁章钜辑：《南浦诗话》，福建省图书馆藏，嘉庆十五年长乐梁氏刊本。

31. 梁章钜撰：《读渔洋诗随笔》，国家图书馆藏，道光年间刊本。

32. 梁章钜撰：《藤花吟馆诗钞》，福建省图书馆藏，道光五年苏州吴学圃刻字店刻本。

33. 梁章钜撰：《藤花吟馆试帖》，福建省图书馆藏，道光五年苏州刊本。

34. 梁章钜辑：《吴中唱和集》，国家图书馆藏，道光九年苏州刊本。

35. 梁章钜撰：《东南峤外诗话》，国家图书馆藏，清抄本。

36. 梁章钜撰：《退庵诗存》，福建师范大学图书馆藏，道光十七年桂林刻本。

37. 梁章钜辑：《江田梁氏诗存》，福建省图书馆藏，道光十四年刻本。

38. 梁章钜辑：《宣南赠言》，福建省图书馆藏，道光十六年长乐梁氏刊本。

39. 梁章钜辑：《铜鼓联吟集》，国家图书馆藏，道光十七年桂林刻本。

40.梁章钜撰，穆克宏点校：《文选旁证》，福建人民出版社 2000 年版。

41.梁章钜撰，陈居渊点校：《制义丛话、试律丛话》合订本，上海书店出版社 2001 年版。

42.梁章钜辑：《闽川诗话》，湖北省博物馆藏，清谢章铤赌棋山庄残钞本。

43.梁章钜辑：《三管英灵集》，国家图书馆藏，道光二十一年刻本。

44.梁章钜撰，蒋凡校注：《三管诗话》，广西人民出版社 1996 年版。

45.梁章钜撰：《退庵诗续存》，国家图书馆藏，道光二十四年福州梁氏北东园刻本。

46.梁章钜撰：《师友集》，福建师范大学图书馆藏，道光二十五年福州梁氏北东园刻本。

47.梁章钜辑：《雁荡诗话》，福建省图书馆藏，道光二十八年温州刻本。

48.梁章钜辑：《闽川闺秀诗话》，福建省图书馆藏，道光二十九年瓯郡梅姓师古斋镌本。

49.梁章钜辑：《乾嘉全闽诗传》，上海图书馆藏，清手抄本。

50.严羽撰，郭绍虞校释：《沧浪诗话》，人民文学出版社 1961 年版。

51.朱彝尊撰：《静志居诗话》，人民文学出版社 1990 年版。

52.王士禛撰，张宗楠纂：《带经堂诗话》，人民文学出版社 1963 年版。

53.沈德潜编：《清诗别裁集》，中华书局 1975 年影印本。

54.袁枚撰：《随园诗话》，人民文学出版社 1960 年版。

55.纪昀撰：《纪文达公遗集》，福建省图书馆藏，嘉庆十七年刊本。

56.翁方纲撰：《复初斋诗文集》，福建省图书馆藏，光绪四年重刊本。

57.翁方纲撰：《石洲诗话》，国家图书馆藏，咸丰元年刊本。

58.李兆洛撰：《养一斋文集》，福建省图书馆藏，咸丰二年刻本。

59.蔡世远撰：《二希堂文集》，福建省图书馆藏，乾隆四十八年刊本。

60.林则徐撰：《云左山房诗钞》，福建省图书馆藏，光绪林氏刊本。

61.陈寿祺撰：《陈太史试帖详注》，福建省图书馆藏，道光二十六年刊本。

62.郑光策撰：《西霞文抄》，福建省图书馆藏，嘉庆十年刊本。

63.陈登龙撰：《秋坪诗存》，福建省图书馆藏，嘉庆二十二年刊本。

64. 郭麟：《灵芬馆诗话》，国家图书馆藏，嘉庆十二年刊全集本。

65. 郭麟：《灵芬馆杂录》，福建省图书馆藏，道光刊本。

66. 龚自珍：《龚自珍全集》，中华书局1959年版。

67. 魏源：《魏源集》，中华书局1976年版。

68. 张维屏纂：《国朝诗人征略》，福建省图书馆藏，清道光十年刊本。

69. 张维屏纂：《国朝诗人征略二编》，福建省图书馆藏，清道光二十二年刊本。

70. 杨渼皋撰：《榕风楼诗存》，福建师范大学图书馆藏，光绪十年刊本。

71. 丁芸辑：《闽川闺秀诗话续编》，厦门市图书馆藏，福州丁氏刊本。

72. 朱秉鉴辑：《柘浦诗钞》，福建省图书馆藏，道光年间浦城朱氏刊本。

73. 丁福保编：《清诗话》，上海古籍出版社1978年版。

74. 林昌彝撰：《射鹰楼诗话》，福建省图书馆藏，咸丰元年侯官林氏刊本。

75. 林昌彝撰：《林昌彝诗文集》，上海古籍出版社1989年版。

76. 谢章铤撰：《赌棋山庄文集》，福建省图书馆藏，光绪十年刊本。

77. 谢章铤撰：《赌棋山庄诗集》，福建师范大学图书馆藏，光绪十四年刻本。

78. 陈衍撰：《石遗室诗话》，民国十八年铅印本。

79. 陈衍撰，钱仲联编校：《陈衍诗论合集》，福建人民出版社2001年版。

80. 李详撰：《李审言文集》，江苏古籍出版社1989年版。

81. 李慈铭撰：《越缦堂读书记》，辽宁教育出版社2000年版。

82. 徐世昌辑：《晚晴簃诗汇》，中国书店1988年版。

83. 梁启超撰：《梁启超论清学史二种》，复旦大学出版社1985年版。

84. 郭绍虞编：《清诗话续编》，上海古籍出版社1983年版。

85. 刘世南撰：《清诗流派史》，人民文学出版社2004年版。

86. 严迪昌撰：《清诗史》，浙江古籍出版社2002年版。

87. 邓之诚撰：《清诗纪事初编》，上海古籍出版社1965年版。

88. 钱仲联主编：《清诗纪事》，江苏古籍出版社1987年版。

89. 邬国平、王镇远撰：《清代文学批评史》，上海古籍出版社1995年版。

90. 陈庆元撰：《福建文学发展史》，福建教育出版社1996年版。

91. 陈庆元撰：《文学：地域的观照》，上海远东出版社 2003 年版。

92. 穆克宏撰：《昭明文选研究》，人民文学出版社 1995 年版。

93. 陈庆元辑校：《梁章钜区域诗话七种》（未刊稿）。

94. 周振鹤撰：《中国历史文化区域研究》，复旦大学出版社 1997 年版。

95. 吴宏一撰：《清代诗学初探》，（台湾）学生书局 1986 年版。

96. 蒋祖怡主编：《中国诗话辞典》，北京出版社 1996 年版。

97. 张葆全主编：《中国古代诗话词话辞典》，广西师范大学出版社 1997 年版。

98. 蒋寅辑：《清诗话考》，中华书局 2004 年版。

99. 蔡镇楚撰：《中国诗话史》，湖南文艺出版社 2001 年版。

100. 刘叶秋撰：《古典小说笔记论丛》，南开大学出版社 1985 年版。

101. 王军伟撰：《传统与近代之间》，齐鲁书社 2004 年版。

102. 欧阳少鸣撰：《梁章钜评传》，南京大学出版社 2012 年版。

103. 林公武、黄国盛编：《近现代福州名人》，福建人民出版社 1999 年版。

104. 余奎元撰：《南浦笔话》，福建省地图出版社 2004 年版。

105. 赵尔巽编：《清史稿》，中华书局 1976 年版。

106. 不著编纂人：《清史列传》，中华书局 1987 年版。

107. 游光绎编：《鳌峰书院志》，福建省图书馆藏，嘉庆十一年刊本。

108. 吴鉴定撰：《鳌峰书院纪略》，福建师范大学图书馆藏，道光十八年刊本。

109. 沈瑜庆、陈衍纂：《福建通志》，福建省图书馆藏民国本。

110. 黄仲昭撰：《弘治八闽通志》，福建人民出版社 1990 年版。

111. 梁克家撰：《淳熙三山志》，福建省图书馆藏崇祯本。

112. 祖之望、朱秉鉴纂：《浦城县志》，福建省图书馆，嘉庆十六年刊本。

113. 钱仪吉纂：《碑传集》，国家图书馆藏光绪十九年江苏书局刊本。

114. 缪荃孙编：《续碑传集》，国家图书馆藏宣统二年刊本。

115. 闵尔昌编：《碑传集补》，上海古籍出版社 1987 年版。

116. 文庆等编：《筹办夷务始末》，中华书局 1964 年版。

117. 徐世昌纂：《清儒学案》，国家图书馆藏民国刻本。

118. 蔡冠洛：《清代七百名人传》，世界书局 1937 年版。

119. 商衍鎏撰：《清代科举考试述录》，三联书店 1958 年版。

120. 中国社会科学院图书馆整理：《续修四库全书总目》，齐鲁书社 1997 年版。

121. 顾廷龙主编：《续修四库全书》，上海古籍出版社、北京线装书局 2002 年版。

122. 福建师范大学图书馆古籍组编：《福建地方文献及闽人著述综录》。

123. 沈津编：《翁方纲年谱》，（台）"中央研究院"文史哲研究所 2002 年版。

124. 张鉴编：《阮元年谱》，中华书局 1993 年版。

125. 来新夏编：《林则徐年谱新编》，上海人民出版社 1981 年版。

126. 敏泽撰：《中国文学理论批评史》，人民文学出版社 1982 年版。

二、论文

1. 袁行云：《梁章钜著述多非自撰》，《文史》1983 年第 19 辑。

2. 黄保万：《林则徐与梁章钜早年关系及其学术文化述略》，《福建论坛》1986 年第 6 期。

3. 蒋凡：《蒋凡学术论文集》，万卷楼图书有限公司 2001 年版。

4. 来新夏：《清代笔记作家梁章钜》，《福建论坛》2004 年第 9 期。

5. 王书才：《梁章钜对〈文选旁证〉的著作权难以否》，《甘肃社会科学》2005 年第 3 期。

6. 颜莉莉：《论梁章钜〈浪迹三谈〉中的山水笔记》，《集美大学学报》2005 年第 4 期。

7. 谢明仁等：《〈三管英灵集〉文献价值略论》，《广西地方志》2005 年第 6 期。

8. 李阳洪：《梁章钜书法题跋与翁方纲的关系》，硕士学位论文，西南师范大学，2005 年。

9. 周兴陆：《〈读渔洋诗随笔〉考释》，《古籍整理研究学刊》2006 年第 3 期。

10. 欧阳少鸣：《私喜肺腑交，依如齿与唇——林则徐与梁章钜的诗联情谊》，《福建乡土》2006 年第 3 期。

11. 李永贤：《〈文选旁证〉著者考辨》，《中州学刊》2006 年第 4 期。

12. 胡毅雄、蔡钰章：《梁章钜年谱》，《星光》2006 年第 5 期。

13. 鲁晓川：《雅切——梁章钜对联批评的核心范畴》，中国优秀硕士学位论文全文数据库，2006 年。

14. 王木南：《梁章钜大揽福建志局》，《紫禁城》2007 年第 1 期。

15. 陈忠纯：《学风新变与地方志的编撰——道光〈福建通志〉体例纠纷新探》，《福建论坛》2007 年第 2 期。

16. 涂新林：《梁章钜〈文选旁证〉研究》，硕士学位论文，湖北大学，2008 年。

后 记

　　我居住的地方与三坊七巷梁章钜故居"小黄楼"仅咫尺之隔，所以在福建师范大学文学院读博士期间，便毫不犹豫地把梁章钜作为研究对象。本书从 2005 年开始收集材料，到 2009 年完成博士论文，再至今日付梓出版，历时 15 载，部分章节在福州大学等高校学报发表过。

　　《清代名儒梁章钜述评》是在博士论文《梁章钜研究》的基础上修改、扩充而来的，尽管做了整合、修订，但由于写作时间跨度长，不连贯之处时有存在，个别地方重复论述也在所难免，敬请读者批评指正。

　　在博士论文写作期间，我的导师福建师范大学文学院陈庆元教授给予了诸多具体指导，复旦大学中文系蒋凡教授和福州大学中文系王枝忠教授也给予了很多帮助；书稿成型后，人民出版社编辑室主任王萍编审对本书从结构框架到内容阐述等都提出了富有指导性和建设性的意见；当代著名文学评论家、中山大学博士生导师谢有顺教授欣然为本书题写书名，在此一并感谢！

蔡莹涓

2020 年 7 月，于福州

责任编辑:宫　共

封面设计:源　源

图书在版编目(CIP)数据

清代名儒梁章钜述评/蔡莹涓 著. —北京:人民出版社,2020.9

ISBN 978-7-01-022333-9

Ⅰ.①清…　Ⅱ.①蔡…　Ⅲ.①梁章钜(1775-1849)-人物研究　Ⅳ.①K825.6

中国版本图书馆 CIP 数据核字(2020)第 126200 号

清代名儒梁章钜述评

QINGDAI MINGRU LIANGZHANGJU SHUPING

蔡莹涓　著

人民出版社 出版发行

(100706　北京市东城区隆福寺街 99 号)

北京佳未印刷科技有限公司印刷　新华书店经销

2020 年 9 月第 1 版　2020 年 9 月北京第 1 次印刷

开本:710 毫米×1000 毫米 1/16　印张:20.5　字数:302 千字

ISBN 978-7-01-022333-9　定价:56.00 元

邮购地址 100706　北京市东城区隆福寺街 99 号

人民东方图书销售中心　电话 (010)65250042　65289539

版权所有·侵权必究

凡购买本社图书,如有印制质量问题,我社负责调换。

服务电话:(010)65250042